Jüdisches Kulturgut

Erkennen – Bewahren – Vermitteln

DKV

Jüdisches Kulturgut

Erkennen – Bewahren – Vermitteln

Herausgegeben von
Otto Lohr und Bernhard Purin

DEUTSCHER KUNSTVERLAG

MuseumsBausteine

herausgegeben von der
Landesstelle für die nichtstaatlichen Museen in Bayern
beim Bayerischen Landesamt für Denkmalpflege

Band 18

Landesstelle für
die nichtstaatlichen
Museen in Bayern

Redaktion:
Wolfgang Stäbler und Helen Schleicher

Hinweis im Sinne des Gleichbehandlungsgesetzes:
Aus Gründen der leichteren Lesbarkeit wird auf eine geschlechtsspezifische Differenzierung verzichtet.
Entsprechende Begriffe gelten im Sinne der Gleichbehandlung für beide Geschlechter.

Die kursiv gesetzten Begriffe sind im Glossar erläutert.

Bibliografische Information der Deutschen Bibliothek
Die Deutsche Bibliothek verzeichnet diese Publikation in der Deutschen Nationalbibliografie;
detaillierte bibliografische Daten sind im Internet über <http://dnb.d-nb.de> abrufbar.

Projektleitung im Verlag: Rudolf Winterstein
Lektorat im Verlag: Petra Harenbrock, Bobingen
Gestaltung des Umschlags: arthleten visual design, München,
unter Verwendung einer Fotografie der Dauerausstellung des Jüdischen Museums München
(Gestaltung Martin Kohlbauer)
Satz, Layout und Repro: Deutscher Kunstverlag
Druck und Bindung: DZA Druckerei zu Altenburg GmbH, Altenburg

ISBN 978-3-422-07435-4

Inhalt

Anhang

Vorwort

Astrid Pellengahr

Vor 1938 gab es ein vielfältiges jüdisches Leben im heutigen Bayern, das durch die Nazidiktatur gewaltsam beendet wurde. Bauliche Zeugnisse der jüdischen Kultur stellen u. a. die Synagogen dar, die nach 1945 ganz unterschiedlich genutzt wurden. Von der reichhaltigen Geschichte der jüdischen Bürgerinnen und Bürger zeugen zudem die Judaica, die sich – wenn auch meist nur in vereinzelter Zahl – in vielen Museumssammlungen befinden.

Diese Publikation will eine praxisorientierte Hilfestellung für Museumsmitarbeiterinnen und -mitarbeiter sein, mit den verbliebenen Spuren jüdischer Geschichte und Kultur verantwortungsvoll und angemessen umzugehen. Dies spiegelt sich in den Themen der vier Beiträge wider. Die Erfahrung von knapp 30 Jahren Museumsberatung und Auseinandersetzung mit der Thematik ist in den Artikel von Otto Lohr eingeflossen. Als zuständiger Fachreferent für die jüdischen Museen hat er an der Ausarbeitung unterschiedlicher Nutzungskonzepte für Synagogen mitgewirkt. Vielerorts wurden Synagogen seit 1980 saniert und als Mahnmal, Erinnerungsort, Begegnungsstätte oder Geschichtszeugnis neu genutzt. In Synagogen eingerichtete Dauerausstellungen haben u. a. das Ziel, die jüdische Kultur und Geschichte im Gedächtnis der Gemeinden und Städte zu verankern.

Bernhard Purin, der Direktor des Jüdischen Museums München, gibt in knappen, fast lexikalisch angelegten Informationstexten einen Überblick über die in Süddeutschland seit dem späten 17. Jahrhundert. verwendeten Judaica. Neben einer Typologie jüdischer Ritualgeräte, die bis zur Ermordung bzw. Vertreibung ihrer früheren Eigentümer und bis zur Zerstörung jüdischer Kultur in der NS-Zeit in Bayern in Gebrauch waren, befasst sich der Autor als ausgewiesener Kenner der Materie auch mit dem Problem von Fälschungen und weist auf den korrekten terminologischen Gebrauch hin.

Bei Bestandserhaltungs- und Restaurierungsmaßnahmen an ehemaligen Synagogen wurden auf den Dachböden häufig unbrauchbar gewordene hebräische Schriften, Dokumente und Ritualgeräte entdeckt. Die Funde aus solchen Aufbewahrungsorten, sogenannten *Genisot*, werden seit 1998 systematisch im Jüdischen Kulturmuseum Veitshöchheim erforscht. Über den fachgerechten Umgang mit diesen einmaligen Funden und über deren wissenschaftlichen Aussagegehalt berichten die Leiterin des »Genisaprojekts« Veitshöchheim, Martina Edelmann, und ihre Mitarbeiterinnen Elisabeth Singer-Brehm und Beate Weinhold.

Jüdische Ritualgeräte sind auf unterschiedliche Art und Weise in Museumssammlungen gelangt. Die mitunter verschlungenen Wege thematisieren schließlich Carolin Lange und Christine Bach in ihrem Beitrag, der sich vor allem mit der Problematik von NS-verfolgungsbedingt entzogenem jüdischen Kulturgut und dessen Restitution befasst. Im Zusammenhang mit den beiden Provenienzforschungsprojekten, die die Landesstelle aktuell in nichtstaatlichen Museen in Bayern durchführt, sehen sich beide immer wieder mit jüdischem Ritualgerät konfrontiert, über dessen ursprüngliche Eigentümer sowie das Erwerbsdatum die schriftliche Überlieferung des Museums in der Regel keine Angaben enthält.

Mein herzlicher Dank gilt den Autorinnen und Autoren für ihre fundierten Beiträge, allen voran Bernhard Purin und Otto Lohr. Idee, Konzeption, große Teile des Inhalts, die umfangreiche Bibliografie sowie die Bildauswahl gehen auf die beiden

Letztgenannten zurück. Für die Publikation wurden im Auftrag der Landesstelle neue Aufnahmen von zahlreichen sanierten Synagogen angefertigt. Dank gebührt auch den beteiligten Mitarbeiterinnen und Mitarbeitern der Landesstelle, insbesondere unserem Referenten für Presse- und Öffentlichkeitsarbeit, Wolfgang Stäbler, sowie Helen Schleicher für die Redaktion. Lilian Harlander besorgte die Durchsicht u.a im Hinblick auf spezielle Begrifflichkeiten. Das Lektorat, die Gestaltung und gesamte verlegerische Betreuung oblag Rudolf Winterstein und seinem Team vom Deutschen Kunstverlag, dem ebenfalls herzlich gedankt sei.

Synagogen in Bayern – Was geschah seit 1945?

Otto Lohr

Einleitung

Ist eine geschändete und durch Restaurierung geschönte Synagoge noch ein authentischer Ort? Schlägt man im Duden unter »authentisch« nach, steht dort geschrieben: »echt, den Tatsachen entsprechend und daher unverfälscht«. Als Synonyme werden u. a. erwähnt: gesichert, glaubwürdig, unverfälscht und ungeschönt.

Der Umgang mit den ehemaligen Synagogen in Bayern nach dem Ende der Nazidiktatur nahm verschiedene Formen an. Was leistet der Erhalt einer ehemaligen Synagoge am historischen Ort? Ist sie Erinnerungsort, Lernort oder Museum? Synagogen erinnern an Verluste und sind zugleich Symbole einer lange Zeit verdrängten Stadt- oder Ortsgeschichte.

Das Interesse an jüdischer Kultur und Geschichte setzte in den 1960er-Jahren wieder ein. Zu den ersten Ausstellungen, die ein breites Publikum erreichten, zählten »Synagoga. Kultgeräte und Kunstwerke von der Zeit der Patriarchen bis zur Gegenwart« in Recklinghausen (1960/61), vom damaligen Bundespräsidenten Heinrich Lübke eröffnet, und »Monumenta Judaica. 2000 Jahre Geschichte und Kultur der Juden am Rhein« in Köln (1963/64), von Bundestagspräsident Eugen Gerstenmaier eröffnet. Beide waren wichtige Meilensteine in einem Lernprozess, der Judentum zum Thema hat.[1] Die Ausstellung in Recklinghausen legte den Fokus auf Ritualgeräte und Kunstwerke, während die Kölner Ausstellung die Gemeinsamkeiten der jüdischen und christlichen Kultur thematisierte, aber auch Ausgrenzung und Vernichtung der Juden. Die Kataloge zu den Ausstellungen bildeten lange Zeit wichtige Quellen für das Wissen über das Judentum, das nach der Schoa in Deutschland vorhanden war.

Als sichtbares Ergebnis einer über tausendjährigen deutsch-jüdischen Geschichte ist Deutschland noch heute reich an jüdischen Denkmälern verschiedener Art. Die überwiegende Anzahl der gebauten Zeugnisse stammt aus dem 18. und 19. Jahrhundert. Der nördliche Teil Bayerns mit den heutigen Regierungsbezirken Unter- und Mittelfranken sowie Teile Schwabens zählten zu den Gegenden mit den meisten jüdischen Gemeinden in dieser Zeit. Mehr als 200 Synagogen standen zu Beginn des 20. Jahrhunderts in Bayern.[2] Neben wenigen repräsentativen Großstadtsynagogen in München, Nürnberg und Augsburg gab es viele einfache Synagogen oder Bethäuser in ländlichen Gemeinden, vor allem also in Nordbayern und Schwaben. Eine Ansiedlung in Städten war Juden seit den Vertreibungen im späten Mittelalter bis zur Mitte des 19. Jahrhunderts nicht erlaubt.

Während der Nazidiktatur wurde in Deutschland ungefähr die Hälfte der Synagogen geschändet und verwüstet. Allein im heutigen Gebiet von Bayerisch-Schwaben bestanden vor der Machtergreifung der Nationalsozialisten 30 Synagogen. Nach 1945 waren nur noch 13 Gotteshäuser übriggeblieben. Ihre Zahl verringerte sich in den Nachkriegsjahren noch weiter.[3] Die ehemaligen Synagogen in Fischach, Harburg, Oettingen und Fellheim wurden um 1950 von der Jewish Restitution Successor Organization (JRSO), die in der amerikanischen Besatzungszone und im amerikanischen Sektor in Berlin Restitutionsverfahren durchführte, an private Eigentümer verkauft und zu Wohn- und Geschäftshäusern oder Werkstätten umgenutzt. Dabei wurden die ehemaligen Gotteshäuser oft so weit neutralisiert, dass ihr ursprünglicher Zweck kaum noch zu erkennen war. Der Verfügung der Kommunen und Städte über ehemals jüdischen Besitz waren wenig Grenzen gesetzt. Synagogen waren in der Regel nicht als Denkmäler erfasst und konnten so leicht abgerissen oder einer neuen Nutzung zugeführt werden.

Es dauerte nach dem Ende des Zweiten Weltkriegs mehr als dreißig Jahre, bis ehemalige jüdische Bauten wieder ins Bewusstsein gelangten. In Vereinen oder Initiativen zusammengeschlossen, engagierten sich Bürger für den Erhalt einstiger Synagogen. Ohne dieses Engagement von Privatpersonen oder Bürgerinitiativen, die mühsame Überzeugungsarbeit bei Einwohnern und Politikern leisteten, wäre manch jüdisches Denkmal längst vergessen oder verfallen. Gleichzeitig löste die flächendeckende Erfassung von Kulturdenkmälern nach 1970 eine erste Welle der kulturellen Nutzung jüdischer Denkmäler aus. Eine langsam wiederaufkommende Beschäftigung mit dem Judentum und der jüdischen Geschichte bewirkte eine neue Wertschätzung jüdischer Zeugnisse. Was sollte also langfristig mit den erhaltenen Synagogen geschehen? Es stellte sich mehr und mehr die Frage nach einer angemessenen Nutzung, die überwiegend kulturell und weltlich orientiert war und dennoch im Einklang mit ihrer früheren Bestimmung stand. So entstanden Museen, Bibliotheken, Archive sowie Bildungs- und Begegnungsstätten in ehemaligen Synagogen.

Fünfzig Jahre nach der Pogromnacht von 1938 verabschiedete die Kultusministerkonferenz der Länder eine Empfehlung, die noch bestehenden Zeugnisse jüdischer Kultur in Deutschland zu konservieren und zu dokumentieren. Das Bayerische Landesamt für Denkmalpflege griff die Initiative mit einer Erfassungskampagne ehemals »jüdischer Gebäude« auf. Synagogen, Wohn- und Rabbinerhäuser, Ritualbäder, Leichenwaschhäuser, Schulen und Waisenhäuser von historischer Bedeutung fanden jetzt Aufnahme in die Denkmallisten. Gleichzeitig entstanden wieder jüdische Museen. Das Haus der Bayerischen Geschichte und das Germanische Nationalmuseum Nürnberg konzipierten gemeinsam eine erste Überblicksausstellung über die bayerisch-jüdische Geschichte. Infolge der Ausstellung »Siehe der Stein schreit aus der Mauer«[4] kam es in vielen kleineren Städten und Gemeinden zu einer ersten intensiven Beschäftigung mit ihrer jüdischen Vergangenheit. Nach der Ausstellung in Nürnberg, die Gegenstände aus zahlreichen ehemals jüdischen Landgemeinden und auch aus dem Ausland zum ersten Mal der Öffentlichkeit zugänglich gemacht hatte, stieg das Interesse an der Erforschung der jüdischen Geschichte sprunghaft an. Von Fachhistorikern und Hobbyforschern vor Ort durchgeführte Recherchen bildeten die Basis für Museumsgründungen mit lokalhistorischem Ansatz. Die nach Mitte der 1980er-Jahre entstandenen jüdischen Museen waren im Gegensatz zu den Gründungen vor 1933, die überwiegend als Museen der jüdischen Gemeinden erfolgten, Museen, gemacht von Nichtjuden, die mit der Erforschung und dem Erhalt des jüdischen Erbes ein Bildungsangebot für interessierte Juden und Nichtjuden bereitstellten.

Überblickt man die Synagogensanierungen der letzten knapp 30 Jahre, so lässt sich keine einheitliche Entwicklung feststellen. Es existiert kein verbindliches Handlungsrezept. Bei Fragen zur Sanierung und Konservierung jüdischer Denkmäler kann die Denkmalpflege nur zum Teil auf Vorarbeiten zurückgreifen, die im späten 19. Jahrhundert und in der ersten Hälfte des 20. Jahrhunderts durchgeführt wurden. Der jüdische Kunsthistoriker Theodor Harburger (1887–1949) inventarisierte im Auftrag des Bayerischen Landesverbandes der Israelitischen Kultusgemeinden ab Mitte der 1920er-Jahre jüdische Kunst- und Kulturdenkmäler in Bayern. Er fertigte 811 Fotografien von Synagogen, Friedhöfen, Ritualobjekten, liturgischen Gegenständen und anderen Zeugnissen jüdischer Kultur an. Die Karteikarten mit seinen Aufzeichnungen und die fotografische Dokumentation nahm er bei seiner Emigration 1933 mit nach Israel. Sein Nachlass befindet sich heute in den Central Archives for the History of the Jewish People in Jerusalem.[5] Die von Harburger gefertigten Fotografien von Synagogen und ihren Innenräumen aus der ersten Hälfte des 20. Jahrhunderts bilden heute oft die einzigen historischen Grundlagen für Sanierungskonzepte und geben Hinweise auf die zerstörte Ausstattung.

1. Synagogen mit sakraler Nutzung oder Teilnutzung

Auch in Bayern war nach 1945 die Gründung neuer jüdischer Kultusgemeinden wegen der geringen Anzahl überlebender oder zurückgekommener Juden meist nicht möglich. Die nicht zerstörten Synagogen waren häufig baufällig oder zweckentfremdet. Die folgenden drei Beispiele stammen aus der Zeit der früheren Restaurierungen in den 1980er-Jahren und sind als bauliche Wiedergutmachung und heilende Wiederherstellung des Zustandes vor 1938 durchgeführt worden.

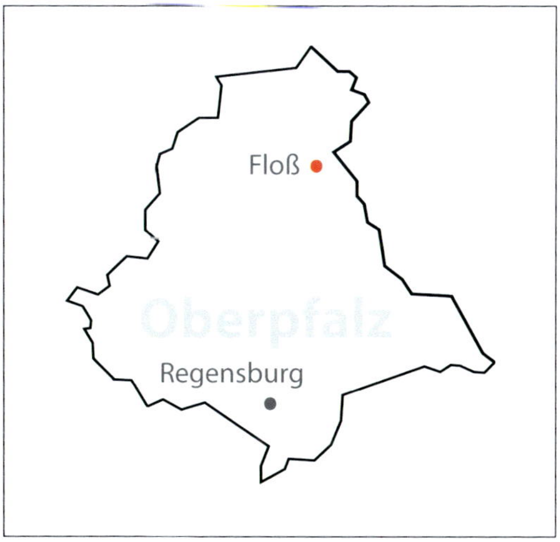

1.1. Floß, Synagoge

Die Synagoge in Floß in der nördlichen Oberpfalz zählt zu den ersten Synagogen, die in Bayern nach 1945 wiederhergestellt wurden. Die im klassizistischen Stil 1815–1817 errichtete Synagoge überragt die profane Bebauung der ehemaligen jüdischen Siedlung auf dem »Judenberg«.[6] In der Pogromnacht 1938 wurde die Floßer Synagoge geplündert und teilweise zerstört. Private Nachbesitzer nutzten sie zu einem Handwerksbetrieb um. Nach einem erneuten Besitzerwechsel sollte eine Perlmuttknopffabrik eingerichtet werden. Dazu kam es aber nicht. 1963 kaufte der Landesverband der Israelitischen Kultusgemeinden in Bayern die Synagoge zurück. Wegen des schlechten baulichen Zustands war der neue Besitzer bald mit der Frage nach Abbruch oder Instandsetzung konfrontiert. Anfang der 1970er-Jahre beschlossen das Bayerische Landesamt für Denkmalpflege, der Landesverband der Israelitischen Kultusgemeinden in Bayern, der Landrat von Neustadt a. d. Waldnaab und der Markt Floß, die Synagoge zu sanieren (Abb. 1).

In einer ersten Sanierungsphase um 1980 wurden die gröbsten Schäden seit der Pogromnacht 1938 beseitigt. Eine zweite Phase zwischen 2000 und 2005 führte zu einer grundlegenden Sanierung der Architektur und des Dachstuhls. Das erklärte Ziel der Bauträger war es, das Gebäude in seiner Innenausstattung wieder so herzustellen, wie es im November 1938 ausgesehen hatte. Der traditionelle blaue Sternenhimmel wurde nach Befund ausgeführt. In Israel in den 1970er-Jahren gefertigte Glasfenster wurden eingesetzt. Alle hölzernen Bauteile wie die zwölf marmorierten toskanischen Holzsäulen, Brüstungsfelder und Gesimse der umlaufenden Empore für Frauen, die nur von außen durch einen eigenen Eingang zugänglich ist, wurden in Abstimmung mit dem Landesamt für Denkmalpflege ergänzt und neu gefasst. Als Grundlage für die Rekonstruktion des Innenraums diente eine überlieferte Innenansicht der Synagoge von 1934.[7] Der von Balusterschranken umschlossene *Almemor* wurde 1980 »im Sinne des älteren Synagogentyps etwa in die Mitte des Saales gestellt«[8]. Die derzeitige Bestuhlung und das einfache Gehäuse des *Tora-Schreins* wurden 1979/80 während einer Sanierung des Innenraums frei rekonstruiert[9] (Abb. 2). Für die Wiederherstellung des kunstvollen Holzgitters der Frauenempore fehlte das Geld.

Das heutige Erscheinungsbild des Synagogen innenraums ist eine Kompilation auf der Basis der erhaltenen Baupläne von 1816[10], der Wiederherstellung nach einer Fotografie von 1934, Ergänzungen nach Befund und freier Nachempfindung. Dennoch zählt sie neben der Synagoge in Sulzbach-Rosenberg zu den wichtigsten baulichen Zeugnissen ehemaligen jüdischen Lebens in der nördlichen Oberpfalz. Sie gehört neben der Ansbacher Synagoge zu den wenigen, die nach

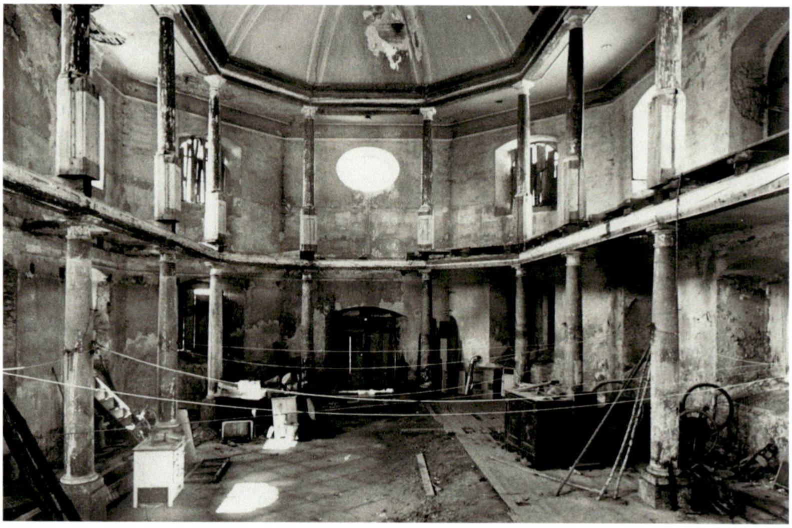

Abb. 1 Synagoge Floß vor der Sanierung, Innenansicht um 1972

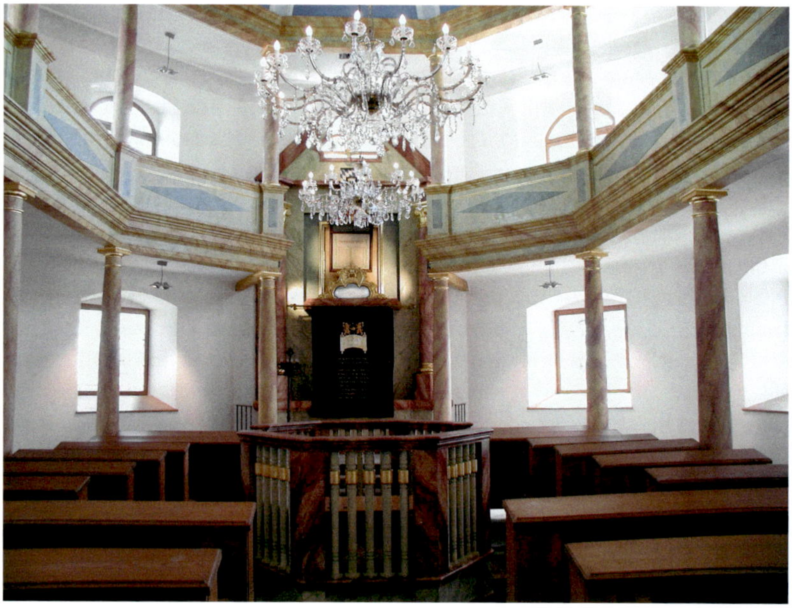

Abb. 2 Synagoge Floß nach der Restaurierung, Innenansicht um 1980

1945 wieder in den Besitz des Landesverbandes der Israelitischen Kultusgemeinden zurückgekehrt sind. Das erklärte Sanierungsziel, das Aussehen vor November 1938 wiederherzustellen, ließ eine Dokumentation der Umnutzungen als Zeugnis für den Umgang mit den Überresten der örtlichen jüdischen Geschichte nicht zu. Die Einweihung als Gedächtnisstätte und Betsaal fand 1980 statt.[11] Die gegenwärtige Nutzung sieht u. a. Veranstaltungen durch die Gesellschaft für Christlich-Jüdische Zusammenarbeit e.V. vor. Zur Woche der Brüderlichkeit findet seit 1990 jährlich eine ökumenische Gebetsfeier statt. Zum Gedenken an die Floßer Juden und zur Erinnerung an die Geschichte der Floßer Jüdischen Gemeinde wurde zum Abschluss der Sanierung eine museale Dokumentation auf der ehemaligen Frauenempore eingerichtet. Die Besucher erfahren etwas über die Baugeschichte der Synagoge, die Entwicklung der jüdischen Gemeinde vom 17. Jahrhundert bis zu ihrem Ende, über ihre besondere Rolle als selbstverwaltete jüdische Gemeinde, über die wichtigsten Einrichtungen der Gemeinde vom Friedhof zur Schule und über das Gemeindeleben und bedeutende Persönlichkeiten.

1.2. Augsburg, Jüdisches Kulturmuseum Augsburg-Schwaben

In Augsburg bildete sich eine der frühesten jüdischen Nachkriegsgemeinden in Bayern. Für die neugründete Gemeinde der Schoa-Überlebenden war es naheliegend, die während des Novemberpogroms 1938 geschändete Synagoge wiederherzustellen und zu nutzen. Das monumentale Gebäude, das zwischen 1913 und 1917 nach den Plänen der Architekten Fritz Landauer und Heinrich Lömpel mit byzantinischen, orientalischen und Jugendstilelementen erbaut worden war, überstand schwer beschädigt die Herrschaft des Nationalsozialismus. Es wurde als einzige bayerische Großstadtsynagoge baulich nicht gänzlich zerstört.[12] Bereits im Herbst 1946 konnte in den notdürftig wiederhergestellten Gemeinderäumen ein erster *Schabbat*-Gottesdienst gefeiert werden. Die Rekonstruktion des einst prachtvollen Innenraums der großen Synagoge war nach der Gründung der Israelitischen Kultusgemeinde Schwaben-Augsburg das erklärte Ziel des ersten Vorsitzenden Julius Spokojny. Begonnen wurde die Instandsetzung 1963/64 mit dem Umbau der bisherigen Werktagssynagoge und des Trausaals nach den Plänen des jüdischen Architekten Hermann Zvi Guttmann (1917–1977).

Für die neue Nutzung des Synagogenkomplexes bestand noch 1978 kein Konzept, dennoch wurde mit der Sanierung begonnen.[13] An ein wiederhergestelltes Gotteshaus war primär nicht gedacht. Die Synagoge sollte ein »Ort der Begegnung« für interkonfessionelle und kulturelle Veranstaltungen werden sowie ein Museum zur jüdischen Geschichte enthalten. In zwei Phasen erfolgte die Instandsetzung. Mitte der 1970er-Jahre wurden eine Bestandssicherung des Baus und eine Außenrestaurierung des Kuppelbaus durchgeführt. Der zweite Sanierungsabschnitt betraf Anfang der 1980er-Jahre die Instandsetzung des ehemaligen Kultraums: Dabei sollte der einstige Männerbetraum in seinem Raumbild und in möglichst vielen Details wieder erlebbar werden.[14] Dazu zählte auch der Erhalt des zerstörten Gestühls im Synagogenhauptraum, das in seinen Resten belassen und ergänzt wurde. In einvernehmlicher Abstimmung von Bayerischem Landesamt für Denkmalpflege und Israelitischer Kultusgemeinde wurde der große Synagogenraum von Vitrinen freigehalten und nicht in die Museumsnutzung einbezogen. Nach mehr als zehnjähriger Restaurierung und Bauzeit konnte die Synagoge 1985 wieder eingeweiht werden. Sie ist in das Jüdische Kulturmuseum Augsburg-Schwaben integriert und wird an hohen jüdischen Feiertagen und zu Festveranstaltungen auch von der Israelitischen Kultusgemeinde genutzt.

Eine Sammlung von historischen Ritual- und Kultgegenständen für Synagoge und Hausgebrauch aus dem 17. bis zum 20. Jahrhundert, ergänzt um zeitgenössische Judaica aus dem letzten Viertel des 20. Jahrhunderts, bildete den Kernbestand des Museums in Nebenräumen der jüdischen Gemeinde. Das Jüdische Kulturmuseum Augsburg-Schwaben knüpfte als erste Neugründung eines jüdischen Museums in Deutschland nach 1945 an die Tradition der jüdischen Museen vor der NS-Zeit an. Es verstand sich nicht als Holocaust-Museum und zeigte hauptsächlich Ritual- und Kultgegenstände. Die Sammlung von Objekten für den synagogalen und häuslichen Gebrauch, aufgewertet durch bedeutende Leihgaben aus dem Bayerischen Nationalmuseum in München, vermittelte ein überwiegend religiös bestimmtes Judentum. Die gewählten Wechselausstellungen und begleitenden Veranstaltungen drehten sich um zentrale jüdische Themen.

Nach rund 20 Jahren begann das Museum nach einem Wechsel in der Leitung mit der Erneuerung der Dauerausstellung. Räumlich nach wie vor beengt, änderte das Museum mit der neuen Ausstellung auch seine inhaltliche Ausrichtung. Die Neuaufstellung von 2006 legt den Fokus auf jüdisches Leben in Augsburg und in den schwäbischen jüdischen Gemeinden. Die ehemalige Ritualienschau, um historische Dokumente, Archivalien und Fotografien erweitert, präsentiert sich nun im historischen Kontext unter Einbeziehung von familien- und alltagsgeschichtlichen Objekten. Die Synagoge ist nach wie vor Teil des Jüdischen Kulturmuseums und kann im Rahmen des Museumsrundgangs von der ehemaligen Frauenempore aus eingesehen werden. Themen der neuen Dauerausstellung sind die Geschichte der jüdischen Gemeinden in Augsburg und Schwaben als Abfolge von Migration und Integration vom Mittelalter bis zur Gegenwart, vom Nebeneinander und von Konflikten zwischen jüdischer Minderheit und christlicher Mehrheit. Nach der Auslöschung jüdischen Lebens durch die Nationalsozialisten werden der Neuanfang der jüdischen Gemeinde nach 1945 und die Veränderungen in der Gemeinde durch den Zuzug ehemals sowjetischer Juden nach 1990 dokumentiert. Weitere Themen sind jüdische Traditionen und religiöse Ausübung im Alltag sowie im jüdischen Festzyklus.

Das Jüdische Kulturmuseum hat sich zur Aufgabe gemacht, nicht nur das städtische, sondern auch das einstige jüdische Leben auf dem Land in Schwaben zu präsentieren. 16 *Tora-Schilder* verweisen auf ehemalige jüdische Gemeinden in Schwaben. Berichtet wird anhand überlieferter Objekte vom einstigen sozialen, ökonomischen und religiösen Leben schwäbischer Juden.[15] Eine Abteilung zur »Hausgeschichte« erläutert die sichtbaren Spuren der Geschichte im Gebäude. Die Dauerausstellung ist der Stiftungssatzung verpflichtet, die dem Museum »nicht nur das Sammeln und Bewahren von Zeugnissen der jüdischen Kultur und Religion und deren wissenschaftliche Bearbeitung und Auswertung« zur Aufgabe gemacht, sondern gleichrangig auch »die Vermittlung von Wissen über das Judentum, seinen Glauben seine Geschichte« aufgetragen hat.[16]

1.3. Veitshöchheim, Jüdisches Kulturmuseum und Synagoge Veitshöchheim

Die Sanierung ehemaliger Synagogen durch Rekonstruktion in ihrer Erscheinungsform vor der Pogromnacht im November 1938 war ein übliches Vorgehen noch in den 1990er-Jahren. In Veitshöchheim, einer unterfränkischen Gemeinde im Großraum Würzburg, hat ein Ensemble, bestehend aus einer Synagoge in heimischer Bauweise mit Nebenräumen aus der ersten Hälfte des 18. Jahrhunderts, einem Wohnhaus und einer Wohnung für einen Vorsänger in den oberen Räumen der Synagoge, mit Resten einer Laubhütte sowie einem Ritualbad, die Pogromnacht 1938 weitgehend unbeschadet überstanden. Zu diesem Zeitpunkt hatte sich die jüdische Gemeinde, die seit spätestens Mitte des 17. Jahrhunderts nachweisbar ist,[17] bereits aufgelöst und ihre Einrichtungen nach 1935 nicht mehr benutzt. Für die aktuelle Verwendung als jüdisches Museum und Kulturzentrum wurde das Ensemble um ein Archiv und ein Seminargebäude erweitert. Bis es dazu kam, hatte der ehemalige Sakralbau, wie so viele Synagogen, zahlreiche Fremd- und Umnutzungen zu ertragen. 1940 von der Kommune »arisiert«, fanden die gröbsten Eingriffe jedoch erst nach 1945 mit der vollständigen Entkernung zur Nutzung als gemeindliches Feuerwehrgerätehaus statt[18] (Abb. 3). Die bis dahin erhaltene Innenausstattung wurde zertrümmert und zur Auffüllung des Synagogenbodens verwendet.

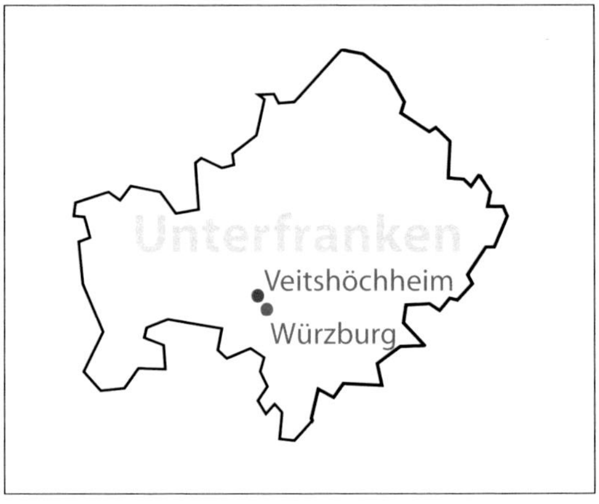

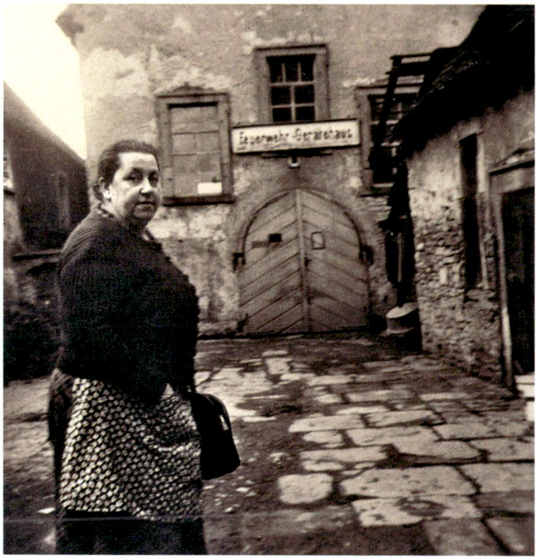

Abb. 3 Elisabeth Schwarzkopf, damalige Bewohnerin, vor der Synagoge Veitshöchheim als Feuerwehrgerätehaus, Aufnahme 1950er-Jahre

In den 1980er-Jahren entsprach das Feuerwehrgerätehaus nicht mehr den zeitgemäßen Anforderungen. Die Gemeinde Veitshöchheim beschloss, einen Neubau mit günstigerer Verkehrsanbindung zu errichten. Auf Beschluss des Gemeinderats sollte die ehemalige Synagoge einer kulturellen Nutzung zugeführt werden. Gedacht war an ein kommunales Galerie- und Ausstellungsgebäude für die örtliche Kunstszene. Während der Sanierungsarbeiten tauchten Zeugnisse aus der Zeit der Synagogennutzung auf. Zusätzlich brachten archäologische Untersuchungen ein Sandstein-Lavabo und Eisenbeschläge einer Spendenbox zu Tage. Daraufhin beschloss die Gemeinde eine erneute Nutzungsänderung. Als ein Bekenntnis zur örtlichen jüdischen Geschichte sollte die Synagoge wiederhergestellt und gemäß einer Vereinbarung zwischen der Gemeinde Veitshöchheim und der Israelitischen Kultusgemeinde Würzburg wenigstens einmal jährlich für einen Gottesdienst genutzt werden.

Das Sanierungskonzept unter der Federführung des Bayerischen Landesamtes für Denkmalpflege sah vor, die Synagoge in ihrem Erscheinungsbild vor dem Novemberpogrom 1938 wiederherzustellen. Originalteile des *Tora-Schreins* und der *Bima* fanden sich im Boden (Abb. 4). »Obgleich von der zertrümmerten Originalsubstanz der aufgehenden Teile etwa die Hälfte heute nicht mehr vorhanden ist, blieben von allen konstruktiv wesentlichen Bauelementen dieser handwerklich bemerkenswerten Einrichtungen so viele Fragmente

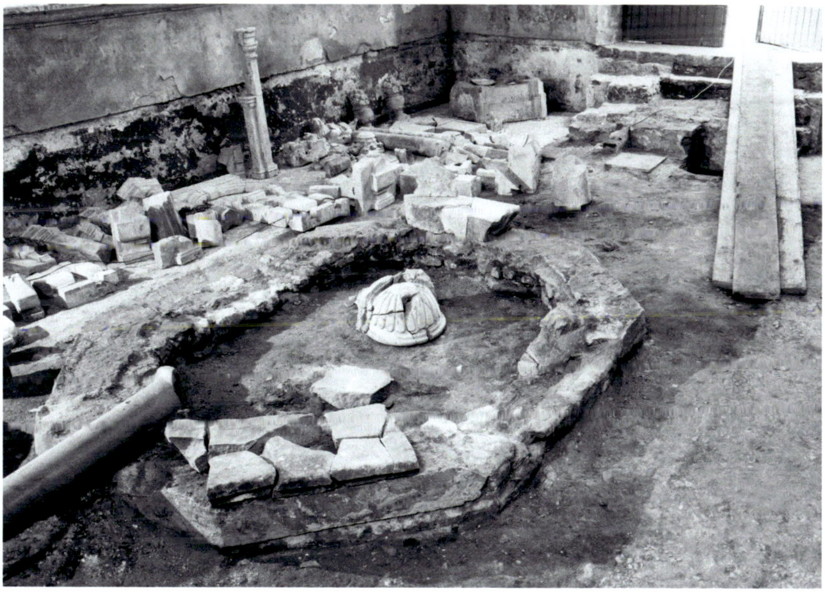

Abb. 4 Fundsituation im Innenraum der Synagoge Veitshöchheim, Aufnahme: April 1986

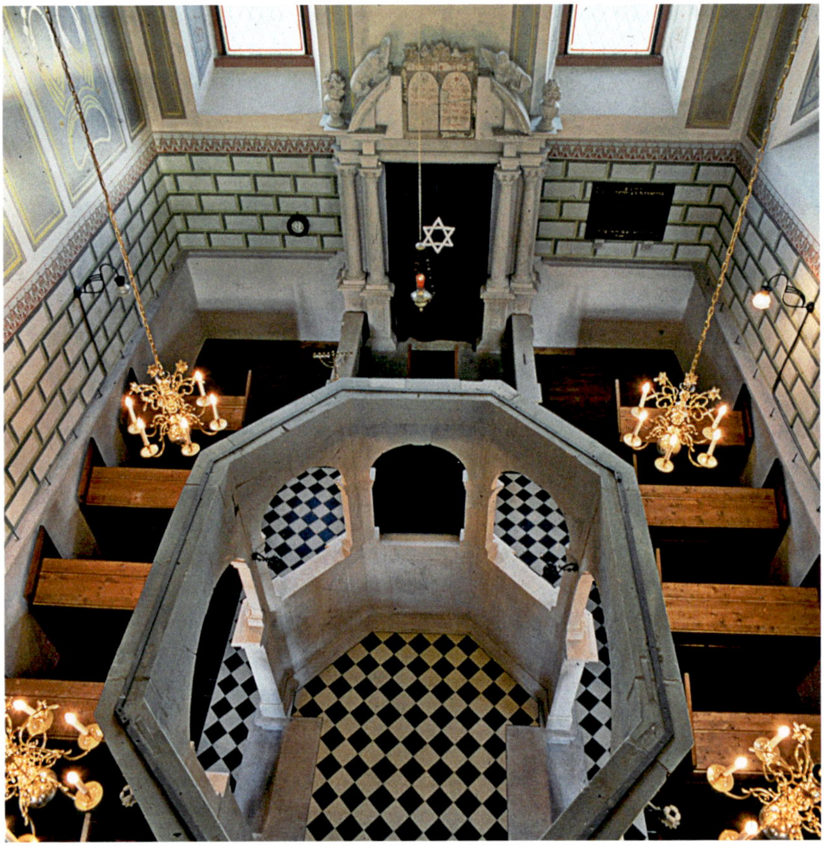

Abb. 5 Synagoge und Kulturmuseum Veitshöchheim, Blick in den wiederhergestellten Innenraum

erhalten, dass eine originalgetreue Wiederherstellung dieser beiden liturgischen Hauptausstattungsstücke auf der Grundlage der verbliebenen, sorgfältig dokumentierten Originalteile möglich war.«[19] Der nicht mehr erhaltene Innenraum und die Ausstattung wurden in ihrem Erscheinungsbild des ersten Viertels des 20. Jahrhunderts rekonstruiert. Als Basis diente ähnlich wie bei der Sanierung der Synagoge in Floß eine Fotografie aus der Zeit um 1925. Mit Hilfe der Aufnahme ergänzten geschickte Handwerker die fehlende Innenausstattung und die Bemalung der Wände. In Anlehnung an zeitgleiche Bauten wurden Lampen, Sitzbänke und weitere Ausstattungsdetails nachempfunden. Die *Bima* konnte auf Grundlage der Grabungsfunde rekonstruiert werden. Fehlstellen wurden erkennbar ergänzt. Auch eine Ehrentafel mit den Namen der jüdischen Gefallenen und Teilnehmer des Ersten Weltkriegs konnte aus ca. 200 Bruchstücken bis auf wenige Lücken wieder rekonstruiert werden. Die Gedenktafel kehrte an ihren angestammten Platz rechts neben dem *Tora-Schrein* zurück.

Bis auf diese erst auf den zweiten Blick erkennbaren Details bietet sich dem Besucher ein völlig intakter Eindruck einer überlieferten Synagoge (Abb. 5). Der Missbrauch und die Fremdnutzungen des ehemaligen Gotteshauses sind nicht mehr erkennbar. Fragen vor der wiederhergestellten *Bima* und der Gedenktafel für die gefallenen jüdischen Soldaten stellen sich erst bei genauerem Hinsehen. Ein Ritualbad im Untergeschoss der Synagoge mit eigenem Zugang von außen wurde nach 1926 verfüllt und zubetoniert. Für die museale Nutzung wurde es freigelegt und im Rahmen des Museumsrundgangs zugänglich gemacht. Das Jüdische Kulturmuseum, das sich heute in der Trägerschaft der Gemeinde Veitshöchheim befindet, gibt einen Überblick über die örtliche jüdische Geschichte mit Schwerpunkt auf dem 18. und 19. Jahrhundert. Die Sammlung besteht hauptsächlich aus den bei der Sanierung im Dachboden gefundenen Objekten einer *Genisa*.[20] Die dort abgelegten, nicht mehr verwendbaren religiösen und weltlichen Schriften und Gegenstände geben einen Einblick in das geistige Leben einer fränkischen jüdischen Landgemeinde. Ausgehend von der eigenen *Genisa* etablierte sich in Veitshöchheim ein anerkanntes Zentrum zur Erforschung der *Genisot* in Bayern. Die feierliche Einweihung der Synagoge und des neuen Jüdischen Kulturmuseums fand 1994 statt. Durch die rekonstruierende Sanierung entstand eine der prächtigsten Landsynagogen, Spuren der Geschichte der jüdischen Gemeinde und der Fremdnutzungen gingen dabei jedoch verloren.

1.4. Ermreuth, Synagoge und jüdisches Museum Ermreuth

Die ehemalige Landsynagoge im oberfränkischen Ermreuth aus dem ersten Viertel des 19. Jahrhunderts ist ebenfalls zurückgebaut worden. Nach der Schändung und Plünderung während des Novemberpogroms 1938 hinterließ die Nutzung zu landwirtschaftlichen Zwecken nach dem Erwerb durch eine örtliche Bank 1954 erhebliche Beschädigungen und Veränderungen am Gebäude. Der Markt Neukirchen am Brand erwarb das ortsbildprägende Baudenkmal 1974. Nachdem die geplante Nutzung als Vereinsheim der Sportschützen mit Schießstand bekannt wurde, begann eine örtliche Diskussion über eine angemessene Nutzung der ehemaligen Synagoge. Sie endete mit dem Beschluss des Marktgemeinderats, den ehemaligen Sakralbau einer kulturellen Nutzung mit einer Ausstellung zur Geschichte des Judentums im Landkreis Forchheim unter Federführung des Fränkische Schweiz-Museums Tüchersfeld zuzuführen.[21] Was war von der ehemaligen Synagoge außer den Mauern übriggeblieben? Weitgehend erhalten waren nur die Nische für den *Tora-Schrein* und Fragmente der ursprünglichen Wandbemalung aus der Entstehungszeit.

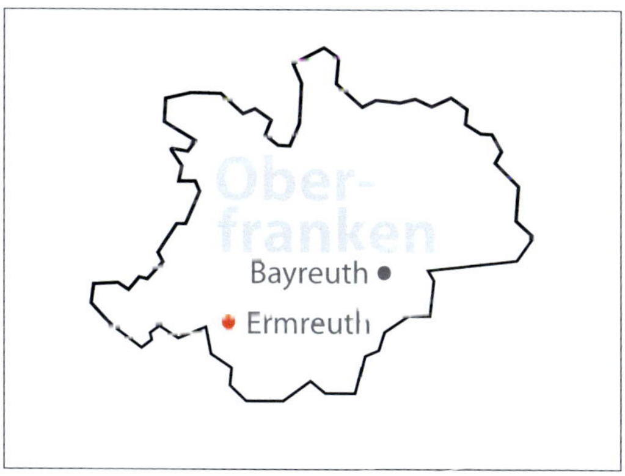

Das Sanierungskonzept sah auch hier die Wiederherstellung der Synagoge und ihrer Innenausstattung zur Nutzung für kultische und kulturelle Zwecke vor. Der in der Pogromnacht 1938 größtenteils zerstörte Innenraum wurde für die Umnutzung in Ausstattung und Gestaltung in der Formensprache und mit Materialien aus der Zeit der Sanierung neu gestaltet. Neben den kärglichen Resten, Befunduntersuchungen und Grabungen waren die Hauptquellen für die Wiederherstellung Jugenderinnerungen ehemaliger jüdischer Bürger Ermreuths. Die zerstörte Ausmalung des Betsaals wurde nach vagen Angaben nachempfunden. Zusätzlich konnte auf die beschreibenden Aufzeichnungen Theodor Harburgers aus den 1920er-Jahren, als er im Auftrag des Verbandes Bayerischer Israelitischer Gemeinden in Würzburg jüdische Denkmäler inventarisierte, zurückgegriffen werden. Als Rekonstruktionshilfe diente auch der Vergleich mit anderen Synagogen ähnlichen Alters, z. B. mit Plänen für die Synagoge Heiligenstadt von 1819 und für die Synagoge Hirschaid von 1831.[22] Mit Hilfe der Notizen Harburgers konnte belegt werden, dass das Lesepult seine Position in der Raummitte bis ins 20. Jahrhundert beibehalten hatte und die Sitze nicht auf den *Tora-Schrein* ausgerichtet waren. Im Zuge der Neugestaltung wurden die Sitzplätze entlang der Wände wiederhergestellt. Für die *Bima* fehlte jegliche Rekonstruktionsvorlage. Man entschied sich für eine vereinfachte Nachempfindung, überhöht durch eine Lichtinstallation in Form liegender Davidsterns. Wegen der geplanten kultischen

Funktion wurde die Alternative, die *Bima* im ehemaligen Männerbetraum nur im Grundriss anzudeuten, verworfen. Die dreiseitige Frauenempore konnte wiederhergestellt werden, nachdem bei Grabungen Holzteile und Konstruktionsspuren aufgefunden wurden.[23] Sie wird heute für die Präsentation der Dauerausstellung zur Geschichte der Jüdischen Gemeinde Ermreuth genutzt.

In einer Dokumentation der Funde aus einer 1988 während der Sanierung im Dachbereich entdeckten *Genisa* wird die Geschichte der örtlichen Gemeinde mit Ausblicken auf vergangenes jüdisches Leben im Landkreis Forchheim erzählt. Aus der *Genisa* wurden ein Spendenbrief zur Unterstützung des Synagogenbaus, Bücher (v.a. Gebetsbücher[24]), Kalender und Pergamentröllchen, Textilreste, *Mesusa*-Kapseln, Gebetsriemen, Drucke und Handschriften geborgen[25] und für die museale Präsentation verwendet. Die Ausstellung über das Landjudentum soll zeigen, »wie gut nachbarschaftlich sich trotz mancher Spannungen das Zusammenleben zwischen Christen und Juden auf dem Lande ehedem gestaltete«.[26]

Die Trägerschaft für die Einrichtung hat der Zweckverband Synagoge Ermreuth übernommen. Zum Gedenken an die jüdischen Opfer der Gemeinde, die während der Naziherrschaft ermordet oder deportiert worden waren, wurde im Eingangsbereich eine Tafel mit ihren Namen angebracht.

Mit großer Anteilnahme verfolgten ehemalige Ermreuther Juden die Wiederherstellung der Synagoge, die sie als Rehabilitation begriffen, von der versöhnende Kraft ausgehen kann, die Begegnungen und Gespräche möglich macht.[27] Auch hier wurde durch die rückbauende Wiederherstellung etwas Neues geschaffen. Der ehemalige Sakralbau besteht nicht mehr, trotz der Rekonstruktion der Außenhaut. Die Synagogenausstattung wurde nachempfunden. Das was einst war, ist kaum noch sichtbar. Als eine bewusste Demonstration eines Neuanfangs fand 1994 im Beisein des damaligen Vorsitzenden der Israelitischen Kultusgemeinde Nürnberg die feierliche Wiedereinweihung der wiederhergestellten Synagoge als Bethaus und Kulturzentrum statt.

In der Phase der frühen Synagogensanierungen herrschte die Tendenz vor, sie in idealisierter Form wieder im Erscheinungsbild vor der Novemberpogromnacht 1938 herzustellen. Gedanken an eine heilende Wiedergutmachung prägten das Handeln der überwiegend nichtjüdischen Akteure. Entstanden sind in Veitshöchheim und Ermreuth prachtvolle Landsynagogen, aber mit der Tilgung der Zerstörungsspuren ist auch ein wichtiger Teil der Geschichte verschwunden. Hinweise auf ihre Zerstörung und Schändung sowie das Ende der jüdischen Gemeinden sind für die heutigen Besucher an den Bauten nicht erkennbar. Die Synagogen, weitgehend geschönt, sind nur noch begrenzt als authentische Orte zu verstehen. Die Dokumentation ehemaligen jüdischen Lebens und der historischen Ereignisse ist den angeschlossenen Ausstellungen überlassen.

2. Synagogen und Museen

2.1. Schnaittach, Jüdisches Museum Franken in Schnaittach

Die Synagoge im mittelfränkischen Markt Schnaittach, 1570 erbaut und in der ersten Hälfte des 18. Jahrhunderts erweitert, wurde in der Pogromnacht 1938 baulich nicht zerstört. In Dörfern und Kleinstädten hatte das häufig pragmatische Gründe, da im Falle eines Brandes auch Feuergefahr für nichtjüdische Häuser bestanden hätte. In Schnaittach sollte das Gebäude nach dem Willen

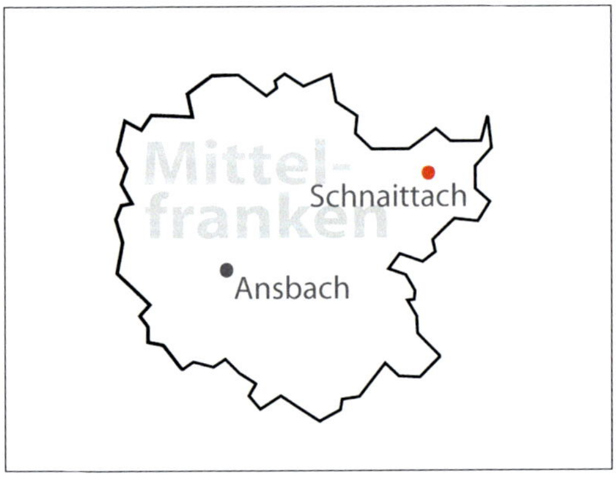

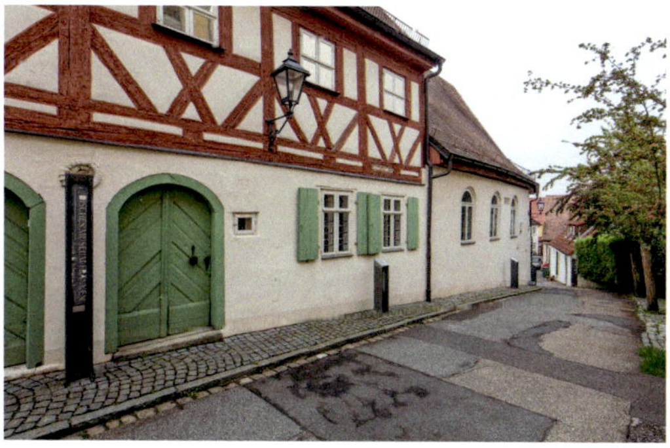

Abb. 6 Jüdisches Museum Franken in Schnaittach, Außenansicht des Museums

des damaligen ehrenamtlichen Museumsleiters Gottfried Stammler das örtliche Heimatmuseum aufnehmen. Das Schnaittacher Heimatmuseum war 1923 gegründet worden und bis 1929 im Haus des jüdischen Viehhändlers Leopold Prager untergebracht.[28] Noch im November 1938 mussten die Synagoge, das Vorsängerhaus und das Rabbinerhaus auf Druck der Nationalsozialisten von ihren jüdischen Besitzern zu einem Spottpreis an die Marktgemeinde Schnaittach verkauft werden.[29] Mit Billigung des Landesamtes für Denkmalpflege wurde vom Vorsängerhaus ein Durchgang zur Synagoge geschaffen. Für die Steintreppe zu dem tiefer gelegenen Betsaal fanden entwendete Grabsteine vom jüdischen Friedhof Verwendung.[30] Ein Jahr später erfolgte die Umnutzung der Synagoge zum Heimatmuseum. Der ehemalige Betraum für die Männer war nun ein Ausstellungsort für die Sammlung christlicher Kunst des Heimatmuseums. Seit 1996 ist in dem Gebäudekomplex (Abb. 6) neben dem Heimatmuseum auch die Außenstelle Schnaittach des neu geschaffenen Jüdischen Museums Franken mit Hauptsitz in Fürth untergebracht. Finanziert wird dieses Museum von einem Trägerverein, gebildet aus der Stadt Fürth, dem Bezirk Mittelfranken, dem Landkreis Nürnberger Land, dem Markt Schnaittach und der Stadt Schwabach.

Das rekonstruierende Konzept der Denkmalpflege sah vor, den ursprünglichen Synagogenhauptraum mit gemaltem Sternenhimmel an der blauen Decke und der Schablonenmalerei der Wände im Zeitschnitt des späten 18. Jahrhunderts wiederherzustellen. Zu dieser Zeit hatte Schnaittach noch eine große Zahl jüdischer Einwohner, bevor mit der Möglichkeit der Abwanderung in die Städte auch in Schnaittach die Zahl der jüdischen Bewohner merklich zurückging. Auf die Rekonstruktion der Inneneinrichtung sollte jedoch verzichtet werden, obwohl entsprechende Planunterlagen für die originale Einrichtung des Gestühls und des *Tora-Schreins* archivalisch überliefert sind. Im Widerspruch zu den Überlegungen der Denkmalpfleger sah das Museumskonzept vor, die Räumlichkeiten als Folge einer historischen Entwicklung in ihrem vorgefundenen Zustand mit den Spuren der Veränderung zu erhalten. Der ehemalige Männerbetraum als Hauptexponat des Jüdischen Museums Franken sollte in seinem überlieferten Zustand ohne weitere Hinzufügungen leer belassen werden (Abb. 7). Die sichtbaren Spuren der Geschichte des Gebäudes,

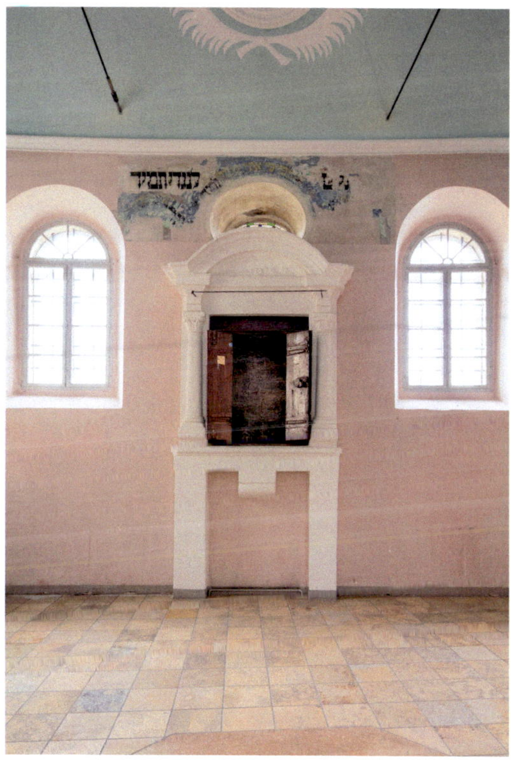

Abb. 7 Jüdisches Museum Franken in Schnaittach, ehemaliger Männerbetsaal

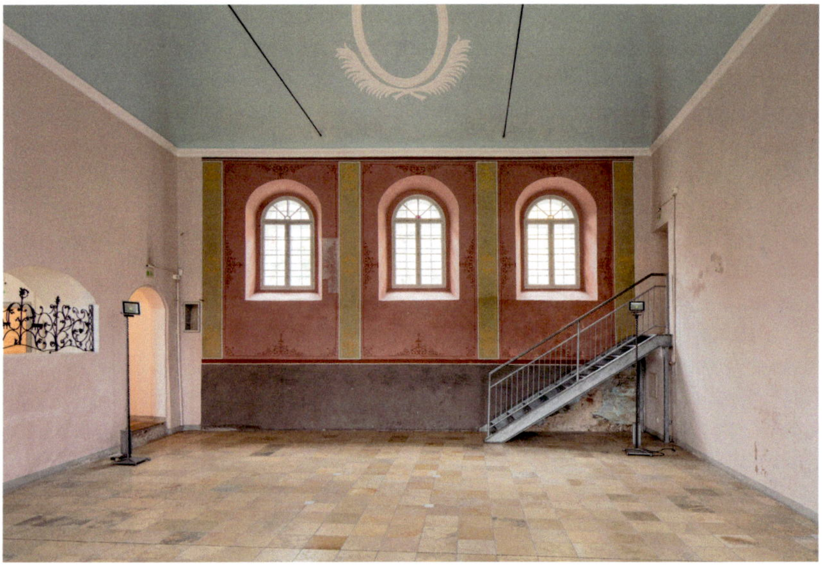

Abb. 8 Jüdisches Museum Franken in Schnaittach, nach Befund wiederhergestellte Westwand

wie eine 1956 in die Nordwand gehauene Nische für einen Barockaltar, Inschriften an der Ostwand, Spuren von Bemalungen und weitere Zeugnisse der Synagogennutzung, sollten gesichert werden. Archäologische Grabungen im Männerbetraum, die Aufschluss über eine Vorgängersynagoge gaben, wurden wieder zugeschüttet.[31] Die geplante Rekonstruktion des Sternenhimmels und der Schablonenmalereien an den Wänden war für dieses Konzept, den authentischen Ort zu sichern, nicht nötig. Durch die Konservierung der Fehlstellen und der baulichen Veränderungen sollte das Fehlen jüdischen Lebens vor Ort anschaulich gemacht werden.

Die unterschiedlichen Positionen, Rekonstruktion des Aussehens zur »Blütezeit« oder Belassen des Gebäudes als Zeugnis seiner wechselhaften Geschichte, stellten die Marktgemeinde vor eine schwer zu lösenden Aufgabe. Die Erhaltung einer offenen Nische als Erinnerungsmal, einst für einen Barockaltar in die Synagogenwand gebrochen, war im Marktgemeinderat nicht mehrheitsfähig. Das Konzept der Museumsleitung war in diesem Punkt zu fortschrittlich. Am Ende einigten sich die beteiligten Fachstellen und die Marktgemeinde auf einen Teilrückbau und verbrachten eine leicht von der Wand abgesetzte Platte vor die Öffnung. Der ehemalige Gebetsraum der Männer blieb als zentrales Museumsobjekt leer. Möglichst viele Spuren der Geschichte des Gebäudes nach der Umnutzung zum Heimatmuseum blieben erhalten und auf die Rekonstruktion der gesamten Ausmalung und des Sternenhimmels wurde verzichtet. Nur die Westwand wurde als Zitat der ursprünglichen Wandbemalung in ihrer farbigen Fassung nach Befund rekonstruiert (Abb. 8). Die übrigen Wände erhielten einen Anstrich in Altrosa. Eine moderne Stahltreppe anstatt einer rekonstruierten Holztreppe führt zum tiefer liegenden ehemaligen Synagogenhauptraum. Spuren historischer Veränderungen, die mit der Sanierung unsichtbar geworden sind, werden im Museum auf Informationstafeln zur Baugeschichte vermittelt.[32]

Das Museumskonzept hat zum Ziel, eine repräsentative fränkische Landjudengemeinde ausschließlich anhand der überlieferten Objekte darzustellen. Erzählt wird von den Grundlagen jüdischen Lebens und jüdisch-christlichen Zusammenlebens mit ihren Licht- und Schattenseiten.[33] Fast alle Objekte »lassen sich zwei Stichworten und den damit verbundenen Gedankenmodellen, die unabdingbare Notwendigkeit für ein Überleben in der Diaspora waren, zuordnen: dem Gebot, sich zu erinnern (hebr. Zachor) und dem Gebot der Wohltätigkeit (hebr. Zedaka)«.[34] Beide Gebote prägen als Leitmotive die Dauerausstellung.

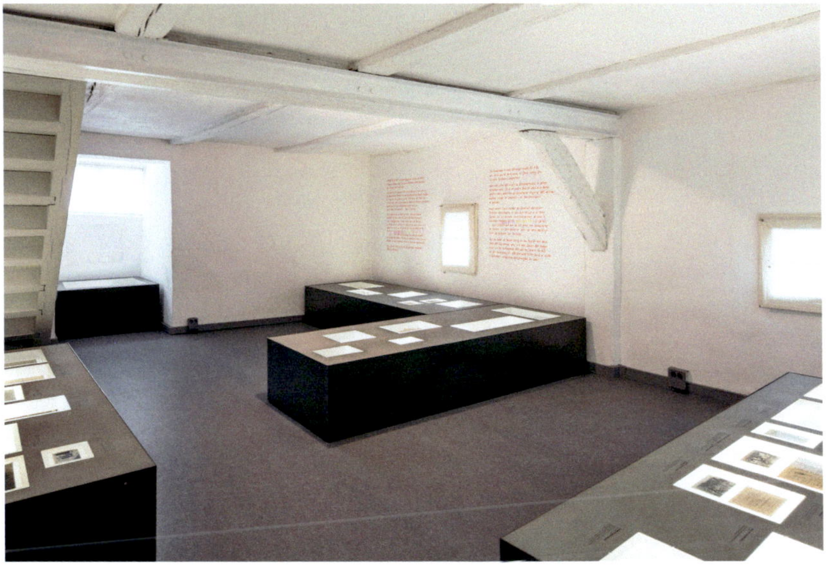

Abb. 9 Jüdisches Museum Franken in Schnaittach, Dauerausstellung »Menschen und Erinnerungen«

Der Rundgang durch das Jüdische Museum Franken in Schnaittach beginnt mit einem programmatischen Hinweis auf die Wichtigkeit des Erinnerns anhand eines Zitats des Rabbiners, Historikers und ehemaligen Vizepräsidenten des jüdischen Weltkongresses Arthur Hertzberg: »Man muß sich erinnern: Aber woran müssen wir uns erinnern? Nur, wie sechs Millionen Juden gestorben sind? Oder wie sie gelebt haben.«[35] Neben der Darstellung der örtlichen Geschichte der Jüdischen Gemeinde Schnaittach in der ehemaligen Herrschaft Rothenberg sind die überlieferten Sammlungsobjekte in Sequenzen gegliedert: Geschichte der Sammlung, die Schrift, das jüdische Haus, Erinnerung und Wohltätigkeit sowie Menschen und Erinnerungen. Mit individuellen Erinnerungsstücken jüdischer Bürger Schnaittachs und der nahe gelegenen jüdischen Gemeinden Forth, Hüttenbach und Ottensoos endet der Rundgang.

Das Museum bewahrt mit den überlieferten Objekten, von denen viele erst nach 1938 in das Museum kamen, die Erinnerung an die Menschen, die in der Kleinstadt und in den benachbarten Orten lebten, und auch die Erinnerung daran, warum sie nicht mehr hier weiterleben konnten[36] (Abb. 9). Für jedes Objekt sind soweit bekannt die Provenienz und der Umstand, wie es ins Museum gekommen ist, auf einem Beschriftungstäfelchen nachgewiesen. Die Lücken in der Präsentation des Erhaltenen sowohl in der Sammlung als auch in den baulichen Überlieferungen sollen für die Besucher spürbar werden.

2.2. Tüchersfeld, Synagoge im Fränkische Schweiz-Museum

Die ehemalige Synagoge gehörte zu einer jüdischen Ansiedlung, die 1760 erbaut wurde und bis zur Mitte des 19. Jahrhunderts bestand. Heute ist die Synagoge Teil des Fränkische Schweiz-Museums im ehemaligen Judenhof. Es handelt sich um

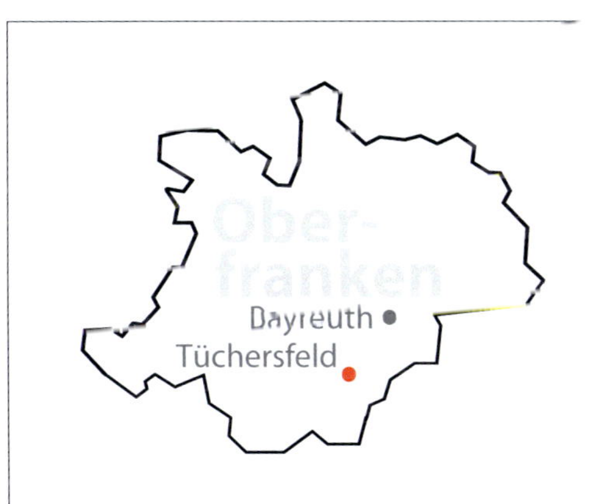

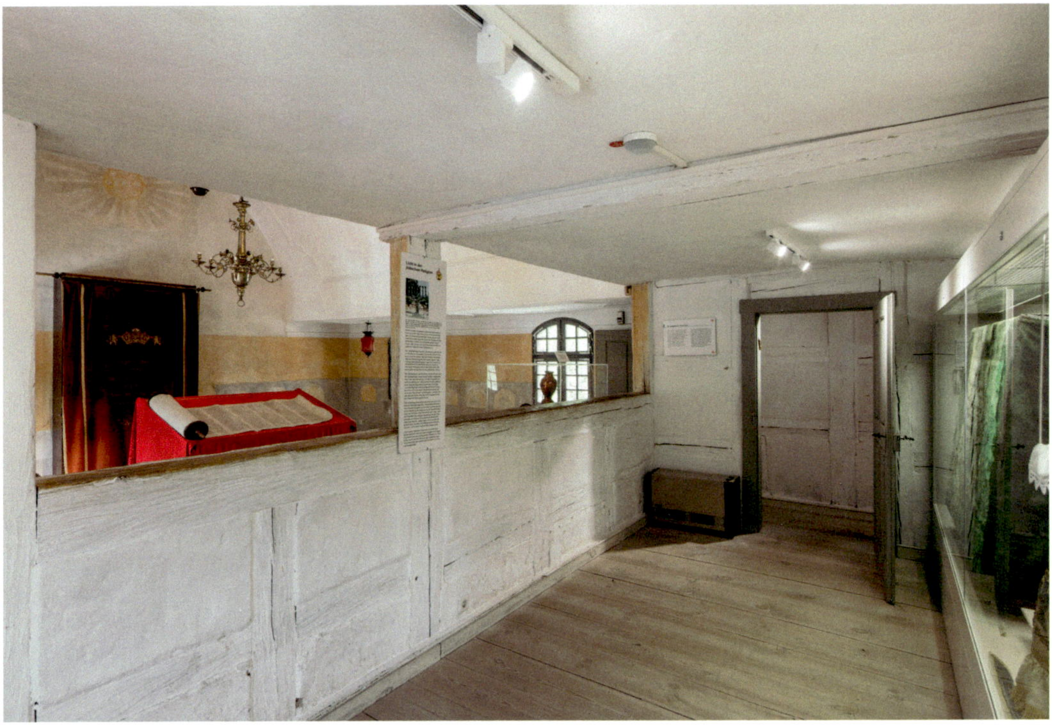

Abb. 10 Fränkische Schweiz-Museum Tüchersfeld, Synagoge, Blick von der Frauenempore in den Männerbetsaal

eine kleine, einfache Landsynagoge im ersten Stock eines Gebäudes. Den schlichten Charakter der Synagoge unterstreichen auch die gemalten Rücklehnen der Sitze an der Südwand des Männerbetraums und eine gemalte Sonne anstelle des üblicherweise nach Osten gerichteten *Misrach*-Fensters (Abb. 10). Die Bausubstanz aus dem 18. Jahrhundert blieb im Wesentlichen erhalten: Treppenaufgang, Fenster, Türen, Spuren des *Tora-Schreins*, die hölzerne Deckentonne und unterschiedliche Farbreste sind überliefert. Der ehemalige Betraum der Männer wurde baulich konserviert und wiederhergestellt, ebenso die Frauenempore mit ihrem eigenen Aufgang, jedoch ohne das frühere hölzerne Trenngitter. Die ursprüngliche Innenausstattung ist verloren, die Synagogeneinrichtung, wie sie der Museumsbesucher vorfindet, nachempfunden. *Tora-Schrein* und *Tora-Vorhang* gehören nicht zur Originalausstattung. Sie wurden von der Israelitischen Kultusgemeinde Nürnberg als Leihgaben zur Verfügung gestellt. Der Synagogen-Leuchter schmückte ursprünglich die Synagoge in Pappenheim. Auf der ehemaligen Frauenempore veranschaulicht eine Sammlung von Ritual- und Kultgegenständen die jüdischen Feste im Jahreskreis und wichtige Stationen im Leben eines gläubigen Juden.

Das Fränkische Schweiz-Museum wurde 1985 eröffnet. Seine jüdische Abteilung zählt damit zu den frühesten Präsentationen jüdischer Geschichte und die Synagoge zu den ersten wiederhergestellten Synagogen in Bayern. Sie gilt als Beispiel für eine profanierte, schlichte Landsynagoge, die im Zusammenhang mit dem Museum baulich rekonstruiert wurde. Die nach der Auflösung der jüdischen Gemeinde verlorene Einrichtung der ehemaligen Synagoge ist zur Veranschaulichung in ihren wesentlichen Elementen zusammengestellt und nachempfunden. Die Dauerausstellung zeigt jüdische Geschichte und Religion anhand ortsfremder Objekte, die Auskunft über die Bedeutung einer *Tora-Rolle* und anderer Kult- und

Ritualgegenstände geben. Die Lücke in der Überlieferung, die dem Museumskonzept in Schnaittach zu Grunde lag, ist durch Objekte von nichtlokaler Provenienz geschlossen. Der Bruch in der Geschichte der jüdischen Gemeinde Tüchersfeld lässt sich in der musealen Präsentation nicht erkennen.

2.3. Würzburg, Museum Shalom Europa

In Würzburg entstand neben Augsburg eine der wenigen jüdischen Nachkriegsgemeinden in Bayern aus zurückgekehrten Überlebenden aus Konzentrationslagern und Displaced Persons. 1966 konnte der Neubau einer Synagoge mit Gemeindezentrum, *Mikwe* und Altersheim begonnen werden. Die Synagoge in zeitgenössischer Architektur wurde 1970 eingeweiht. Nach der Ankunft von sogenannten Kontingentflüchtlingen aus der ehemaligen Sowjetunion erwies sich das bestehende Gemeindezentrum als zu klein. Im Oktober 2006 konnten die Erweiterungsbauten als neues Gemeinde- und Kulturzentrum der jüdischen Gemeinde »Shalom Europa« eingeweiht werden. Im Zuge der Neunutzung wurde auch das seit den 1980er-Jahren bestehende und vom Bezirk Unterfranken und der Stadt Würzburg getragene Dokumentationszentrum für jüdische Geschichte und Kultur in Unterfranken dort integriert. Das heutige Johanna-Stahl-Zentrum zählt zu den frühesten Institutionen, die Dokumente und Sachkultur zur jüdischen Geschichte sammelten und erforschten.

Das neue jüdische Museum Shalom Europa wurde ebenfalls integriert. Es zählt zu den wenigen Museen, die sich in der Trägerschaft einer aktiven Israelitischen Kultusgemeinde befinden. Der größte Schatz des Museums ist eine Überlieferung von mehr als 1400 Grabsteinen und Grabsteinfragmenten aus einem mittelalterlichen jüdischen Friedhof, der von der Mitte des 12. bis zur Mitte des 14. Jahrhunderts als Grablege diente. Zahlreiche Grabsteine fanden nach der Auflösung des Friedhofs Verwendung als Baumaterial in der Klosterkirche St. Markus. Sie wurden bei Abbrucharbeiten des ehemaligen Klosters der Dominikanerinnen im Würzburger Stadtteil Pleich wiederentdeckt und geborgen. Im Museum sind die Grabsteine magaziniert und raumhoch in Schwerlastregalen gestapelt. Ihre Bedeutung für die Wissenschaft ist immens. Die Inschriften liefern Erkenntnisse über rund 200 Jahre Geschichte der mittelalterlichen jüdischen Gemeinde in Würzburg und lassen erahnen, welche Bedeutung Würzburg im Mittelalter als ein maßgebendes Zentrum für jüdisches Wissen und jüdische Kultur in Europa gehabt haben muss.[37]

Um das Magazin mit den Grabsteinen im Zentrum des Museums, das für Besucher nicht betretbar, aber einsehbar ist, ist die Präsentation der Dauerausstellung angelegt, in die auch ausgewählte Grabsteine aufgenommen wurden. Bildlich gesehen stützt sich das heutige jüdische Gemeindezentrum Schalom Europa auf das kulturelle Gedächtnis der mittelalterlichen Grabsteine. Das Museum hat den Auftrag übernommen, die religiösen Grundlagen der jüdischen Religion und ihre Anwendung im alltäglichen traditionellen jüdischen Leben aufzuzeigen. Der Rundgang bietet Informationen und Hintergrundwissen zu folgenden Themen: Grundlagen des Judentums, ausgehend von der *Tora* und ihrer Herstellung, Leben und Feste mit den täglichen Gebetszeiten, *Schabbat* und den Jahresfesten, Trauer und Gebet, mit den Besonderheiten jüdischen Betens und der Gebetbücher sowie Juden in Würzburg. Jüdisches Leben hatte hier von der ersten Gemeinde nach 1100 bis zur Auslöschung während der Schoa Bestand. An die fast tausend ermordeten Juden erinnert eine Auflistung ihrer Namen. Die Dauerausstellung endet mit dem Neubeginn des Gemeindelebens nach 1945.[38]

2.4. Augsburg, Museumsdependance in der ehemaligen Synagoge Kriegshaber

Juden gab es in Kriegshaber, das erst 1916 nach Augsburg eingemeindet wurde, vermutlich seit der Mitte des 16. Jahrhunderts. 1843 wurde die bestehende Synagoge wegen Baufälligkeit geschlossen.[39] Neben den Veränderungen durch die jüdische Gemeinde im Zuge liberaler Reformbestrebungen in den 1840er-Jahren sind zwei grundlegende Renovierungen überliefert: die

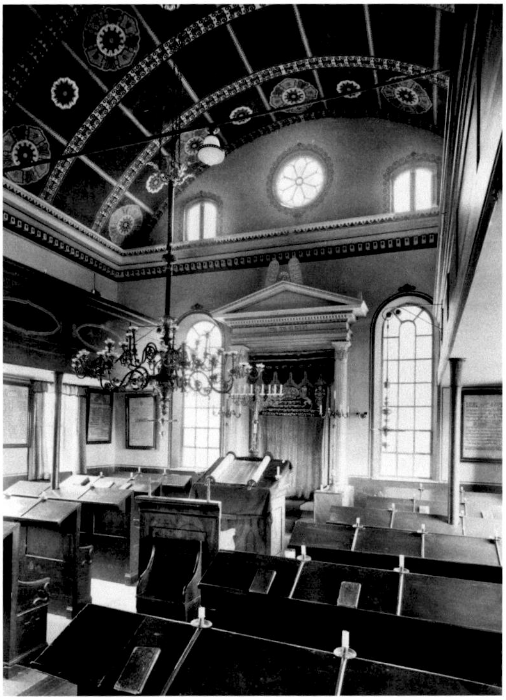

Abb. 11 Synagoge Kriegshaber, Innenraum nach Osten, um 1934

erste in den Jahren 1862/63, bei der die Fenster und die Innenausstattung erneuert wurden, und eine zweite 1913, die durch eine Fotografie vermutlich aus der Zeit um 1934 dokumentiert ist[40] (Abb. 11). In der Pogromnacht 1938 erlitt die Synagoge in Kriegshaber verhältnismäßig geringe Schäden und konnte bis Anfang der 1940er-Jahre für den Gottesdienst weiter genutzt werden. Der *Tora-Schrein* gehört zu den wenigen nahezu vollständig erhaltenen Exemplaren. Auch Augsburger Juden besuchten die Synagoge, nachdem ihre in der Halderstraße in Folge der Pogromnacht 1938 nicht mehr benutzbar war.

Nach der NS-Zeit durchlitt die ehemalige Synagoge Phasen von Leerstand und Fremdnutzungen. Der Verband jüdischer Kriegsteilnehmer in den alliierten Armeen bezog sein Hauptquartier auf dem Gelände der Synagoge.[41] Die Organization for Rehabilitation through Training (ORT) richtete Lehrwerkstätten für auswanderungswillige osteuropäische Juden ein. Jüdische US-Soldaten nutzten den Betsaal weiterhin für Gottesdienste. 1950 erhielt die Israelitische Kultusgemeinde Augsburg das Gebäude zurück, bevor es 1955 über die Jewish Restitution Successor Organization (JRSO) von der Stadt Augsburg angekauft wurde. Weitere kurzzeitige Nutzungen als Kirche für griechisch-orthodoxe Christen und in den 1970er-Jahren als Lagerhalle folgten. Zur Begrenzung des fortschreitenden Verfalls ließ die Stadt 1988 eine Außensanierung durchführen. Zugleich beschloss der Stadtrat im Rahmen der Stadtteilerneuerungen von Oberhausen und Kriegshaber, die Synagoge zu sanieren und dauerhaft kulturell zu nutzen. Als ernsthafter Interessent bewarb sich Mitte der 1990er-Jahre der Politische Club Colonia, ein Verein für interkulturelle Arbeit, auf der Suche nach Räumlichkeiten für Kunstausstellungen, Lesungen und Vorträge um das Gebäude. Die Zusammenarbeit mit dem Verein kam jedoch nicht zustande. Mehr als 40 Jahre Leerstand, lediglich belegt durch eine Sozialwohnung im Erdgeschoss, ließen das Gebäude zusehends verfallen.

2006 unternahm die Stadt einen erneuten Anlauf zu einer Neunutzung. Die ehemalige Synagoge sollte jetzt als Außenstelle dem Jüdischen Kulturmuseum Augsburg-Schwaben zugeteilt werden. Am Beginn der Planungen stand eine Bestandsaufnahme: Was war zu diesem Zeitpunkt von der ehemaligen Synagoge noch erhalten? Zahlreiche Hinweise auf die Synagogennutzung waren vorhanden: Die kräftige Farbigkeit der Schablonenmalerei mit Jugendstilornamenten im hölzernen Tonnengewölbe, die bei der Sanierung von 1913 angebracht worden war, der *Tora*-Schrein mit dem Holzschrank für *Tora-Rollen* und heilige Schriften, die hölzernen Türflügel aus dem 19. Jahrhundert, ein Rundfenster (Okulus) mit Davidstern, die an einigen Stellen freigelegte ursprüngliche Farbfassung des 19. Jahrhunderts (filigrane Ornamente in Blau und Gold), die Fensterverglasung und die auf drei Seiten umlaufende Frauenempore. Für die Nutzung als Außenstelle des Jüdischen Kulturmuseums wurde ein Restaurierungskonzept entwickelt, das eine Konservierung des vorgefundenen Zustands vorsah. Die Synagoge sollte als Primärdokument mit einer nutzungsorientierten Gestaltung und größtmöglicher Be-

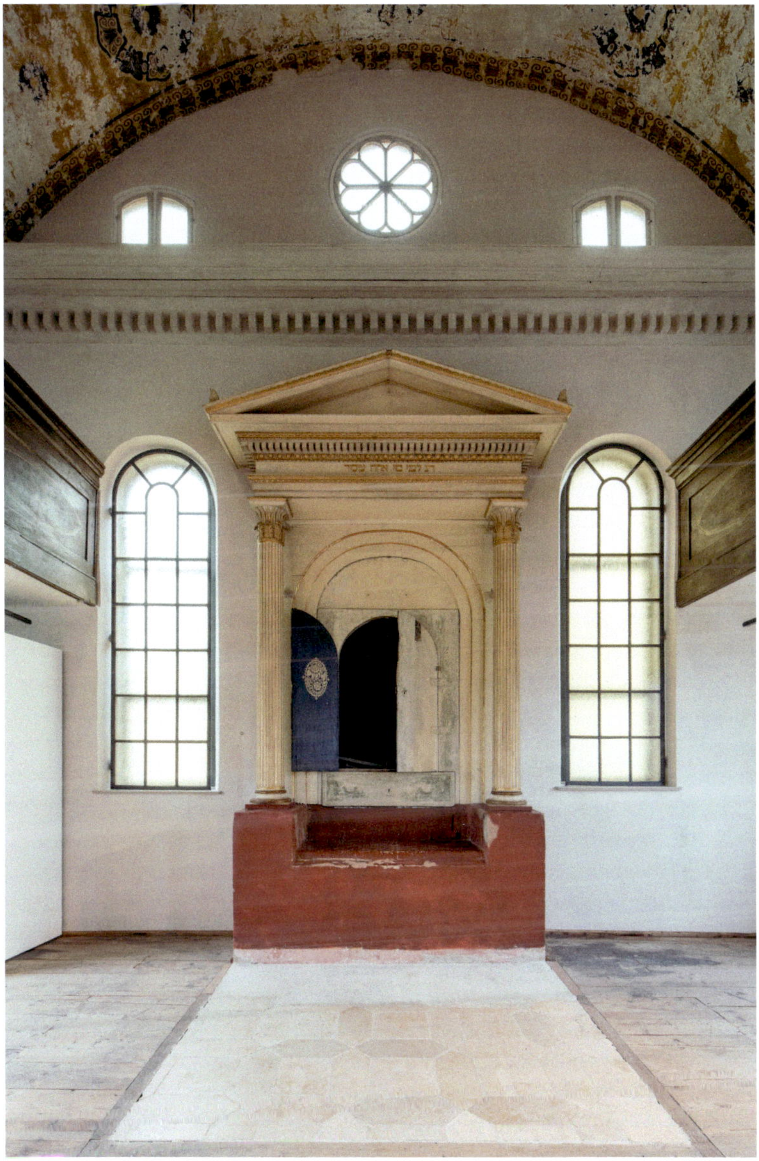

Abb. 12 Museumsdependance in der ehemaligen Synagoge Kriegshaber, konservierter Innenraum

wahrung historischer Substanz erhalten werden (Abb. 12). Nur starke Beschädigungen und Störungen aus früheren Befunduntersuchungen sollten rückgängig gemacht werden.

Soweit möglich, beschränkten sich die Restauratoren auf die schonende Reinigung von Oberflächen wie beim *Tora-Schrein* und den Brüstungspaneelen der dreiseitigen Frauenempore. Die Farbfassungen wurden überwiegend in ihrem Erhaltungszustand konserviert. Der fehlende Giebelschmuck über dem *Tora-Schrein* wurde nicht ergänzt. Nur die Türen des Holzschreins für die Lagerung der *Tora-Rollen* wurden instand gesetzt. Für die neue Nutzung als Veranstaltungsraum erhielten die Wände eine einheitliche, neutrale weißgraue Bemalung. Die teilweise abgeblätterte Schablonenmalerei der Gewölbetonne wurde in ihrer sichtbaren Erscheinung weitgehend konserviert, Fehlstellen wurden belassen und nur begrenzt erfolgten Retuschen und farbliche Angleichungen von Fehlstellen zur optischen Harmonisierung des Deckengewölbes. Beim Betreten der ehemaligen Synagoge wird der Besucher mit einem uneinheitlichen Raumeindruck konfrontiert. Die Fundamente einer achteckigen *Bima* sind noch im Boden erhalten und wurden unter einem betretbaren Glasfenster sichtbar gemacht. Neben dem Eingang ist noch die Nische für ein Waschbecken zur rituellen Reinigung der Hände vor dem Synagogenbesuch vorhanden. Auf der ehemaligen Frauenempore wurde auf die Rekonstruktion des Abtrenngitters verzichtet. Die unfertig erscheinende Gestaltung des Innenraums ist Teil des pädagogischen Konzepts und soll Besucher zu Fragen nach dem Warum anregen.

Heute ist die ehemalige Synagoge ein authentischer Lern- und Gedächtnisort. Das Abhalten religiöser Feiern ist auf Wunsch des Gemeinderabbiners nicht vorgesehen.[42] Die seit 2014 für die Öffentlichkeit zugänglichen Räume werden für Ausstellungen zur jüdischen Geschichte Kriegshabers, die Durchführung von Veranstaltungen sowie museumspädagogische Aktionen und Schülerworkshops genutzt. Die ehemalige Wohnung im Erdgeschoss wurde zum Seminarraum mit Büro, Sanitärräumen und Empfangsbereich umgestaltet.

Die Sanierungen ehemaliger Synagogen in Bayern waren bis zu Beginn der 1990er-Jahre weitgehend vom Gedanken der Wiederherstellung und Wiedergutmachung geprägt. Das vorrangige Ziel der Sanierungen in der Halderstraße in Augsburg und in Veitshöchheim war, einen funktionsfähigen Bau zu erhalten, der von den jüdischen Gemeinden Augsburgs und Würzburgs zu besonderen Anlässen benutzt werden konnte. Eine museale Präsentation vermittelte ergänzendes historisches Hintergrundwissen. Anders stellt sich die Situation in den Orten dar, in denen sich keine neuen jüdischen Gemeinden mehr bilden konnten. Dort wurden ehemalige Synagogen für eine museale Nutzung sowie als Begegnungs- und Kulturstätten wiederhergestellt.

3. Ehemalige Synagogen als Begegnungsstätten und Veranstaltungsorte mit und ohne Museum

3.1. Ichenhausen, Ehemalige Synagoge Ichenhausen – Haus der Begegnung

Die Restaurierung der Synagoge in Ichenhausen, einer der bedeutendsten Synagogen in Bayern aus der Zeit vor 1800, zählt zu den frühen Projekten dieser Art in Bayern. Die 1781/82 erbaute repräsentative Landsynagoge mit ihrer aufwendig, im spätbarocken-frühklassizistischen Stil gestalteten Fassade wurde 1938 in der Novemberpogromnacht geschändet, wobei die Innenausstattung fast komplett zerstört wurde. Von den ehemaligen Ritualgegenständen, die nach den um 1927 angefertigten Notizen von Theodor Harburger zahlreich vorhanden waren, haben sich nur wenige Reste wiedergefunden.[43] »Ein einzelner, beschädigter Toraaufsatz und vier (fünf?) Toraschilder. Von einem weiteren Schild und von zwei Vorhängen sind Fotografien erhalten.«[44] Ihr Schicksal mit Leerstand und Zweckentfremdung ähnelt dem vieler Synagogen in Deutschland nach ihrer Schändung und der folgenden Vertreibung und

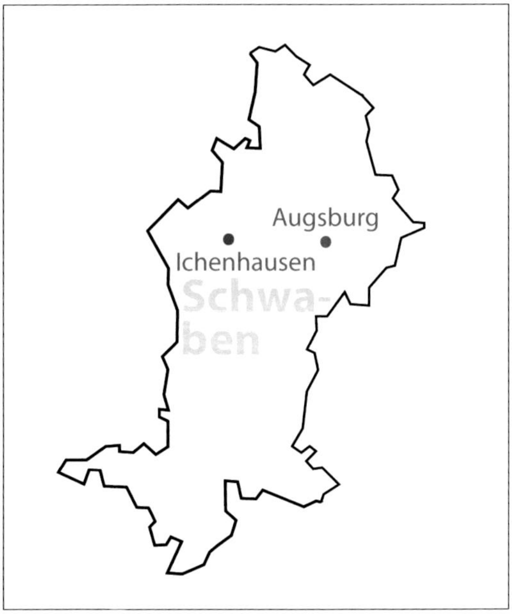

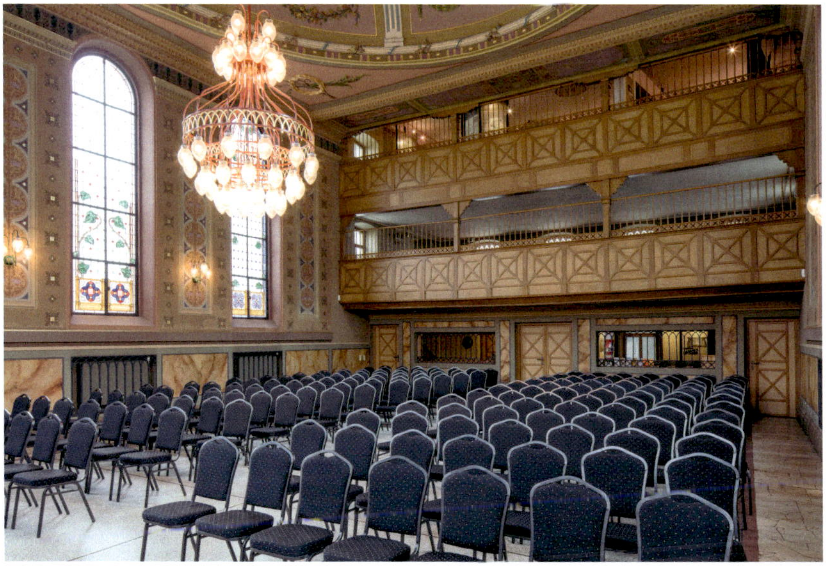

Abb. 13 Ehemalige Synagoge Ichenhausen – Haus der Begegnung, Doppelempore

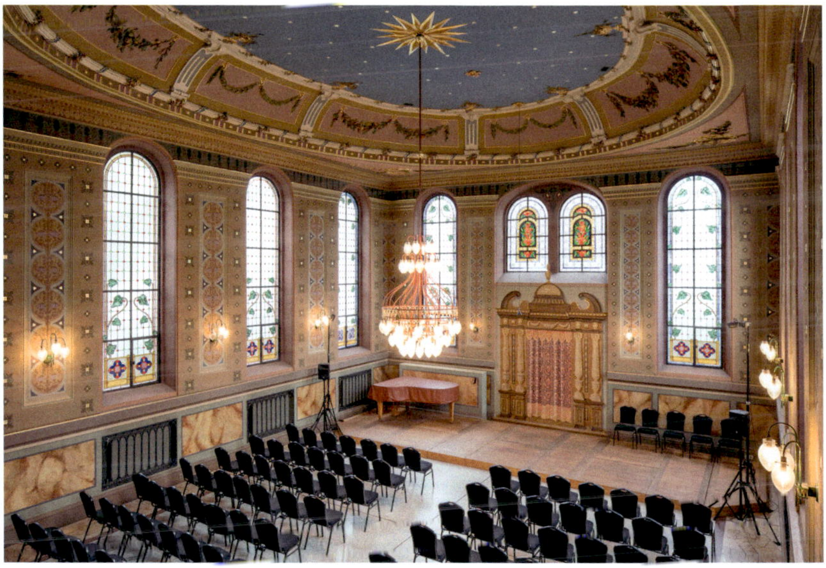

Abb. 14 Ehemalige Synagoge Ichenhausen – Haus der Begegnung, nachempfundene Ostwand

Ermordung der jüdischen Bürger. Über die Jewish Restitution Successor Organization (JRSO) gelangte das Gebäude in den Besitz der Gemeinde Ichenhausen. Mit Zustimmung des Landesverbandes der Israelitischen Kultusgemeinden, des Bayerischen Kultusministeriums und des Bayerischen Landesamtes für Denkmalpflege diente sie von 1953 bis in die 1980er-Jahre als Feuerwehrgerätehaus. Mit der Gründung des Aktionskreises Synagoge Ichenhausen e.V. im Jahre 1980 begann eine öffentliche Diskussion über eine angemessene Nutzung der ehemaligen Synagoge mit dem Ergebnis, dass von 1985 bis 1987 die Wiederherstellung erfolgte. Sanierungsziel war, sie in alter Schönheit wieder erstrahlen zu lassen.[45] In Ichenhausen endete die jüdische Geschichte mit der

Deportation der ortsansässigen Juden in den Jahren 1942 und 1943. Eine neue Israelitische Kultusgemeinde konnte nach dem Zweiten Weltkrieg nicht mehr gegründet werden.

Das Sanierungskonzept für die ehemalige Synagoge hat sich bei der Wiederherstellung überwiegend an Befunden aus dem 19. Jahrhundert orientiert und sah wie damals üblich vor, alle für die Nutzung als Feuerwehrgerätehaus eingebrachten Veränderungen wieder zu entfernen, um ein stimmiges Gesamtbild des Gebäudes und des Innenraums zu erzeugen. Das barocke Raumbild des Vorgängerbaus von 1781 konnte nicht mehr rekonstruiert werden. Überliefert sind zwei weitreichende Umgestaltungen in den Jahren 1851/52 und 1896. So entschied man sich für die Wiederherstellung des Raumeindrucks von 1896. Als Zeitschnitt für die Rekonstruktion wurde auch deshalb das Ende des 19. Jahrhunderts gewählt, weil sich das Aussehen aus dieser Zeit angeblich bis 1938 erhalten haben soll. Grundlage für die Konzeption waren auch hier historische Aufnahmen des Synagogeninneren. Nach einer erhaltenen Fotografie[46] aus der Zeit nach 1922 ließ sich die Ostwand annähernd wiederherstellen. Zahlreiche Fehlstellen, von den farbigen Fenstern bis zum Bodenbelag, konnten nachempfunden werden. Die starken Eingriffe in die Bausubstanz in den 1950er-Jahren durch den Anbau eines Schlauchturms, die großen Tore an der Ostseite und den Einbau einer Betondecke gestalteten die bauliche Rückführung schwierig. Von der Originalausstattung vor 1938 waren nur die Doppelempore, die vermutlich erst bei der Umgestaltung 1851/52 eingebaut wurde[47], und Reste der farbigen Raumfassung vorhanden (Abb. 13). Fußboden und Fenster waren vollständig verloren. Der durch reiche, ornamentale Dekoration geprägte Innenraum sollte einschließlich der längsovalen Kuppel samt Sternenhimmel wiederhergestellt werden. Aufgrund der weltlichen Nutzung wurde der verlorene *Tora-Schrein* nicht rekonstruiert, sondern, an barocke Malerei angelehnt, in Trompe-l'oeil-Malerei neu gestaltet (Abb. 14). Ausgangspunkt für das neue Farbkonzept waren die Reste der erhaltenen Ausmalung, die in neuen Formen variiert wurde.[48] Zur Ausschmückung erhielt der gemalte *Tora-Schrein* einen ebenfalls gemalten *Tora-Vorhang*, der »im Gegensatz zu jeder echten *Parochet* jedoch weder ein jüdisches Motiv noch hebräische Schrift [zeigt]. Auch reicht er, was bei einem authentischen Vorhang nie der Fall ist, fast bis zum Boden hinab. Während die meisten Besucher der Synagoge diese heutige Dekoration als harmonisch und gelungen empfinden, muss sie auf diejenigen Betrachter, die mit jüdischer Kultur enger vertraut sind, aus den genannten Gründen eher befremdlich wirken.«[49] Die Wiedereröffnung der ehemaligen Synagoge Ichenhausen als »Haus der Begegnung« fand 1987 im Beisein hoher politischer Prominenz statt. In seinem Grußwort betonte der damalige Bayerische Ministerpräsident Franz J. Strauß die politische Absicht für die Wiederherstellung: »Wir wollen dieses Gotteshaus bewahren, als ein Mahnmal ebenso wie als Ausdruck unserer Sehnsucht nach Aussöhnung mit dem jüdischen Volk....«.[50] Die ehemalige Synagoge ist heute Mahnmal, Denkmal, Begegnungsstätte und Museum.

Das direkt angebaute alte Rabbinatsgebäude, das zuletzt als Wohnung des Synagogendieners diente, ist wie die Synagoge in einen Zustand des späten 19. Jahrhunderts zurückgeführt. Seit 1991 ist dort die vom Haus der Bayerischen Geschichte kuratierte Ausstellung »Juden auf dem Lande. Beispiel Ichenhausen« zu sehen. Die wenigen überlieferten Originalteile der Ausstattung der Synagoge dokumentieren neben Archivalien, Fotos und historischen Objekten die Geschichte einer der ehemals größten jüdischen Landgemeinden Bayerns

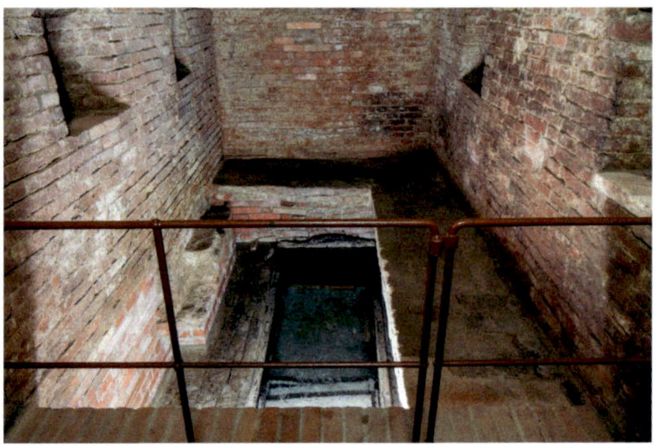

Abb. 15 Ehemalige Synagoge Ichenhausen – Haus der Begegnung, Mikwe

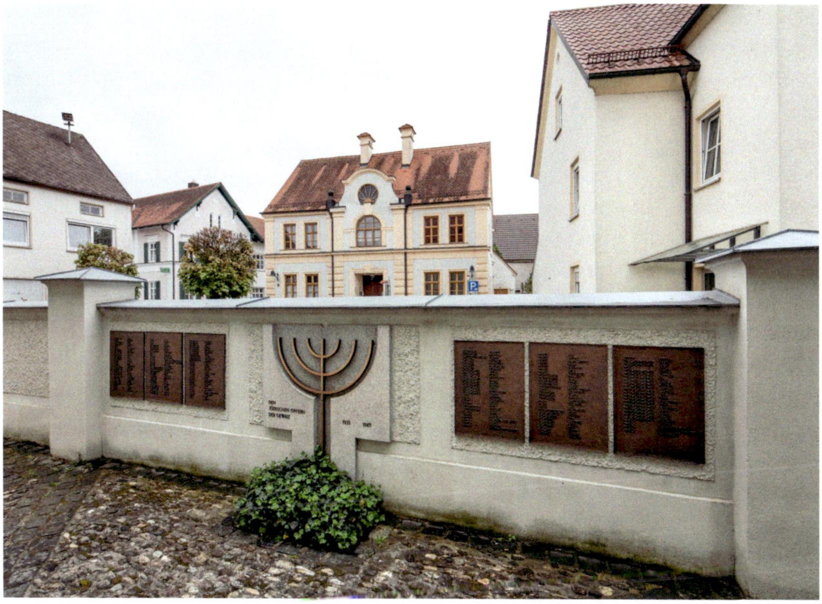

Abb. 16 Ehemalige Synagoge Ichenhausen – Haus der Begegnung, Gedenktafel im Innenhof

von ihren Anfängen bis zum Ende während des NS-Terrors. Der Rundgang durch das Museum führt auch in das im Keller des alten Rabbinatsgebäudes freigelegte Ritualbad (Abb. 15), das um die Mitte des 18. Jahrhunderts angelegt wurde.[51] Im Dachboden wurden Ende der 1980er-Jahre Reste einer *Genisa* gefunden. Neben Druckwerken, Handschriften und Gegenständen aus dem synagogalen und häuslichen Gebrauch wurden u.a. mehr als 90 *Tora-Wimpel* aus dem Zeitraum von 1652 bis 1784 aufgefunden. Zahlreiche kunstvoll bestickte und bemalte *Tora-Wimpel*, mit denen *Tora-Rollen* umwickelt waren, sind von hohem künstlerischem und historischem Wert.[52] Zwei Halbsäulen des vermutlich erst in den 1950er-Jahren abgebrochenen *Tora-Schreins* sind in die Dauerausstellung integriert. Die Funktion als Gedenkort betont die Errichtung einer Gedenktafel im Vorhof der Synagoge mit den Namen der von den Nationalsozialisten ermordeten Juden (Abb. 16). Nach der Einschätzung von Martin Stankowski, dem damals zuständigen Denkmalpfleger, unter dessen Federführung die Sanierung durchgeführt wurde, ist mit der wiederhergestellten Synagoge ein Gebäude entstanden, »bei dem das überkommene Erbe im Vordergrund steht und anschaulich ist. In hohem Maße versuchten wir, der Authentizität des Zeugnisses gerecht zu werden, der ›Echtheit‹ den allerhöchsten Rang einzuräumen«.[53]

Mit der nachempfindenden Instandsetzung wurde ein neues Gebäude geschaffen. »Dem ehemaligen Synagogenraum wurde durch die Totalrestaurierung inklusive der Simulierung des Tora-Schreins und der Platzierung einer Leuchte vor demselben eine Sakralität gegeben, die ihm nicht zukommt und die seine Identität vergewaltigt. Die Vergewaltigung des Ortes liegt nicht nur in der Sakralisierung desselben, der kein heiliger mehr ist, sondern vielmehr auch darin, dass ein Teil seiner Identität durch die Rekonstruktion visuell und auf der empathischen Ebene schlichtweg negiert wird, nämlich seine Identität als Leerstelle Feuerwehrhaus. Hatte man in den 1930er Jahren durch die Demolierung des Tora-Schreins und die Schändung der Tora-Rollen die Synagoge desakriert, hatte man in den 1950er-Jahren durch den Zubau des Schlauchturms, das Einziehen einer Betondecke, das Ruinieren der Fundamente die Erinnerung an diese Synagoge so radikal wie möglich eliminiert, so radikal hat man sich der Leerstellen-Identität mit der Wiederherstellung entledigt und mit der Schaffung eines Authentizität simulierenden Gedenkorts ›Ehemalige Synagoge‹ die eigene

45-jährige historische Bewusstlosigkeit aus dem Stadtbild gelöscht.«[54]

3.2. Binswangen, Begegnungsstätte Alte Synagoge Binswangen

Mit der Eröffnung als Begegnungsstätte Alte Synagoge Binswangen 1996 beginnt ein neuer Abschnitt in der Geschichte des 1837 eingeweihten, im neomaurischen Stil erbauten Gebäudes (Abb. 17). Die ehemalige Synagoge Binswangen wurde in ihrem Raumbild weitgehend wiederhergestellt und zur kulturellen Nutzung saniert. Sie zählt heute zu den ältesten erhaltenen Synagogenbauten der neomaurischen Stilrichtung in Deutschland und zeichnet sich durch einen ornamentalen Detailreichtum aus. Ihr wechselhaftes Schicksal unterscheidet sich wenig von anderen Synagogen. Ihr Inneres wurde am Vormittag des 10. November 1938 geschändet und völlig zerstört.[55] Noch während des Kriegs diente sie als Unterkunft für Kriegsgefangene und als Lagerhalle. In der Nachkriegszeit nutzte sie die örtliche Spar- und Darlehenskasse als Lager für Getreide und Kohle, später eine Baufirma. In dieser Zeit erfolgten auch die Demontage der Frauenempore und die Vergrößerung des Hauptportals. Bereits 1949

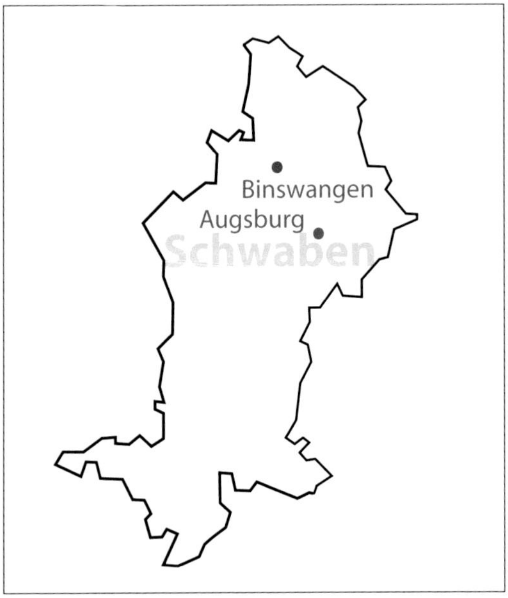

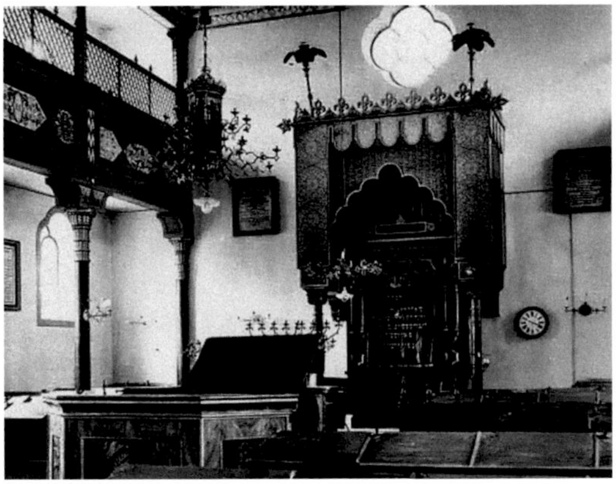

Abb. 17 Synagoge Binswangen, vor der Zerstörung 1938

wurde die Synagoge in einem Revisionsbericht des Bayerischen Landesamtes für Vermögensverwaltung und Wiedergutmachung als verwahrlost beschrieben.[56] An diesem Zustand hatte sich nichts geändert, bis sie 1987 vom Landkreis Dillingen ersteigert wurde.

Das Sanierungskonzept verfolgte die Erneuerung der Innenausstattung. Erhalten geblieben waren farbige Glasreste und 1980 überraschend wieder aufgetauchte Fragmente der Frauenempore. Nach Befund wiederhergestellt wurden Säulen, Brüstungsteile, Gitter und die Steinbeläge, einschließlich der farbigen Fassung. An einigen wenigen Bauteilen blieb die wechselvolle Geschichte der ehemaligen Synagoge erkennbar, ausgewählte Stellen wurden in ihrer ursprünglichen verwitterten Farbigkeit nur konserviert, nicht erneuert. Der *Tora-Schrein* und die *Bima* wurden jedoch nicht rekonstruiert, obwohl das aufgrund einer fotografischen Überlieferung möglich gewesen wäre. So hat man sich damit begnügt, die Position des *Tora-Schreins* an der Ostwand anzudeuten und den Standort der Bima im Fußboden mit unterschiedlichen Bodenfliesen zu markieren. Der *Tora-Schrein* ist abstrahiert angedeutet, ebenso die Proportionen seines zerstörten Aufbaus. Zu den wenigen erhaltenen Zeugnissen der ursprünglichen Nutzung gehört eine Ehrentafel zum Gedenken an die jüdischen Soldaten, die im Ersten Weltkrieg für ihr Vaterland ihr Leben ließen. Sie befindet sich heute an der Innenseite der Westwand neben dem Hauptportal. Die ehemalige Synagoge als »ein wichtiges Baudenkmal unserer Heimat«, wie der Landrat des Landkreises Dillingen in seiner Eröffnungsansprache betonte, wird heute für kulturelle Veranstaltungen und Begegnungen genutzt, aber sie soll »vor allem eine Stätte der bleibenden Erinnerung an das Zusammenleben von Juden und Christen in guten und schlechten Zeiten« sein.[57] Aus Sicht der Denkmalpflege wurde die Sanierung als »gelungene Instandsetzung« bezeichnet. »Sie beinhaltet die Wiederherstellung einer architekturgeschichtlich hochbedeutenden Landsynagoge, sie illustriert eindrucksvoll die von der jüdischen Bevölkerung geprägte Orts- und Landesgeschichte und ist Mahn- und Erinnerungsmal.«[58]

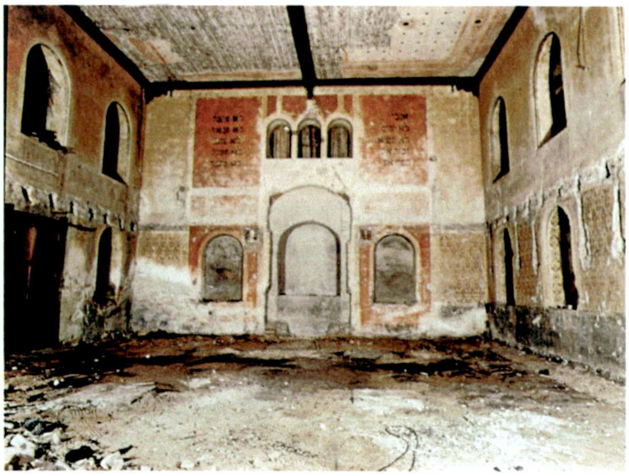

Abb. 18 Synagoge Hainsfarth, Aufnahme vor dem Beginn der Restaurierung 1989

3.3. Buttenwiesen und Hainsfarth, Ehemalige Synagoge Buttenwiesen und ehemalige Synagoge Hainsfarth

Die jüdischen Gemeinden Buttenwiesen und Hainsfarth errichteten beide um die Mitte des 19. Jahrhunderts neue Synagogen im repräsentativen neomaurischen Stil. Das Gotteshaus in Buttenwiesen wurde im Februar 1857 feierlich eingeweiht. Während der Schändung und Plünderung durch ein SA-Kommando im Verlauf des Novemberpogroms 1938 gingen die Ritualgegenstände bis auf wenige Objekte[59] sowie das Gemeindearchiv und die Personenstandsbücher verloren. Nach Erwerb durch die Gemeinde Buttenwiesen im Jahr 1950 war hier bis 1994 eine Volksschule untergebracht. Durch die Veränderungen im Inneren und an der Fassade wurde das Gebäude vollkommen neutralisiert und war nicht mehr als ehemalige Synagoge erkennbar. Anlässlich einer Renovierung 1988/89 (Abb. 18) wurden die ursprünglichen Fenster- und Türöffnungen an der Fassade wieder angedeutet.[60] Nach 1994 folgte eine kulturelle Nutzung für Ausstellungen, Vorträge und als Museumsdepot. Seit 2004 erinnern eine Gedenktafel an der Synagoge und ein Gedenkstein auf dem Platz davor an die jüdischen Bürger, die 1933–1945 entrechtet, verfolgt, deportiert und ermordet worden waren. Gegenwärtig wird ein neues Nutzungskonzept diskutiert. Die Vorschläge dafür reichen von einem Dokumentationszentrum zur jüdischen Geschichte bis zu einer Begegnungsstätte zum interreligiösen Dialog.[61] In die Planungen einbezogen werden soll auch das ehemalige Ritualbad, das als örtliche Besonderheit in einem frei stehenden Gebäude untergebracht war.

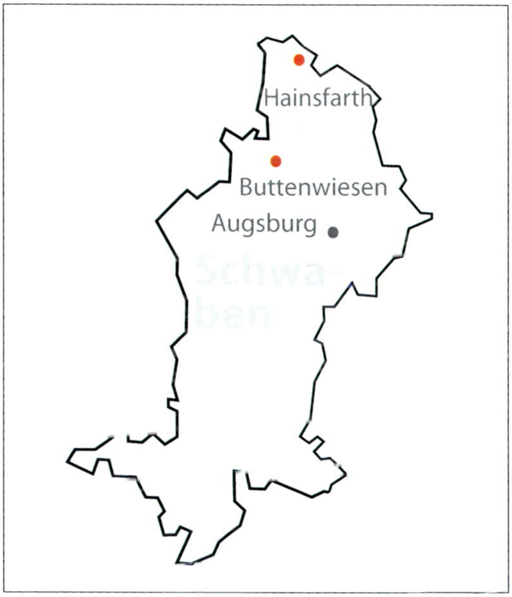

Die Dorfsynagoge in Hainsfarth wurde ebenfalls 1938 während des Novemberpogroms geplündert und verwüstet, nur die Außenmauern blieben stehen.[62] Synagoge und ehemalige jüdi-

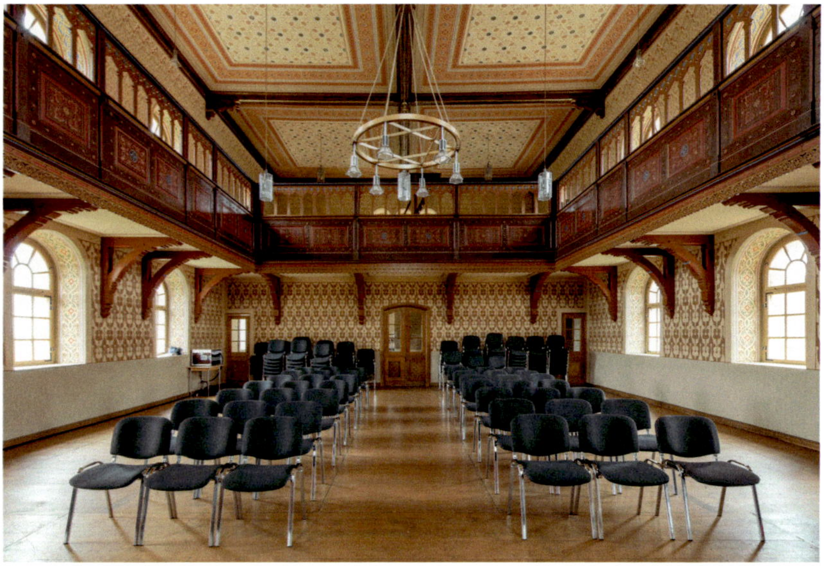

Abb. 19 Ehemalige Synagoge Hainsfarth, rekonstruierter Innenraum

sche Schule mussten 1939 an die Gemeinde verkauft werden.[63] Es folgten die üblichen Fremdnutzungen während des Kriegs als Lager für den Militärflugplatz Heuberg sowie als Lagerraum für Getreide und als Kühlhaus.[64] Der Verkauf des Gebäudes an Privatleute durch die Jewish Restitution Successor Organization (JRSO) 1950 führte in der Folge zu erheblichen baulichen Veränderungen. Auch im darauf folgenden Besitz der Evangelisch-Lutherischen Kirchengemeinde Oettingen kam es zu wesentlichen baulichen Eingriffen durch Einzug einer Zwischendecke, um im EG eine Werkstatt und im OG einen Gymnastikraum einzurichten. Die Gemeinde Hainsfarth als nächster Nutzer brachte den gemeindlichen Bauhof und später die Feuerwehr darin unter.[65]

Anfang der 1980er-Jahre kamen erste Planungen für eine Instandsetzung und Rekonstruktion der Synagoge auf, die bis 1996 in die Tat umgesetzt wurden. Sanierungsziel war, die Synagoge originalgetreu in ihren Bauteilen zu restaurieren und als Begegnungsstätte sowie als Raum für kulturelle Veranstaltungen zu nutzen.[66] Das Sanierungskonzept für die Außenhaut sah vor, die relativ gut erhaltene Fassade, von der eine historische Aufnahme existiert, wieder zurückzubauen. Dazu erfolgten die Schließung der Toröffnung und die Wiederherstellung der Fenster im Torbereich.[67]

Vom Innenraum war nach dem Pogrom 1938 nicht mehr viel erhalten. Im Gegensatz zu anderen Synagogen sind für Hainsfarth keine bauzeitlichen Planungsunterlagen und Fotos des Innenraums vor 1938 überliefert. Die Reste von Gestühl, *Almemor* und Ausstattung der *Tora-Nische* wurden mit dem Übergang in private Hände nach 1950 ausgebaut. Nur weniges war im Originalzustand erhalten geblieben, wie z. B. der Boden der westseitigen Empore, Fragmente der nord- und südseitigen Empore, Zierleisten, Rahmen und Füllungen von Brüstungsfeldern und Türblätter einer doppelten Drehflügeltür.[68] Die Wiederherstellung des Innenraums erfolgte in Anlehnung an die Synagoge in Heidenheim, die bis ins Detail eine auffallende Ähnlichkeit mit Hainsfarth gehabt haben soll. Für die Umwidmung zum Veranstaltungsort wurde auf die Rekonstruktion der historischen Bestuhlung verzichtet und eine zeitgemäße ausgewählt. Die Position der Hängelampen ließ sich an den Deckenauslässen ablesen. Aussehen und Material der Lampen wurden nach Erinnerungen ehemaliger Hainsfarther Juden rekonstruiert.[69] Das Sanierungskonzept für den Innenraum beinhaltete die Entfernung sämtlicher durch die Fremdnutzungen bedingter Einbauten, um einen originalen Grundriss wiederherzustellen. Die trennende Zwischendecke wurde herausgenommen, um dem Raum seine einstige Größe wiederzugeben. Die vorhandenen Reste der Ausmalung des Innenraums in Schablonentechnik wurden ergänzt beziehungsweise an ihren Fehlstellen rekonstruiert (Abb. 19). Die überlieferten Wand- und Deckenmalereien mit den reichen ornamentalen Mustern boten ausreichend Befunde für eine Rekonstruktion in einen Pseudo-Originalzustand. Gottesdienste sollten keine stattfinden. Für die neue weltliche Nutzung wurde daher auf eine Rekonstruktion des *Tora-Schreins* bewusst verzichtet. Die leere *Tora-Nische* sollte als bleibende Wunde die Schändung der Synagoge bezeugen.[70]

Die ehemalige Synagoge ist heute Mahnmal und Erinnerungsort in einem. In der sichtbar zerstört belassenen Nische des *Tora-Schreins* erinnert eine schlichte Gedenktafel aus Stein mit einer Inschrift an »unsere jüdischen Mitbürger, die dem schrecklichen Vernichtungswahn der Nationalsozialisten im Konzentrationslager Theresienstadt 1942–1945 zum Opfer fielen«, ergänzt um eine Auflistung ihrer Namen.[71] Auf der rekonstruierten Frauenempore befindet sich seit 2013 eine Ausstellung mit Schautafeln zur Dokumentation der Geschichte der ehemaligen jüdischen Gemeinde Hainsfarth. Die Besucher erfahren Wissenswertes über sie, die jüdischen Einrichtungen im Ort und über bedeutende Hainsfarther Juden. Die wiederhergestellte Synagoge wurde 1996 als Begegnungsstätte unter der Trägerschaft der Gemeinde Hainsfarth wiedereröffnet und wird seitdem vom Freundeskreis Synagoge Hainsfarth e. V. als Ort der Begegnung und für kulturelle Veranstaltungen regelmäßig genutzt.

3.4. Urspringen, Synagogen-Museum

In den 1990er-Jahren erfolgten Sanierungen ehemaliger Synagogen meist für eine vorrangig kulturelle Nutzung. Die ausgewählten Beispiele zeigen die unterschiedlichen Lösungen, die dafür gefunden wurden. Die ehemalige Synagoge Urspringen, errichtet Anfang des 19. Jahrhunderts im Stil des Klassizismus, zählt zu den früh sanierten jüdischen Sakralbauten. Ihre Lage im Ortskern verhinderte, dass das Gebäude während des Novemberpogroms 1938 in Brand gesetzt wurde,

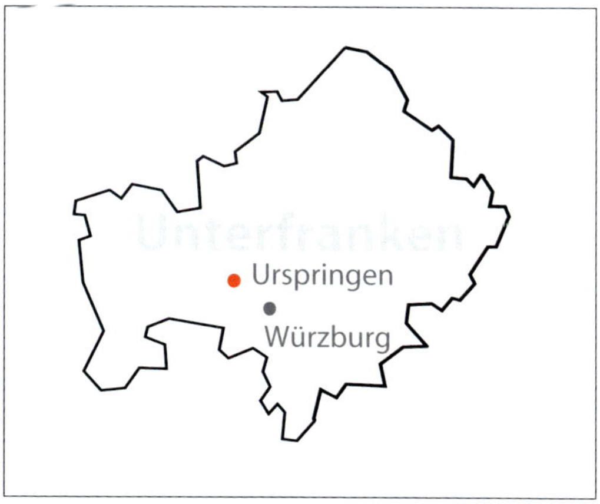

aber nicht seine Zerstörung. Die Schändung machte aus der Synagoge einen profanen Bau. Unter der Federführung des Bayerischen Landesamtes für Denkmalpflege war das Sanierungsziel, »die Synagoge als Objekt an sich wiederherzurichten und als Beispiel einer wohlerhaltenen fränkischen Dorfsynagoge in bescheidenem Maße der Öffentlichkeit zugänglich zu machen«.[72] Bewusst wollte man Abstand nehmen von Gedanken an heilende Wiedergutmachung. Unterstützt wurde das Vorhaben durch den 1990 gegründeten Förderkreis Synagoge Urspringen e.V., der auch die Trägerschaft für die Einrichtung übernahm. Teil der Maßnahme war es, die Raumhülle und den Raumeindruck durch Beseitigung aller Spuren von Fremdnutzung wiederherzustellen. Für den Gebrauch als Lagerhalle waren die *Bima* und das gesamte Mobiliar, auch die Sichtblenden und der Dielenboden der Frauenempore entfernt worden. Das ehemalige Eingangsportal erfuhr eine Verbreiterung zur Einfahrt in die Lagerhalle. Für die neue Nutzung als kulturelle Einrichtung erhielten die Wände einen einheitlichen neutralen weißen Anstrich. Die fünf verschiedenen, durch Befunde gesicherten Farbfassungen des Raums wurden dokumentiert, aber keine davon wiederhergestellt.[73] Der *Tora-Schrein*, in seiner Architektur mit dem steinernen Aufsatz und dem zweiseitigen Treppenaufgang weitgehend erhalten, blieb in seiner neuen Funktion als Mahnmal unbehandelt (Abb. 20). Er wurde nur gereinigt und bezeugt mit allen sichtbaren Zerstörungsspuren die Schändung der dort ehemals aufbewahrten *Tora-Rollen*.

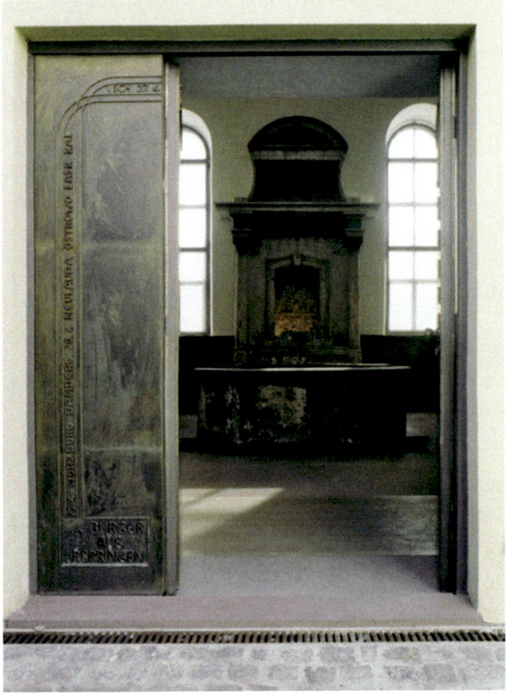

Abb. 20 Synagoge Urspringen

Auf eine Rekonstruktion des Holzkastens für die *Tora-Rollen* und heiligen Schriften wurde verzichtet. Seine Vertiefung im *Tora-Schrein* blieb leer. Spuren des sinnlosen Wütens während des Novemberpogroms 1938 wurden konserviert, wie die deutlich sichtbaren Kerben von Axthieben an den beiden Stützen der Frauenempore. Die zerstörte *Bima* wurde, aus den aufgefundenen Bruchstücken zusammengesetzt ergänzt und an ihrem ursprünglichen Standort in der Raummitte im Zustand von 1860 wiederaufgebaut.

Mit der Wiederherstellung der Synagoge gelang mehr als der Erhalt des ehemaligen jüdischen Sakralgebäudes. Durch die Art der Instandsetzung, bei der bewusst auf die durch Befunde gesicherte polychrome Fassung der Wände verzichtet wurde, ist sie zu einem Zeugnis der deutsch-jüdischen Geschichte in dem unterfränkischen Dorf Urspringen und zu einem Erinnerungsort einstigen jüdischen Lebens geworden. Insbesondere das neue Portal aus Messing erinnert an die Verfolgung und Ermordung der örtlichen Juden. Als Spuren der Eingriffe durch die Fremdnutzung blieben die im Mauerwerk belassenen Türangeln aus den 1950er-Jahren erhalten. Der Weg von 42 Urspringer Juden ins Konzentrationslager Belzec ist auf der Tür durch angedeutete Eisenbahnschienen und die Benennung der Stationen auf dem Weg in den Tod als künstlerische Umsetzung dokumentiert. Bei der Holztür zum Aufgang auf die Frauenempore handelt es sich um das Original. Der wiederhergestellte Männerbetraum sollte als wichtigstes Exponat in seiner Klarheit erhalten bleiben. Für die neue Nutzung wurde, entgegen den Plänen von 1860, eine wandbezogene umlaufende Bankreihe aufgestellt.[74] Von der Originalausstattung blieben Teile der auf drei Seiten umlaufenden Frauenempore erhalten. Das hölzerne Scherengitter zur Abschirmung der Frauenempore vom Betsaal der Männer wurde in einer neutralen filigranen Form erneuert, um die Funktion der Abtrennung deutlich zu machen.

Als Gedenkstätte des Landkreises Main-Spessart ist die ehemalige Synagoge auch Heimstatt für eine Dokumentation der regionalen jüdischen Geschichte. Um den ehemaligen Betsaal als Veranstaltungsraum nutzen zu können, wurde die Ausstellung auf die ehemalige Frauenempore verlegt. In den Vitrinen auf den Brüstungen der Fensternischen werden hauptsächlich Funde aus der im Traufbereich des Dachbodens geborgenen *Genisa* präsentiert. Fragmente von Büchern, Reste von Sitzbänken, Türscharniere usw.[75] geben Einblick in das Leben einer jüdischen Landgemeinde vom 18. bis ins 20. Jahrhundert. Die Ausstellung führt anhand von Kalendern durch das jüdische Jahr, stellt die jüdischen Festtage vor und erklärt die jüdische Zeitrechnung, das Mondjahr sowie besondere tägliche und wöchentliche Riten und Pflichten sowie die täglichen Gebete und Gebetszeiten.

Die ehemalige Synagoge wurde 1991 als Gedenk-, Mahn- und Dokumentationsstätte für die Geschichte des Judentums im Landkreis Main-Spessart mit dem Auftrag eröffnet, die Erinnerung an alle jüdischen Gemeinden im Landkreis wach zu halten und über die Schicksale der jüdischen Bewohner der Region zu informieren. Der instandgesetzte ehemalige Sakralbau ist keine reine Wiederherstellung des ursprünglichen Bauwerks.[76] Auf der Suche nach einem eigenen Profil für die Neunutzung der Urspringer Synagoge, insbesondere im Hinblick auf die als Rekonstruktion geplante Synagoge in Veitshöchheim, lag für die ausführenden Architekten schnell »die Sinnlosigkeit einer Wiederherstellung [des Gebäudes] als kultfähige Synagoge mit entsprechender Ausstattung [...] vor der Tatsache einer nicht mehr existierenden jüdischen Gemeinde auf der Hand.«[77] Das Bauwerk sollte seine eigene Geschichte erzählen und Besucher zum Nachdenken anregen. Nicht nur die deutsch-jüdische Geschichte wird erfahrbar, auch der Umgang der jüdischen Gemeinde mit ihrer Synagoge wurde dokumentiert: Durch teilweises Belassen der Spuren des Umbaus von 1860, bei dem der *Tora-Schrein* seitliche Treppen bekommen hat und das achteckige Lesepult in der Raummitte verändert wurde.[78] Den Stolz der Urspringer auf die instandgesetzte Synagoge drückt die anlässlich der Eröffnung vom Bürgermeister zum Ausdruck gebrachte Überzeugung aus, dass »mit ›ihrer‹ Synagoge [...] die Gemeinde Urspringen bewusst und ohne Einschränkung jene ›Erinnerung‹ pflegen [will], in deren Spuren wir vielleicht einmal ›Versöhnung‹ erwarten dürfen. Deswegen haben wir auch ›unsere‹ Synagoge wieder so herrichten lassen, dass sie jederzeit für einen jüdischen Gottesdienst brauchbar ist.«[79]

3.5. Kronach, Kronacher Synagoge

Die ehemalige Synagoge im oberfränkischen Kronach wurde zur neuen Nutzung als Veranstaltungs- und Gedenkort von engagierten Bürgern wiederhergestellt. Erbaut 1883 nach den Plänen eines örtlichen Baumeisters im Stil der Neuromanik, ähnelt der Saalbau mit der polygonalen Apsis im Osten zeitgleichen christlichen Kirchenbauten. Bis 1936 nutzte die örtliche jüdische Gemeinde die Synagoge. Im Februar 1938, Monate vor dem Novemberpogrom, wurde das Gebäude bereits an die Stadt Kronach verkauft und der Freiwilligen Sanitätskolonne des Roten Kreuzes übergeben.[80] Die Ritualgegenstände gingen an die Israelitische Kultusgemeinde nach Bamberg, wo sie vermutlich

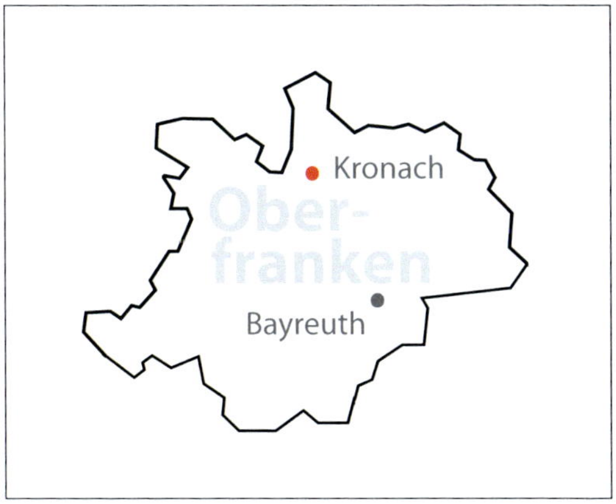

während der Pogromnacht 1938 verbrannten. Die folgende Fremdnutzung war mit erheblichen Umbauten im Innenraum verbunden. Das Bodenniveau musste gesenkt und verschiedene Fenster- und Türöffnungen ausgebrochen werden. Der Einzug einer hölzernen Decke veränderte den Raum erheblich. Beschädigungen während des Novemberpogroms 1938 sind nicht nachgewiesen.[81] Acht Jahre nach dem Ende des Zweiten Weltkriegs erwarb das Bayerische Rote Kreuz das Gebäude als Lagerhalle und Garage, bevor es in den 1960er-Jahren wieder in den Besitz der Stadt zurückkam. Seit 1988 stand die Synagoge leer.[82]

Der örtliche Aktionskreis Kronacher Synagoge e.V., gegründet 1992, handelte 1998 einen Pachtvertrag mit der Stadt aus, um eine Gedenkstätte für die ehemaligen jüdischen Bürger der Stadt und eine Begegnungsstätte für kulturelle Zwecke einzurichten. Die Initiative des Aktionskreises bewahrte das Gebäude vor dem weiteren Verfall. Mit viel Eigeninitiative sanierten die Vereinsmitglieder das ehemalige Gotteshaus, das 2002 in seiner neuen Funktion feierlich eröffnet wurde. Das Sanierungsziel war auch hier der Rückbau der Fremdnutzungen, um den ursprünglichen Raumeindruck wiederherzustellen. Gesichert werden konnten noch Fragmente der ursprünglichen Bemalung. Die Begegnungsstätte erhielt neutrale weiß gestrichene Wände. Die verlorene Ausstattung des Innenraums wurde nicht rekonstruiert. Die während der Fremdnutzung vermauerte *Tora-Nische* wurde zum Teil wieder geöffnet und in

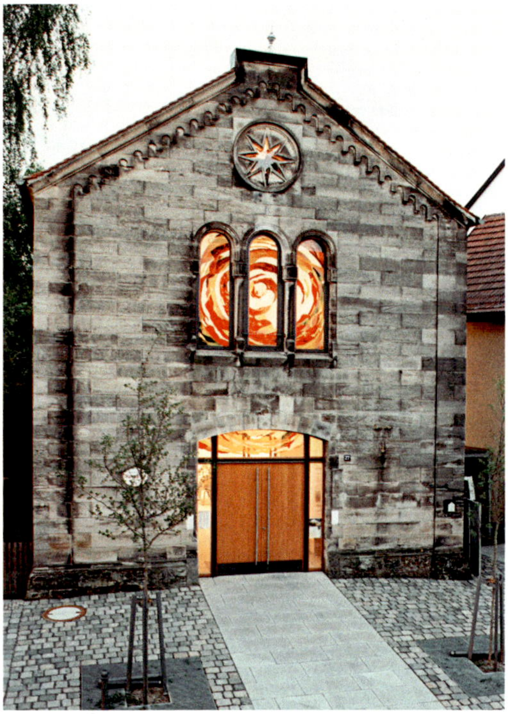

Abb. 21 Synagoge Kronach, Westfassade mit Glasfenstern (2003) von Johannes Schreiber

ihrem fragmentarischen Zustand als Mahnmal konserviert. Sie bildet einen starken Kontrast zu der neuen sachlichen Gestaltung des Innenraums. Bis auf Reste eines grauen Anstrichs durch die Sanitätskolonne wurden die meisten Spuren der Fremdnutzung weitestgehend beseitigt, mit dem Ergebnis eines im Inneren nahezu neutralisierten Gebäudes. Für die Begegnungsstätte wurde aus klimatechnischen Überlegungen ein Windfang in seiner originalen Dimension wieder eingebaut. Die Fenster wurden in alter Form erneuert. Das Triforium der Westfassade erhielt ein farbiges neues Glasgemälde mit einer symbolischen Darstellung des Schöpfungsberichts aus dem Buch Genesis, gefertigt von einem Künstler aus der Region (Abb. 21). Lediglich eine neue handgeschmiedete *Menora* verweist auf die ursprüngliche Nutzung. Sie wird immer dann angezündet, wenn die Synagoge geöffnet ist und der Aktionskreis Kronacher Synagoge zu Veranstaltungen einlädt.

3.6. Altenkunstadt, Ehemalige Synagoge Altenkunstadt

Die repräsentative Synagoge im oberfränkischen Altenkunstadt wurde vermutlich 1726 auf den Fundamenten eines Vorgängerbaus errichtet. Auf das Erbauungsjahr verweist ein datierter Hochzeitsstein (*Chuppa*-Stein) von der Außenwand, dessen verwittertes Original mittlerweile durch eine Replik ersetzt wurde. Aus dem Bestand Theodor Harburgers ist eine Fotografie des Hochzeitssteins um 1928 überliefert.1822 erhielt die Synagoge einen erweiterten Männerbetsaal mit einem neuen Eingangsbereich. 1862 fand eine grundlegende Renovierung der Synagoge statt.[83] Während des Novemberpogroms 1938 zerstörten SA-Männer die Inneneinrichtung und plünderten das Gotteshaus. Die jüdische Gemeinde musste noch 1939 ihre Synagoge an die Gemeinde Altenkunstadt verkaufen.[84] Während des Zweiten Weltkriegs diente das Gebäude zur Unterbringung von Kriegsgefangenen und Zwangsarbeitern, nach dem Krieg als Wohnung für Flüchtlinge und Heimatvertriebene, als Turnhalle sowie als Lagerraum für das Wasserwerk der Gemeinde mit entsprechenden baulichen Veränderungen.

1988 gründete sich eine Interessengemeinschaft Synagoge mit dem Ziel, eine kulturelle Nutzung zu erreichen. Die erste Aktion der Initiative war, eine Kopie des verwitterten Hochzeitssteins an der westlichen Außenwand anzubringen. Nach einer grundlegenden Sanierung, bei der alle Spu-

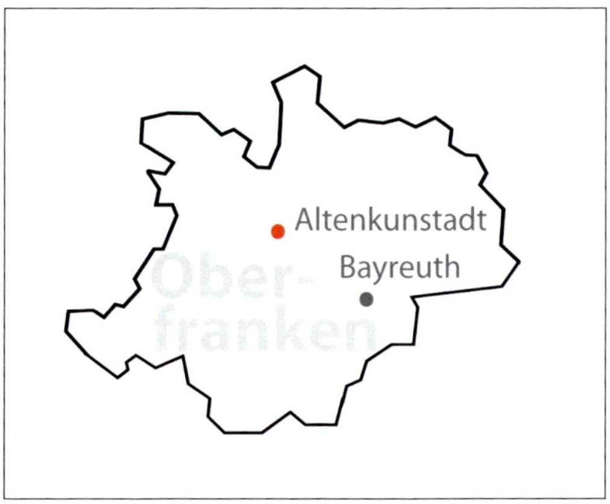

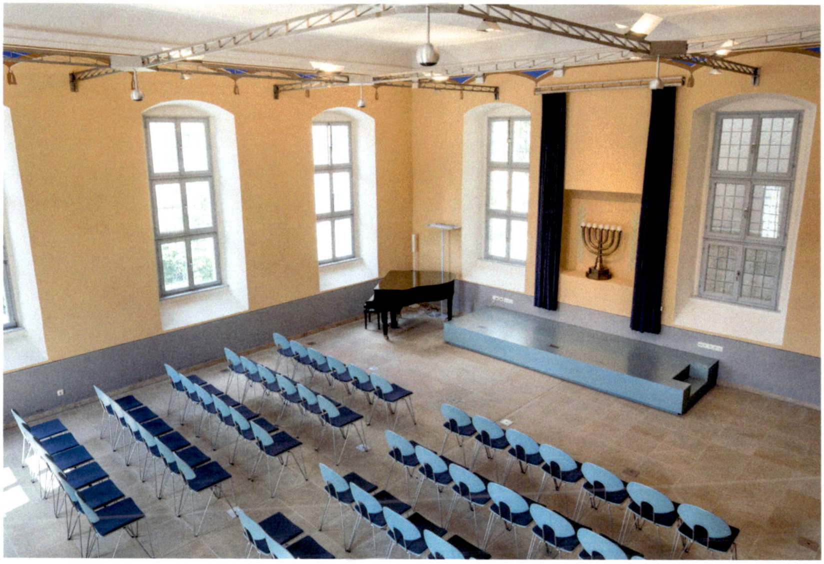

Abb. 22 Ehemalige Synagoge Altenkunstadt, ehemaliger Männerbetsaal

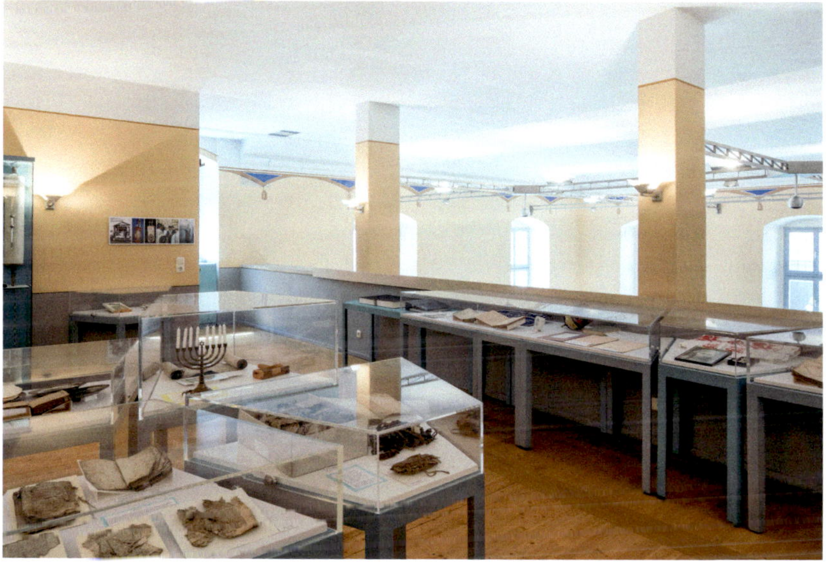

Abb. 23 Ehemalige Synagoge Altenkunstadt, Dauerausstellung zur für die jüdischen Geschichte am Obermain

ren von Fremdnutzungen beseitigt wurden, erfolgte 1993 die Wiederherstellung der Synagoge als Erinnerungs- und Gedenkstätte sowie als Museum und als allgemeiner Kulturraum der Gemeinde Altenkunstadt. Der Innenraum erfuhr wie bereits in Kronach durch die Sanierung eine Neutralisierung (Abb. 22). Die ehemalige Position des *Tora-Schreins* wird durch eine Nische angedeutet, in die eine *Menora* gestellt wurde. Eine Dauerausstellung auf der ehemaligen Frauenempore gibt einen Überblick über die siebenhundertjährige Geschichte von Juden am Obermain (Abb. 23). Die gezeigten Objekte stammen hauptsächlich aus einer 1989 geborgenen *Genisa*. Diese enthielt auffallend viele Buchblöcke und einen umfangreichen Bestand an handschriftlichen Dokumenten mit zahlreichen Leichenschauhausprotokollen. Anhand der Fundstücke, die im Rahmen des Genisaprojekts Veitshöchheim gereinigt, konserviert und wissenschaftlich inventarisiert wurden, erhalten die Besucher Hintergrundwissen über religiöses Leben, Schulwesen, die Rolle der Frau und die Selbstverwaltung der jüdischen Gemeinde sowie über die Geschäftstätigkeit ehemaliger jüdischer Bürger. Das älteste gefundene Dokument ist das Fragment eines Bibelkommentars, gedruckt in Venedig im Jahr 1566. Auf die ehemalige Synagoge als Gedenkort verweist eine Tafel, auf der die Namen der 13 Altenkunstädter Juden verzeichnet sind, die deportiert und ermordet wurden.

Die ehemaligen Synagogen in Kronach und Altenkunstadt sind in ihrer Raumauffassung weitgehend neutralisiert. Die ursprüngliche Nutzung als Synagoge ist kaum noch zu erkennen. Nur wenige historische Spuren am Gebäude geben Hinweise auf einen jüdischen Sakralbau. Die Neuschöpfungen auf historischer Basis teilen mit Ausnahme des Umgangs mit der *Tora-Nische* in Kronach nur wenig über ihre Geschichte mit. Die zerstörte und verlorene Innenausstattung wurde nicht rekonstruiert, sondern sofern benötigt in einer zeitgemäßen Formensprache gestaltet.

Was sich in Urspringen noch zurückhaltender und in Schnaittach bereits deutlicher im Umgang mit einem ehemaligen jüdischen Sakralbau zeigte, wurde bei der Instandsetzung der Synagoge in Memmelsdorf konsequent weitergeführt.

3.7. Memmelsdorf, Synagoge Memmelsdorf

Stellt man die Sanierungen und Neunutzungen von Synagogen in Bayern einander gegenüber, dann bildet der Umgang mit der Synagoge in Memmelsdorf einen Gegenpol zur wiederhergestellten Synagoge in Veitshöchheim. Der 1993 gegründete Träger- und Förderverein Synagoge Memmelsdorf e.V. erwarb zwei Jahre später die örtliche Synagoge aus dem frühen 18. Jahrhundert. Die Vereinssatzung sieht vor, »die ehemalige Synagoge in Memmelsdorf (Unterfranken) zu erwerben, zu sanieren und einer dauerhaften Nutzung zuzuführen. Der Verein hat sich die Pflege jüdischen Kulturgutes zur Aufgabe gemacht und

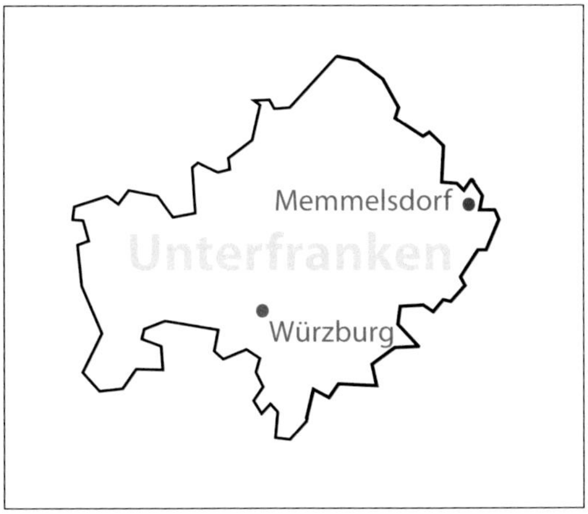

will damit einen Beitrag leisten, um Vergangenes transparent und bewusst zu machen und somit für Gegenwart und Zukunft im Sinne der Verständigung zwischen Juden und Christen sowie zwischen Israel und Deutschland zu wirken«.[85] Er wendet sich besonders an junge Menschen, um über jüdische Kultur und Religion zu informieren, aber auch um geschichtliches und menschliches Verständnis für andere Minderheiten in unserer Gesellschaft zu wecken. Ziel des Vereins war es auch, die Auseinandersetzung mit der Zeit des Nationalsozialismus in Memmelsdorf in Gang zu bringen, die, wie in vielen Städten und Gemeinden, lange Zeit tabuisiert war. Der Fund einer *Genisa* in den Hohlräumen zwischen Dach und Männerbetraum zu Beginn der 1980er-Jahre gab den Anstoß zur Diskussion über die Zukunft des Gebäudes. Während des Novemberpogroms 1938 war die Synagoge geschändet und die Inneneinrichtung zerstört worden, Kultgegenstände und Bücher wurden verbrannt.[86] Nach dem Wegzug der letzten Memmelsdorfer Juden 1939 erfuhr sie verschiedene Fremdnutzungen als Wohnung, Werkstatt, Lager und Gemeindekühlhaus.

Ein zweitägiges Kolloquium mit Fachleuten brachte 1999 den richtungsweisenden Durchbruch. Die Teilnehmer schlugen als bayernweites Novum vor, die ehemalige Synagoge nicht zu rekonstruieren, sondern als authentischen Ort zu erhalten und in dem Zustand zu konservieren, in dem sie der Verein erworben hatte. Bis auf die Behebung witterungsbedingter Bauschäden soll-

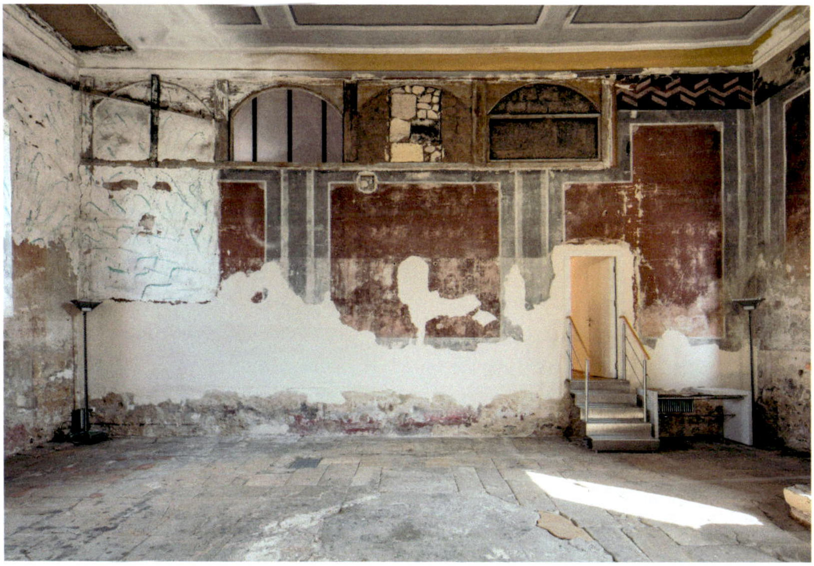

Abb. 24 Synagoge Memmelsdorf, Südwand mit ehemaliger Frauenempore

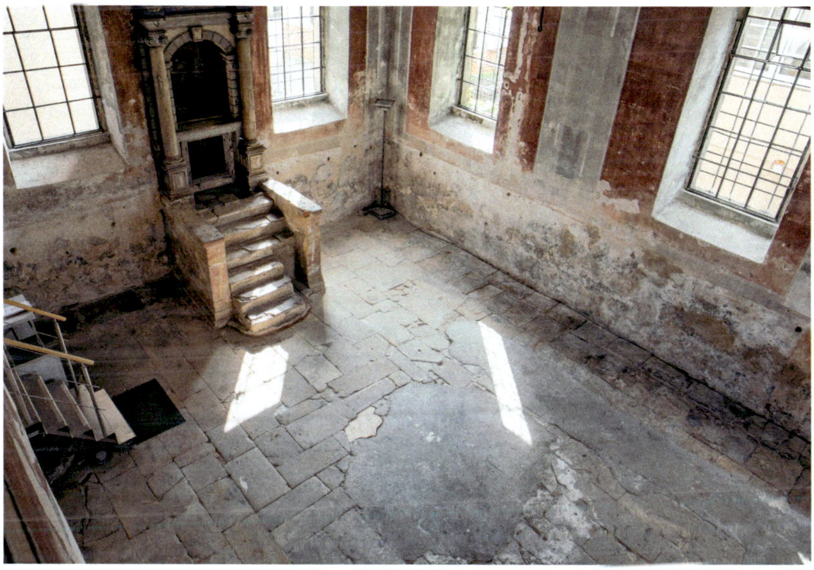

Abb. 25 Synagoge Memmelsdorf, konservierter ehemaliger Männerbetsaal

ten nur konservierende Maßnahmen durchgeführt werden. Den Mitgliedern des Vereins gelang es, Politiker und Denkmalpfleger davon zu überzeugen, dass bei der notwendigen Instandsetzung alle historischen Spuren, die am Gebäude von der Erbauung bis zur letzten Nutzung erkennbar waren, sichtbar bleiben sollten. Die ehemalige Synagoge sollte Zeugnis ablegen über das jüdische Memmelsdorf, aber auch über den Umgang der Memmelsdorfer mit ihrer jüdischen Geschichte.

Wodurch unterscheidet sich Memmelsdorf von anderen Projekten? Das denkmalpflegerische Konzept sah hier die Bewahrung und Darstellung des überlieferten Bestands, nicht die Rekonstruktion der Raumschale und ihrer Ausstattung vor.[87] Während der Nutzung als Synagoge fanden mehrere Renovierungen statt. Nach einer Befunduntersuchung sind sieben verschiedene Farbfassungen an den Wänden des großen Betraums bis zur letzten Renovierung 1925 feststellbar. Die Erkenntnisse der Restauratoren sind in einem Befundfenster festgehalten. Ursprünglich besaß die Synagoge eine Tonnenwölbung, die 1806 durch eine Flachdecke ersetzt wurde. Spuren des Tonnengewölbes sind im südlichen Dachgebälk erhalten.[88] Das Sanierungsziel war nicht, den ehemaligen Männerbetraum der Synagoge in einem einheitlichen Raumeindruck wie bei den anderen Projekten wiederherzustellen. Er blieb in seiner Zerrissenheit bestehen. Der Steinfußboden wurde in seiner brüchigen Form mit allen Schäden ebenso konserviert wie die farbigen Wandreste einer Voliere und die verschiedenen Schichten der Wandfassungen nach 1938 (Abb. 24). Spuren des Fundaments der *Bima*, die erst 1968 gänzlich beseitigt wurde[89], sind im Fußboden erkennbar. (Abb. 25). Die verlorene Innenausstattung wurde nicht wiederhergestellt. Die Überreste des steinernen *Tora-Schreins*, der den Novemberpogrom 1938 nahezu unbeschädigt überstanden hatte, wurden wie vorgefunden konserviert. Den ehemaligen Haupteingang schützte ein 1948 wegen Baufälligkeit abgerissener Vorbau, dessen Grundriss und Form im Boden vor dem Eingang und an der Synagogenwand markiert sind.[90] Heute wird die Synagoge durch den Nebeneingang zur ehemaligen Frauenempore betreten. Das Hauptportal bleibt als Zeichen des Verlusts der kultischen Funktion des Gebäudes in der Regel geschlossen und wird nur noch zu größeren Veranstaltungen geöffnet.

Die ehemalige Frauenempore über der Lehrerwohnung war durch vier Fenster und hölzerne Ziergitter vom Männerbetraum abgetrennt. Als hier eine Wohnung für Flüchtlinge und ein Partyraum untergebracht waren, wurden die Fenster zum Teil zugemauert. Mit der neuen Nutzung wurde hier ein Seminar- und Veranstaltungsraum eingerichtet. Um die historische Situation der Trennung von Männern und Frauen anzudeuten, wurde eines der Fenster teilweise wieder geöffnet. Die ursprüngliche Lehrerwohnung, später Werkstatt und Gemeindekühlraum, befand sich im Erdgeschoss unterhalb der Frauenempore. Die frühere Raumeinteilung der Wohnung mit Küche, großem Wohnraum und kleiner Schlafkammer wurde im Boden markiert. Heute ist dort ein Ausstellungsraum eingerichtet (Abb. 26). Historische Dokumente, Architekturteile, ein Überrest der Gedenktafel für die gefallenen jüdischen Soldaten des Ersten Weltkriegs aus Memmelsdorf, deren Spuren der Befestigung noch an der Nordwand erhalten sind[91], und Funde aus der *Genisa* dokumentieren die örtliche jüdische Geschichte (Abb. 27). Zusätzlich werden medial vertiefende Informationen zu ehemaligen Memmelsdorfer Juden

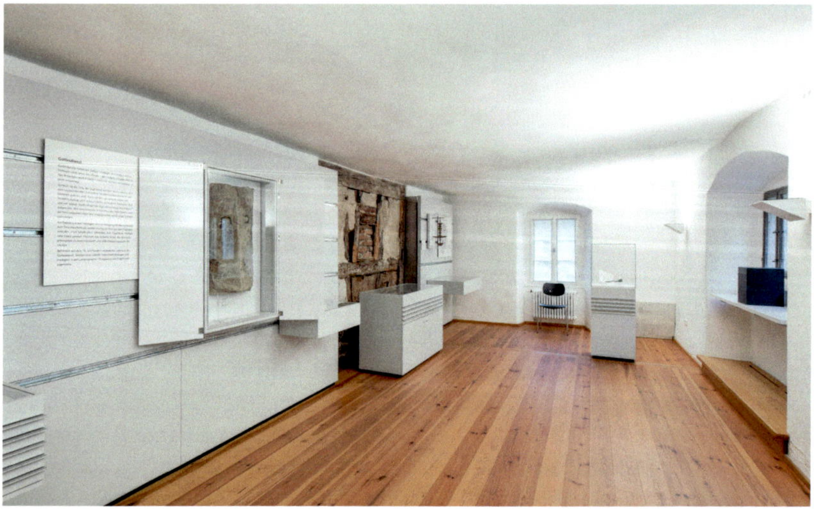

Abb. 26 Synagoge Memmelsdorf, Museum

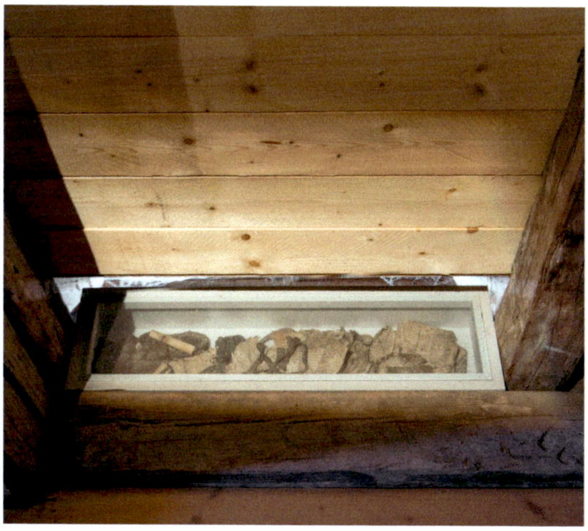

Abb. 27 Synagoge Memmelsdorf, eine Fundstelle der Genisa

und ihren Familien angeboten. Die Themen der im Rahmen des Projekts »denkmal aktiv« der Deutschen Stiftung Denkmalschutz unter Beteiligung von Schülern aus Ebern erarbeiteten Dauerausstellung informieren über Entstehung und Architektur der Synagoge, Gottesdienst und *Tora*, jüdische Feste und jüdischen Alltag sowie über Juden in Memmelsdorf und im Landkreis Haßberge. Zur Anpassung an die neue Nutzung wurde das Gebäude um einen kleinen Anbau für einen zusätzlichen Studienraum und Sanitäranlagen erweitert.

Der ehemalige Männerbetraum der Synagoge steht als authentischer Ort im Mittelpunkt. Er dient primär dem Gedenken und eröffnet dem Besucher visuelle und emotionale Perspektiven in der Betrachtung, die von der Gegenwart zurück in die Erbauungszeit des frühen 18. Jahrhunderts reichen. Das Bauwerk ist in seiner Geschichte erlebbar und hat die Funktion übernommen, über seine eigenen Veränderungen Auskunft zu geben. Der konservierte Zustand mit seiner uneinheitlichen Erscheinung soll zu Fragen anregen. Die Besucher, ob Schüler, Jugendliche oder Erwachsene, werden eingeladen, sich auf Spurensuche zu begeben. Spuren früherer Renovierungen durch die jüdische Gemeinde, Spuren der Zerstörungen des Novemberpogroms 1938 und der Fremdnutzungen ab 1939 stehen nebeneinander.[92] Vom Trägerverein vorbereitete Arbeitsmaterialien zur jüdischen Kultur, Religion und Geschichte sollen die Wahrnehmung dieser Spuren, von Architekturdetails, Wandelementen über Schriftzüge bis zu den Zerstörungen usw., erleichtern. Die verschiedenen Zeitschichten sind nebeneinander konserviert und die Brüche erkennbar. Seit der Eröffnung 2004 kommt das Projekt »Lernort Synagoge – Spuren erzählen die Geschichte des fränkischen Landjudentums« bei Schülern und Jugendlichen gut an.[93]

3.8. Obernbreit, Ehemalige Synagoge Obernbreit – ein Ort des Erinnerns und der Begegnung

An den Überlegungen, die die Sanierung in Memmelsdorf prägen, orientiert sich auch die Instandsetzung der ehemaligen Synagogen in Obernbreit und Arnstein. Der heutige Markt Obernbreit hat wie viele unterfränkische Orte eine lange jüdische Geschichte. Belegbar ist sie von 1528 bis 1911. Die ehemalige Synagoge, 1748 erbaut, hatte einen Betraum für Männer und eine eigene Abteilung für Frauen. Die von Grundwasser gespeiste *Mikwe* und eine Wohnung für den Vorsänger gehörten zu dem Gebäude. Das Erbauungsjahr der Synagoge ist durch die dendrochronologische Datierung eines Dachbalkens und eine Inschrift auf einem an der nördlichen Außenwand erhaltenen Hochzeitsstein bestätigt. Die jüdische Gemeinde nutzte ihr Gotteshaus bis zu ihrer Selbstauflösung 1911. Am 27. April 1911 publizierte »Der Israelit«, eine deutschsprachige jüdische Wochenzeitschrift, folgende Anzeige: »Infolge Auflösung der Kultusgemeinde Obernbreit wird die innere Einrichtung der dortigen Synagoge, bestehend in sehr gut erhaltenen Männer- und Frauenständen, Almemor, Steinverkleidung des Oronhakodesch und 1 Lüster etc. billig abgegeben. Offerten an den Kultusvorstand S. Weinberg in Marktbreit.«[94] Nach dem Verkauf der Synagoge nutzten sie verschiedene private Besitzer als Scheune, Werkstatt- und Lagergebäude. Erhebliche Umbauten erfolgten nach den jeweiligen Bedürfnissen und ließen die ursprüngliche Nutzung als Synagoge nur noch

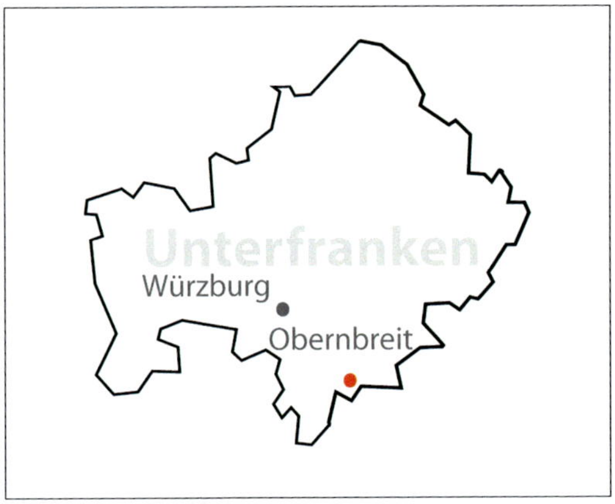

erahnen. In die Südfassade wurde eine große Öffnung zur Einfahrt landwirtschaftlicher Großgeräte gebrochen (Abb. 28). Der Abgang zur *Mikwe* wurde zugeschüttet, der Boden betoniert und eine Zwischendecke eingezogen.

Zur angemessenen Neunutzung des baufällig gewordenen Gebäudes gründete sich 2005 der Träger- und Förderverein ehemalige Synagoge Obernbreit e.V. mit dem Ziel, die Synagoge anzukaufen, zu erhalten und als Kultureinrichtung zu betreiben. Der Verein fühlt sich dem Erinnern und Gedenken vor allem an die Obernbreiter Juden verpflichtet und stellt seine Aktivitäten unter den Gedanken der Toleranz. Als Sanierungsziel beschloss der Verein, ähnlich wie der Träger- und Förderverein Synagoge Memmelsdorf e.V., das Erhaltene zu konservieren und nur unbedingt Notwendiges sichtbar mit zeitgemäßen Materialien zu ergänzen. Bauuntersuchungen gaben Aufschluss über die ehemalige Raumaufteilung in der Synagoge. Fotos des Innenraums sind nicht bekannt. Es gibt nur eine Außenansicht der Nordseite mit dem Hochzeitsstein, vermutlich aus dem ersten Viertel des 20. Jahrhunderts.

Bei der Sanierung wurde die bauliche Hülle wiederhergestellt, Tonnengewölbe und Frauenempore aber nicht rekonstruiert, sondern nur konstruktiv angedeutet. Die historische Substanz und Spuren der verschiedensten Fremdnutzungen wurden weitestgehend konserviert. Die Innenwände wurden so belassen, wie sie 2005 vorgefunden worden waren (Abb. 29). Farbspritzer, Löcher und sonstige Beschädigungen, die durch die Fremdnutzungen entstanden waren, blieben erhalten und sichtbar. Der *Tora-Schrein* wurde nach der Auflösung der Kultusgemeinde entfernt, sein Erker mit Backsteinen geschlossen und eine Tür zum Nachbargrundstück eingelassen. Diese Tür wurde während der Sanierung sichtbar zugemauert. Ehemals schloss ein Tonnengewölbe den Betsaal nach oben ab. Abdrücke der Lattenunterkonstruktion blieben erhalten. Neue unverputzte

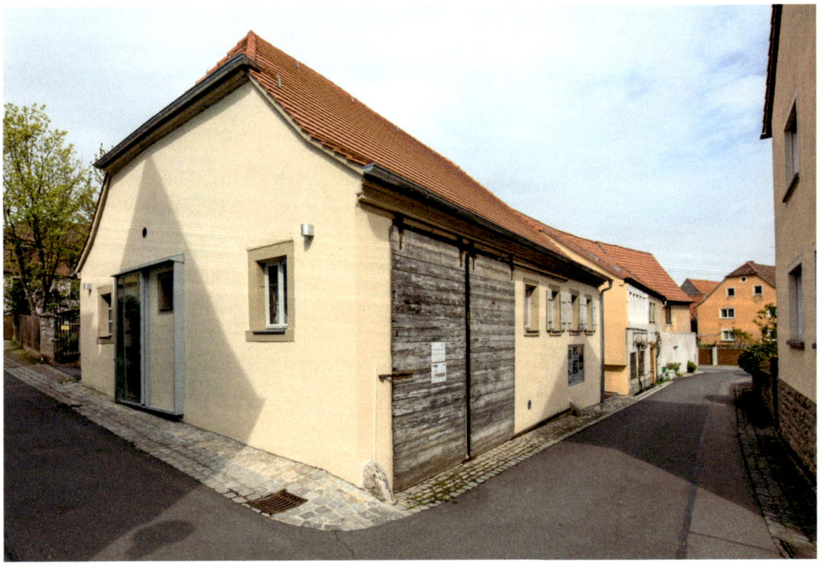

Abb. 28 Ehemalige Synagoge Obernbreit – ein Ort des Erinnerns und der Begegnung, Außenansicht

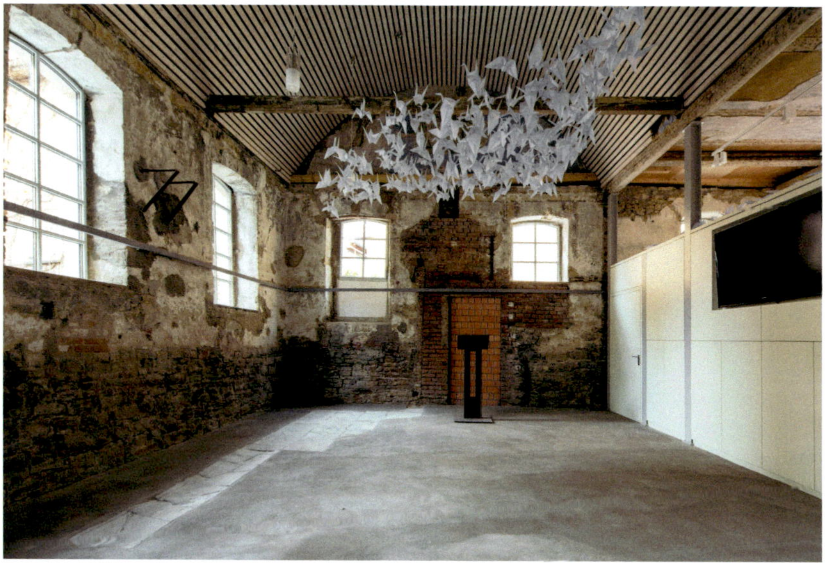

Abb. 29 Ehemalige Synagoge Obernbreit – konservierte Ostwand

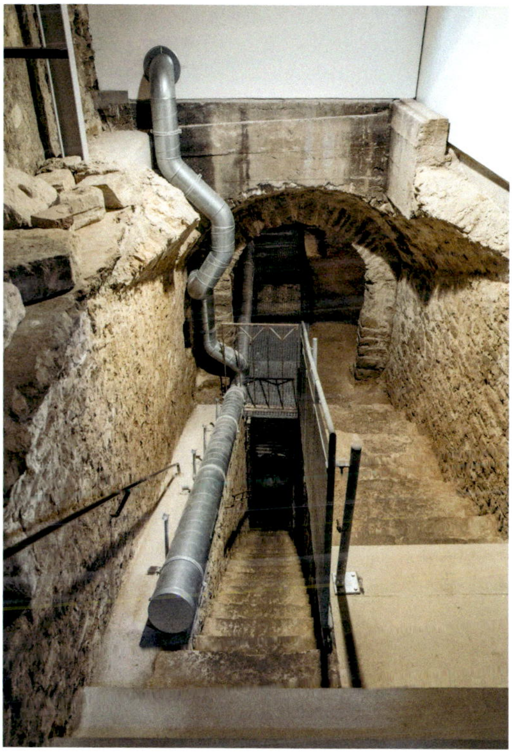

Abb. 30 Ehemalige Synagoge Obernbreit – Abgang zur Mikwe

Latten wurden angebracht, um die ursprüngliche Form des Tonnengewölbes anzudeuten. Einen massiven Stahlträger mit Laufkatze hatte man entfernt, jedoch den Anschnitt in der Wand belassen, um die Veränderung in der Zeit der Nutzung als Reparaturwerkstatt sichtbar zu machen. Die Frauenempore war 2005 nicht mehr vorhanden. Zur Wiederherstellung der Raumwirkung wurde an ihre Stelle eine moderne Empore mit Arbeitsplätzen für Seminare über dem Abgang zur *Mikwe* eingebaut. Die wenigen Reste der ursprünglichen Farbgebung der Synagogenwände wurden wie vorgefunden konserviert. Ein erhaltenes Türblatt einschließlich seiner Angeln, vermutlich noch aus der Erbauungszeit, wurde integriert und Teile der Sandsteinplatten des ursprünglichen Fußbodens des Betsaals konnten wiederverwendet und sichtbar gemacht werden. Der Zugang zur *Mikwe* in circa zehn Metern Tiefe wurde wieder geöffnet (Abb. 30). An der südlichen Fassade blieben die großen Schiebetore erhalten. Lediglich an der Nordfassade erfolgten während der Sanierung größere Eingriffe: Die Glasbausteine und Vermauerungen an den Fenstern wurden entfernt und die Fenster in ihrer ursprünglichen Größe wiederhergestellt, um ausreichend Licht für den neuen

Veranstaltungssaal zu haben.[95] Im Zuge der Renovierungsarbeiten wurden Reste einer *Genisa* gefunden, die von den Mitarbeiterinnen des Forschungs- und Dokumentationsprojekts Veitshöchheim »Genisot in Bayern« geborgen und bearbeitet wurden.[96]

Die ehemalige Synagoge Obernbreit, im September 2013 als Ort der Erinnerung und der Begegnung eingeweiht, präsentiert sich heute als Dokument für die örtliche jüdische Geschichte und für den Umgang eines Orts mit seiner jüdischen Vergangenheit. Das Gewesene wurde durch die Instandsetzung bewusst gemacht, es wurde nicht nachempfindend rekonstruiert. Neue Materialien und Konstruktionen schaffen sichtbare Ergänzungen. Die überregional bedeutende ehemalige Synagoge, nun wieder mit Leben erfüllt, bildet das neue kulturelle Zentrum in Obernbreit. Der Verein als Eigentümer organisiert Konzerte, Vorträge sowie Ausstellungen und öffnet die Synagoge als ein Forum für Begegnungen, auch für die Nachkommen ehemaliger jüdischer Obernbreiter. In ihrer Rolle als Gedächtnisort erinnert die Synagoge an jüdisches Leben und die Geschichte der jüdischen Gemeinde Obernbreit, was auf der neu geschaffenen Empore mit Fragmenten aus der *Genisa* und der ehemaligen Synagogenausstattung, bereichert durch eine virtuelle Animation, veranschaulicht wird. Die Erinnerungs- und Gedenkarbeit des Vereins geht mit der Erarbeitung von Biografien ehemaliger jüdischer Einwohner und der Verlegung von Stolpersteinen im nahegelegenen Marktbreit über den reinen Erhalt der Synagoge weit hinaus.

3.9. Arnstein, Alte Synagoge Arnstein

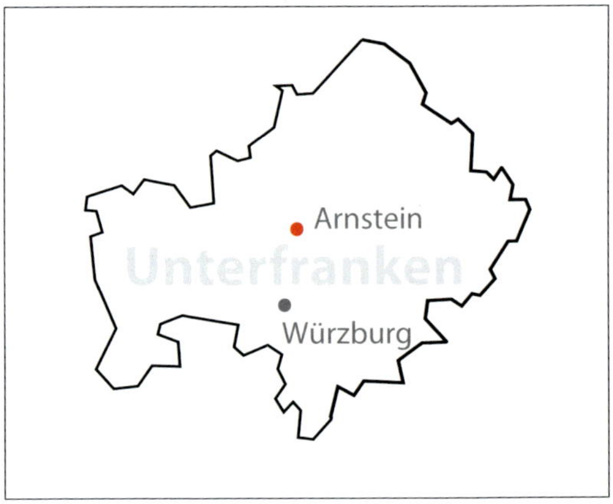

Die im klassizistischen Stil erbaute Synagoge in der heutigen Goldgasse, der früheren Judengasse, im unterfränkischen Arnstein stammt aus dem ersten Viertel des 19. Jahrhunderts. Prägende Renovierungen fanden 1869 und 1905 statt, wobei eine farbenprächtige Schablonenmalerei mit Jugendstilornamenten aufgetragen wurde.[97] Die Akten zum Synagogenbau sind während des Zweiten Weltkriegs verbrannt, weshalb die Bau- und Renovierungsgeschichte nicht nachvollziehbar ist. Anhaltspunkte geben lediglich die Beschreibungen von Theodor Harburger, der in seinem Projekt auch das jüdische Kulturgut in Arnstein erfasst hatte.[98] Durch den Wegzug vieler Arnsteiner Juden wurde die noch 1934 grundlegend renovierte und neu eingeweihte Synagoge nach der Auflösung der Gemeinde im Frühjahr 1938 nicht mehr als Gotteshaus genutzt. Während des Novemberpogroms 1938 blieb das Gebäude weitgehend verschont. Nur die bewegliche Inneneinrichtung wurde zerstört und verbrannt. Die Ritual- und Kultgegenstände waren bereits mit der Auflösung der jüdischen Gemeinde in die Synagoge Schweinfurt abgegeben worden.[99] Ein Nachbar erwarb die Synagoge und das angrenzende Schulhaus. Es folgten die üblichen Fremdnutzungen als Wohnhaus, Reinigungsbetrieb und Lagerhaus. Erst im Jahre 1954 gingen bei Umbauten und dem Einzug von zwei Geschossdecken die letzten Reste der historischen Ausstattung verloren. Durch die Veränderung der Fenster und die mit erheblichen baulichen Eingriffen verbundene Umgestaltung zur Wohnung war die ursprüngliche Bestimmung als jüdischer Sakralbau kaum mehr erkennbar.

Die ehemalige Synagoge verblieb in Privatbesitz, bis die Stadt Arnstein das Gebäude 1994 ankaufte, in der Absicht, eine kulturelle Begegnungsstätte einzurichten. Ein Förderkreis Alte Synagoge Arnstein e.V. wurde gegründet, der sich zum Ziel setzte, die ehemalige Synagoge zu restaurieren und zu einem Begegnungszentrum und Ort der Zusammenkunft umzugestalten. Das Sanierungs-

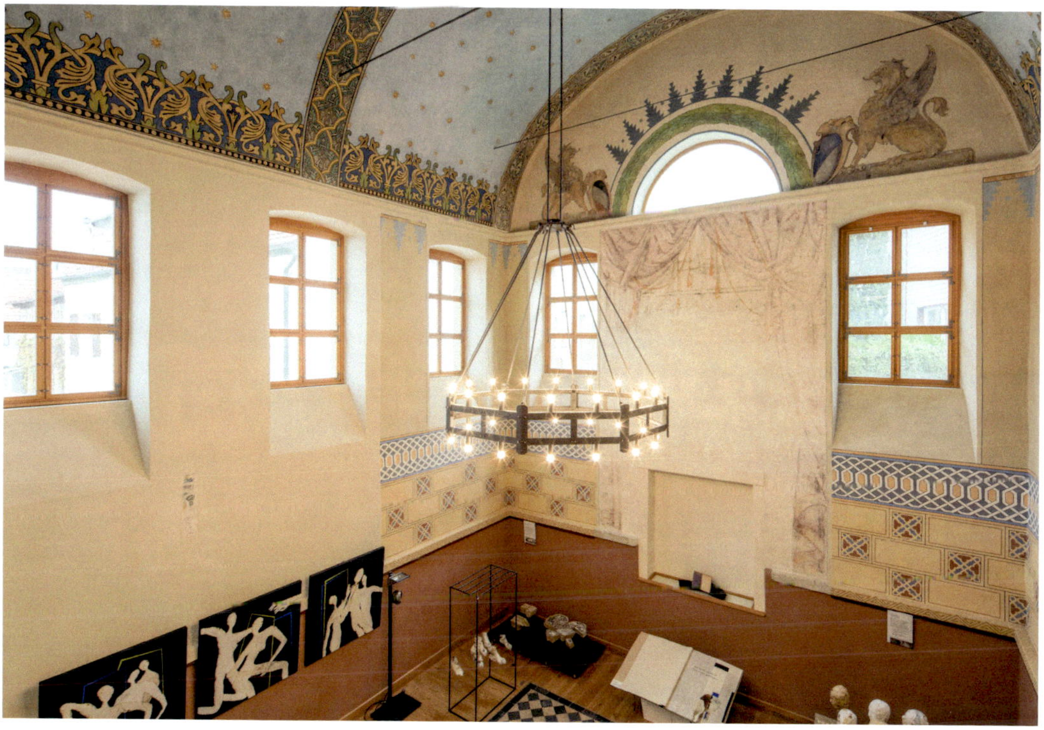

Abb. 31 Alte Synagoge Arnstein, Ostwand mit freigelegter Bemalung

konzept in Abstimmung mit dem Bayerischen Landesamt für Denkmalpflege sah die weitgehende Wiederherstellung der verlorenen Architektur vor, schloss aber eine vollständige Rekonstruktion des Innenraums und der vernichteten Einrichtung aus. Die Spuren der Fremdnutzungen nach 1945 wurden vollständig entfernt, um den ursprünglichen Raumeindruck wiederherzustellen. Die Fassade konnte nach historischen Fotografien zurückgebaut werden. Die beteiligten Fachleute und der Förderkreis einigten sich wegen der Bedeutung der Wandmalereien darauf, die Wand- und Deckenbemalung zu erhalten. Dazu wurden der Sternenhimmel im Tonnengewölbe und die Malereien an der Ostwand in Höhe des Tonnengewölbes mit den zwei, beidseitig oberhalb des ehemaligen *Tora-Schreins* gemalten Greifen, die Wappenschilde des Deutschen Reichs und Bayerns halten, freigelegt (Abb. 31). Für den ehemaligen Männerbetsaal war eine multifunktionale Nutzung geplant. Er sollte leer und ohne Rekonstruktion der Inneneinrichtung bleiben. Während der Sanierung wurden im Fußboden Überreste einer zweiflügeligen Gesetzestafel und der Architektur von *Tora-Schrein* und Vorlesepult gefunden. Die historischen Teile sind in einer Art künstlerischer Installation im ehemaligen Bet-

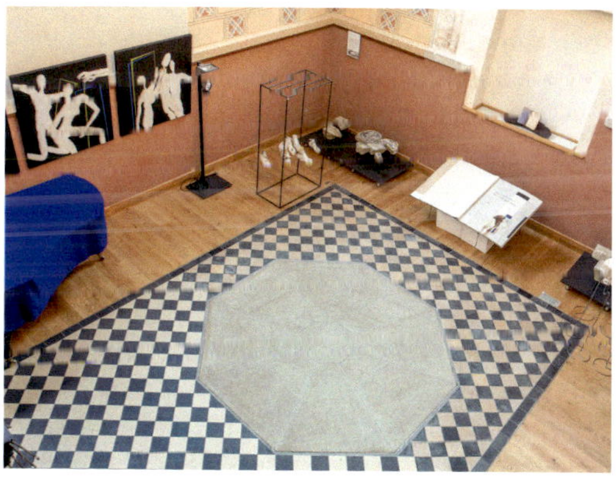

Abb. 32 Alte Synagoge Arnstein, rekonstruierter Fußboden mit Position der Bima

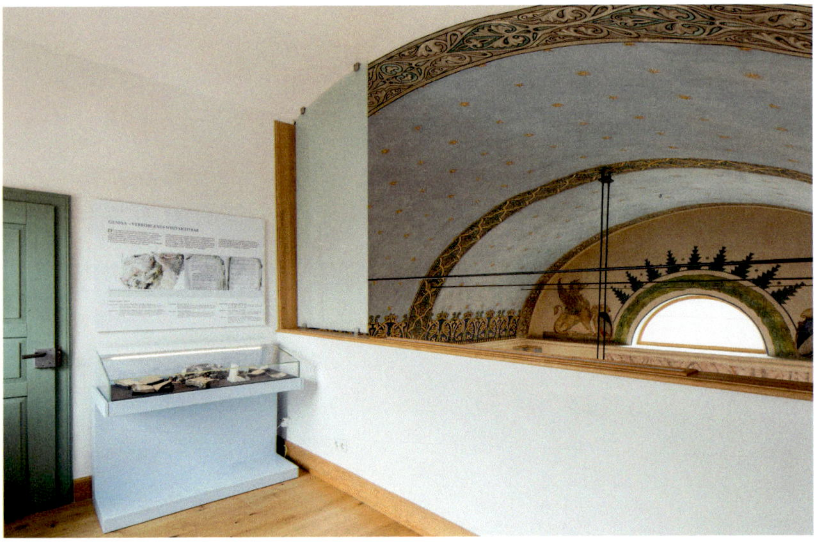

Abb. 33 Alte Synagoge Arnstein, Ausstellung auf der ehemaligen Frauenempore

raum präsentiert. Der teilweise erhaltene gemusterte Fußboden wurde wiederhergestellt und die Position der *Bima* flächig im Fußboden angedeutet. (Abb. 32) Die Nische für den *Tora-Schrein* ist restauriert und als Leerstelle neutral gestrichen. Eine ehemals umlaufende Holzvertäfelung wurde farbig abgesetzt. Die Wandfassungen folgen einem differenzierten Konzept. Fehlstellen weisen auf Veränderungen und Verluste hin.

Auf der zweistöckigen Frauenempore ist eine Dauerausstellung zur wechselvollen Geschichte der jüdischen Gemeinde Arnsteins eingerichtet. (Abb. 33) Sie trägt den Titel »Sichtbares BRUCHstück einer unsichtbaren Vergangenheit«. Dokumente, Ansichtskarten, Fotografien, Pläne, Archivalien und vertiefende Medienstationen geben einen Überblick über die Geschichte der Synagoge vom Bau bis zur Auflösung der jüdischen Gemeinde in den 1930er-Jahren und ihrer Nutzung bis in die Gegenwart. Ausgewählte historische Zeugnisse und Objekte sowie Hörstationen lassen einen Einblick in das damalige Leben jüdischer Bürger Arnsteins zu. Auch in Arnstein wurde bei der Instandsetzung des Gebäudes eine *Genisa* gefunden, deren Objekte in einer Auswahl in die Ausstellung integriert wurden. Die ehemalige Synagoge in Arnstein ist seit 2012 als Lernort, Kulturzentrum, Begegnungsstätte und Gedenkort wieder für die Öffentlichkeit zugänglich.

3.10. Sulzbach-Rosenberg, Ehemalige Synagoge Sulzbach, Erinnerungs- und Begegnungsstätte

Der große Stadtbrand von 1822 zerstörte in Sulzbach-Rosenberg auch die Synagoge im barocken Stil aus der Mitte des 18. Jahrhunderts. Der Nachfolgebau am selben Standort, eingeweiht im August 1827, mit zentralem *Almemor* und dreiseitiger, vergitterter Frauenempore, passte sich in der Außenfassade dem Typus des bürgerlichen Wohnhauses an. Der Innenraum wurde ebenso wie in der Floßer Synagoge von einer ionischen

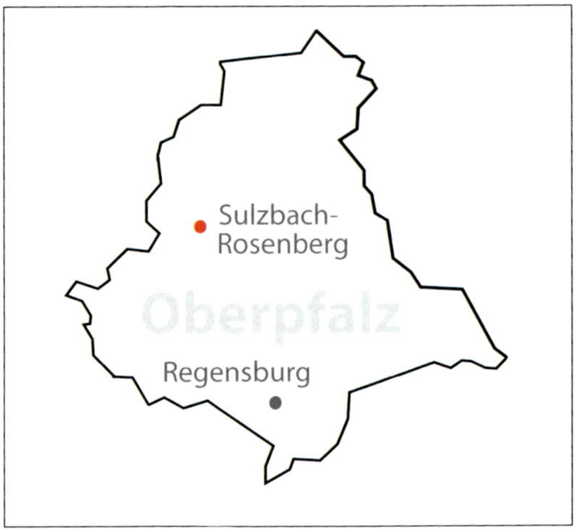

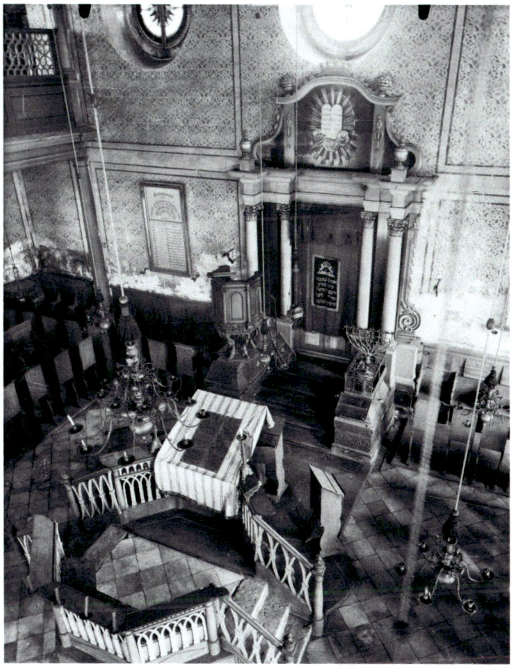

Abb. 34 Sulzbacher Synagoge, Innenansicht, August 1934. Blick von der Frauenempore auf Tora-Schrein und Bima

Säulenreihe dominiert. Der Aufgang zur Frauenempore erfolgte über eine noch vorhandene Außentreppe von einem Hof aus. Eine im Inneren der Synagoge erhaltene Inschrift gibt Aufschluss über die wichtigsten Baudaten. Im ersten Viertel des 20. Jahrhunderts schrumpfte die jüdische Gemeinde Sulzbachs zusehends. Gottesdienste fanden um 1930 nicht mehr statt.[100]

Bereits 1934 nötigte die NSDAP die jüdische Gemeinde, das Gebäude der Stadt zur Nutzung als Heimatmuseum zu überlassen. Mit der Auflösung der jüdischen Gemeinde 1936 ging die Synagoge endgültig in städtischen Besitz über. Die bisherige Synagogenstraße wurde kurz nach der Eröffnung des Heimatmuseums 1936 in Museumsstraße umbenannt.[101] Die meisten Ritualgegenstände und *Tora*-Rollen wurden an die jüdische Gemeinde Amberg abgegeben, wo sie in der Pogromnacht 1938 vermutlich größtenteils vernichtet wurden.[102] Nach 1945 verkaufte die Jewish Restitution Successor Organization (JRSO) das Gebäude an einen privaten Besitzer. In der Folge kam es mit wechselnden Eigentümern zu erheblichen Umbauten im Äußeren und Inneren. Die Okuli im Obergeschoss wurden zugemauert, neue Fensteröffnungen geschaffen und der Innenraum durch Einzug von Wänden und Decken für die Nutzung als Wohnung und Lagerhalle verändert. In den 1990er-Jahren wurde neben dem erhaltenen Eingangsportal ein Schild angebracht, mit einem Hinweis auf die Synagoge, die von 1827 bis 1933 bestand. Die Stadt beschloss, die Museumsstraße wieder in Synagogenstraße umzubenennen. 2008 bot sich der Stadt Sulzbach eine Gelegenheit, die ehemalige Synagoge zurückzukaufen. Der Stadtrat fasste den Beschluss, das Baudenkmal zu erhalten und durch den Umbau zu einem Begegnungszentrum wieder mit Leben zu erfüllen.

Das denkmalfachliche Konzept der Sanierung sah vor, die wenig wertvollen Umbauten für die Wohnungen zu entfernen und den hochwertigen

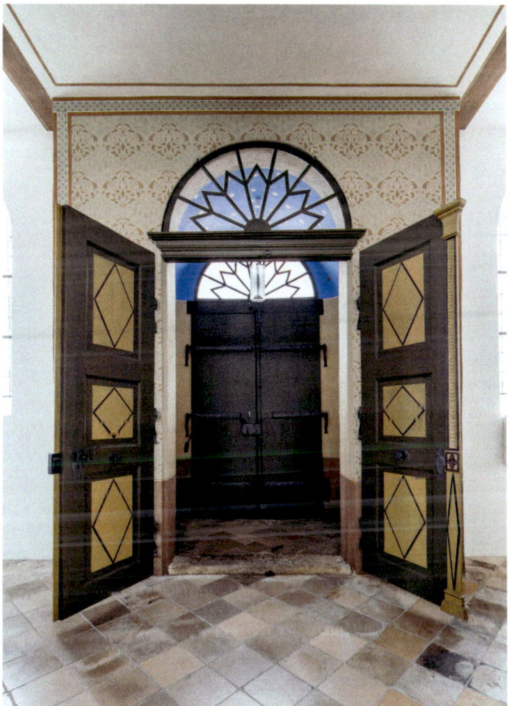

Abb. 35 Ehemalige Synagoge Sulzbach, Erinnerungs- und Begegnungsstätte, nach Befund rekonstruierte Westwand

Hauptraum einschließlich der dominierenden Kuppel in seiner ehemaligen Raumstruktur von 1826/27 wiederherzustellen. Befunduntersuchungen und überliefertes Bildmaterial aus den 1930er-Jahren schufen die Voraussetzungen für die Wiederherstellung des Raums und der Fassaden[103] (Abb. 34). »Die prägende Fassung der Raumschale aus der 2. Hälfte des 19. Jahrhundert sollte jedoch als entscheidende Phase, hinsichtlich ihrer Verknüpfung mit der letzten prägenden Phase und der Umnutzung als Museum, ebenfalls dargestellt werden«[104], soweit die Denkmalpflegerin. Schwarzweißaufnahmen lieferten Erkenntnisse für die neue Farbfassung der Säulen und der marmorierten Empore. Untersuchungen ergaben, dass die Lage der Kuppel noch eindeutig ablesbar war und genügend originale Bausubstanz und Reste von Oberflächen und Farbfassungen vorhanden waren, um eine Rekonstruktion der Synagoge zu rechtfertigen.[105] Auf die gänzliche Wiederherstellung der Wandmalereien wurde jedoch verzichtet, nur an der inneren mittleren Achse der Westfassade sind die erhaltenen Farbschichten zu sehen. Um das Hauptportal innen ist die durch Befunde gesicherte, kräftige originale Farbgebung des 19. Jahrhunderts rekonstruiert (Abb. 35) und auch das vorgefundene Waschbecken für die symbolische Reinigung der Hände angebracht. Die raumprägenden Säulen waren fast alle noch erhalten, jedoch durch die baulichen Veränderungen angeschnitten. Sie wurden ergänzt und in ihrer historischen Fassung retuschiert und rekonstruiert.[106] Der ehemalige Männerbetsaal blieb weitgehend frei von neuen Elementen; die Architektur des neuen Gebäudes sollte unbeeinträchtigt zur Wirkung kommen. Ein teilweiser Erhalt der Wohneinbauten wurde nach kurzer Überlegung als nicht denkmalwürdig wieder verworfen.[107] Für die geplante Begegnungs- und Erinnerungsstätte wurde auf die Rekonstruktion der sakralen Ausstattung verzichtet, doch sollten *Tora-Schrein* und *Bima* in dem Gebäude als wesentliche Ausstattungselemente der Synagoge erkennbar sein. Die ehemalige Position des *Tora-Schreins* ist im Boden

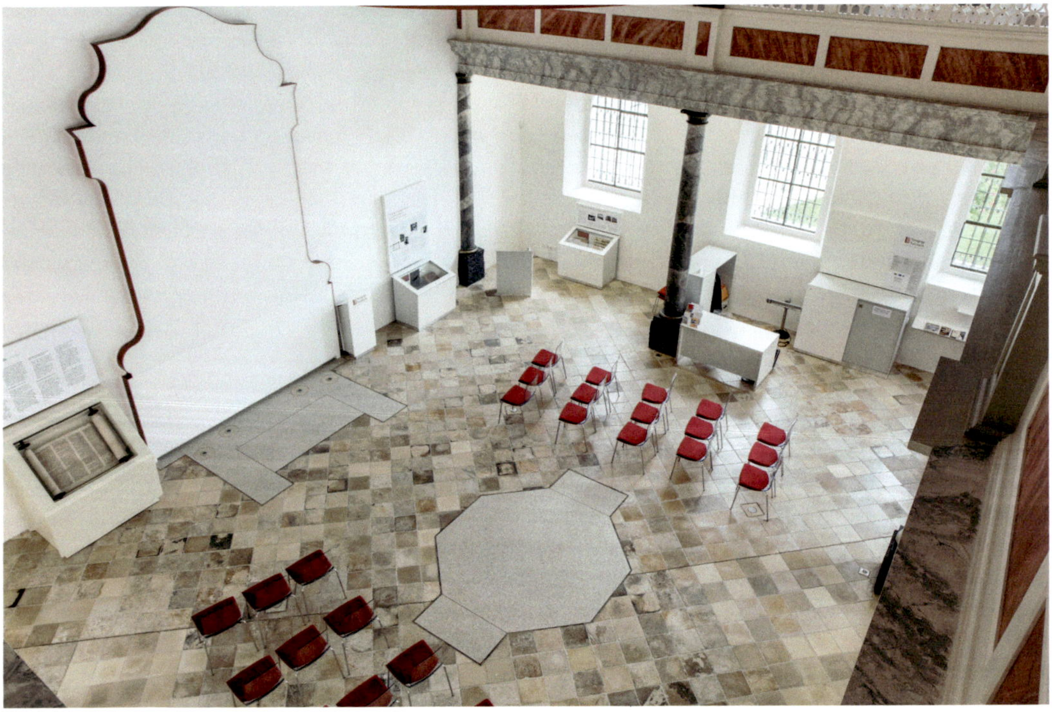

Abb. 36 Ehemalige Synagoge Sulzbach, Erinnerungs- und Begegnungsstätte, früherer Männerbetsaal

umrisshaft gezeichnet und an der Ostwand die Dimension seines Aufbaus sichtbar gemacht. Der *Almemor* mit seinen beiden Zugängen vom Süden und Norden ist ebenfalls im Boden sichtbar markiert (Abb. 36). Die großen, bleiverglasten Fenster mit ihren Rundbögen und den Fenstergittern waren im Erdgeschoss erhalten geblieben. Das im Inneren neu geschaffene Bauwerk glänzt mit restaurierten und rekonstruierten Stützsäulen, Frauenempore einschließlich Trenngeländer und Kuppel. Auch die bleiverglasten farbigen Okuli wurden nach alten Fotoaufnahmen rekonstruiert.

Die Begegnungs- und Erinnerungsstätte wurde im Januar 2013 feierlich eingeweiht. Das zukünftige Wirken drückt sich im programmatischen Logo »Synagoge Sulzbach – Erinnern & Begegnen« aus. Wenige Monate später folgte die Eröffnung der neuen Dauerausstellung. Im Erdgeschoss findet der Besucher wandbezogen eine Einführung in das Netzwerk »Jüdische Oberpfalz«, zu dem sich neben Sulzbach die Synagoge in Floß, das document Neupfarrplatz in Regensburg und das Landlmuseum Sulzbürg zusammengeschlossen haben. Weiterhin gibt es einen Abriss zur Bau- und Nutzungsgeschichte der Sulzbacher Synagoge und einen kurzen Überblick über die örtliche jüdische Geschichte. Auf der rekonstruierten dreiseitig umlaufenden Frauenempore steht die Dauerausstellung mit dem Titel »Toleranz und Geistesfreiheit«. Themen sind Sulzbach als einer der bedeutendsten Druckorte für hebräische Bücher von 1669–1851 in Europa und die »Bibelstadt Sulzbach als Ort der Toleranz«, in der im 18. Jahrhundert in nebeneinander bestehenden konfessionsspezifischen Druckereien vier verschiedene Bibeln für Juden, Lutheraner, Reformierte und Katholiken hergestellt wurden. Hörstationen geben Einblicke in die Lebenswelt von vier ausgewählten jüdischen Familien in Sulzbach.

Die ehemalige Synagoge in ihrer rekonstruierten, nachempfundenen und geschönten Erscheinung dient heute als Ort für interkulturellen Dialog auf mehreren Ebenen. Sie ist zugleich Erinnerungs- und Begegnungsstätte, Museum und auch Denkmal, das aber durch Glättung und Ergänzung in seinem Denkmalwert verringert wurde.[108]

3.11. Reckendorf, Haus der Kultur – Ehemalige Synagoge

Die ehemalige Synagoge in Reckendorf wurde nach einer Generalsanierung 2005 als »Haus der Kultur« wieder eröffnet. Sie wird für öffentliche Veranstaltungen genutzt, steht aber auch für Seminare und private Feiern zur Verfügung. Die Synagoge wurde im ersten Viertel des 18. Jahrhunderts in der damaligen Judengasse erbaut. In der Folge erfuhr sie mehrfach bauliche Veränderungen. 1752 wurde ein Vorbau zum Zugang für den Männerbetraum angefügt und im Erdgeschoss eine Wohnung für den Vorbeter unter der darüber liegenden Frauenempore eingerichtet. Die Renovierung 1851, wohl in Folge einer neuen Synagogenverordnung, richtete die bisher zentrale *Bima* auf den *Tora-Schrein* aus. Während des Novemberpogroms 1938 wurde die Inneneinrichtung verwüstet und das Gebäude beschädigt. Wegen der Feuergefahr für die umliegenden Häuser wurde sie nicht angezündet. Die politische Gemeinde Reckendorf übernahm 1939 im »Zuge der Enteignung jüdischen Besitzes«[109] die ehemalige Synagoge und führte sofort erste gravierende Umbaumaßnahmen durch: Einzug einer Zwischendecke, Zerstörung des *Tora-Schreins* und Vermauern seiner Nische. Vor 1945 diente das Gebäude als Lager für Kriegsgefangene sowie als Stätte für die Herstellung von Zündkerzen und medizinischen Apparaten, nach 1945 wurde es als Herdfabrik, Schuhfabrik und Lagerhalle der Schlossbrauerei Reckendorf missbraucht.

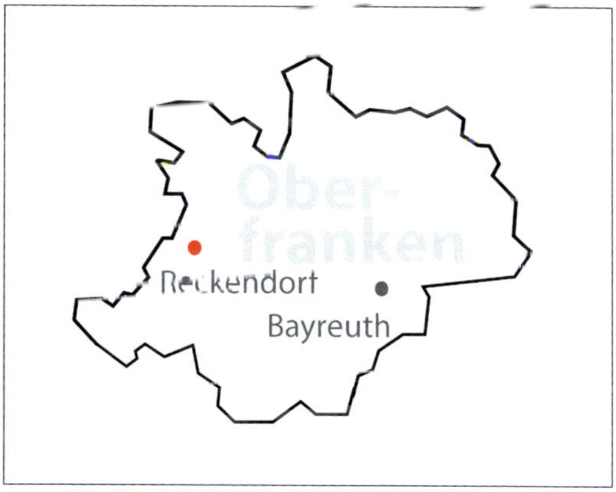

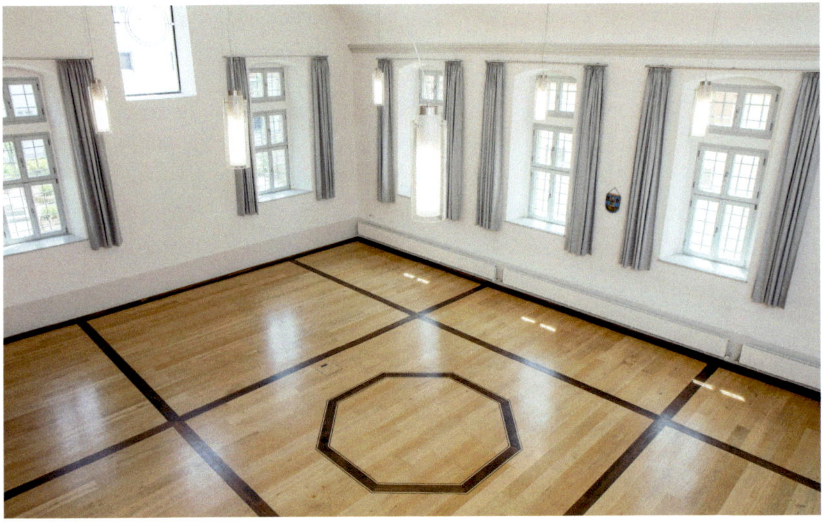

Abb. 37 Haus der Kultur – Ehemalige Synagoge, Reckendorf, neugestaltete Ostwand

2001 kam die ehemalige Synagoge wieder zurück in den Besitz der Gemeinde, die zwei Jahre später mit der Instandsetzung begann. Während der Sanierung wurden Reste des *Misrach*-Fensters, des *Tora-Schreins*, des Almemors und weitere Architekturteile gefunden. Der ehemalige Männerbetraum ist als neutraler moderner Raum baulich instandgesetzt. An die ehemalige Synagoge erinnern nur ein angedeutetes *Misrach*-Fenster in einem modernen Fenster an der Ostwand (Abb. 37) und die markierten Umrisse des Vorlesepults im Fußboden. Neue Fenster an der Nordseite lassen einen Bezug zur ehemaligen Frauenempore zu. An der östlichen Außenwand verweisen ein

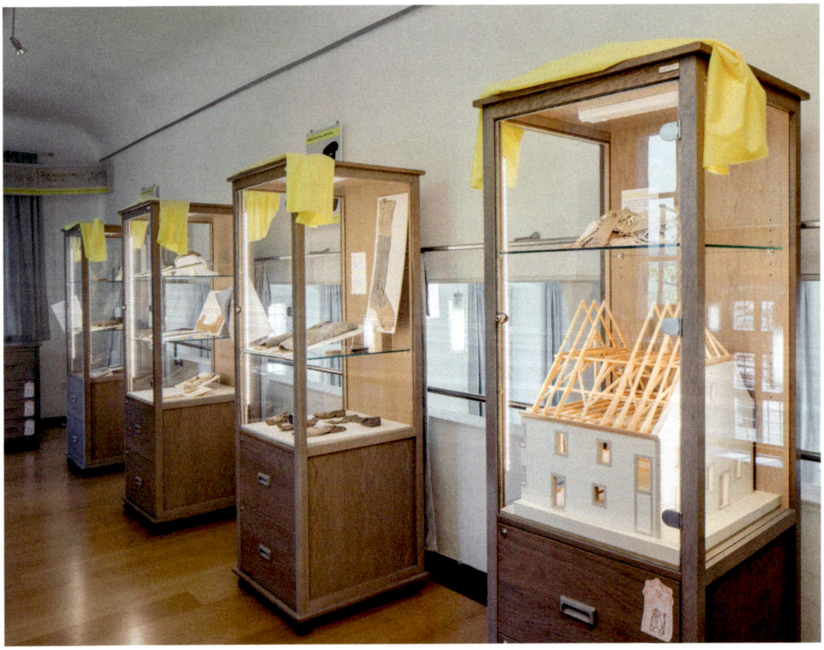

Abb. 38 Haus der Kultur – Ehemalige Synagoge, Reckendorf, Ausstellung auf der ehemaligen Frauenempore

Standerker als Auswölbung für den ehemaligen *Tora-Schrein* und ein verwitterter *Chuppa*-Stein an der Südecke der Westfassade auf die einstige Synagoge.[110]

Auf dem Dachboden wurde bei der Sanierung eine Genisa entdeckt und geborgen. Die Objekte bilden den Grundstock für eine kleine Dauerausstellung auf der ehemaligen Frauenempore mit dem Titel »Kultur und Kultus – die *Genisa* Reckendorf«. Sie gibt Hintergrundinformationen zur Bau- und Nutzungsgeschichte der Synagoge und zur historischen jüdischen Gemeinde Reckendorfs (Abb. 38). Die Ausstellung zeigt aus der *Genisa* geborgene religiöse Texte, profane Schriften, Verträge und Schreibübungen, *Tora-Wimpel*, *Tefillin* und ihre dazugehörigen Tragebeutel, profane Gegenstände wie Mieder, Socken, Schuhe etc. aus über vier Jahrhunderten sowie Architekturfragmente, die bei der Öffnung der ehemaligen *Tora*-Nische gefunden wurden. Die historischen Zeugnisse aus der *Genisa* geben Einblicke in das religiöse und alltägliche Leben der Reckendorfer Juden und Auskunft über jüdische Frömmigkeits- und Religionsgeschichte, über die lokale und regionale Wirtschaftsgeschichte und über die Lesegewohnheiten der jüdischen Landbevölkerung in der einstmals bedeutenden jüdischen Landgemeinde Reckendorfs. Eine Gedenktafel, 2006 am Jahrestag der Deportation der Reckendorfer Juden enthüllt, wurde an der nördlichen Außenwand der Synagoge angebracht.

Die ehemalige Synagoge, ein zentrales Bauwerk im Markt Reckendorf, wurde saniert und einer neuen Nutzung zugeführt. Mehrere Renovierungen und Zeiten von Fremdnutzungen haben Spuren hinterlassen, die mit der Sanierung weitgehend beseitigt wurden. Das Sanierungskonzept beinhaltete den Rückbau aller Veränderungen nach 1939, aber nicht im Sinne einer Wiederherstellung eines früheren Zustandes, sondern zur Schaffung eines neuen neutralen Veranstaltungsraums. Nur wenige Spuren erinnern an den religiösen Ort, wie die Kontur der achteckigen *Bima* in der Raummitte, die wie ein Fremdkörper in dem großen Saal wirkt. Betont wird der Charakter als Gedächtnisort zusätzlich durch die Gedenktafel an der Nordwand mit den wichtigsten Daten zur Geschichte der jüdischen Gemeinde und ihrer Vernichtung. Die Dauerausstellung auf der ehemaligen Frauenempore erfüllt ebenfalls die Funktion des Erinnerns.

3.12. Fellheim, Ehemalige Synagoge Fellheim

Die ehemalige Synagoge wurde 1786 im neuromanischen Stil errichtet. Ein jüdischer Friedhof entstand zur gleichen Zeit in unmittelbarer Nachbarschaft hinter der Synagoge. Während der Nutzung erfuhr das Gotteshaus verschiedene bauliche Veränderungen. Um 1860 sind kostspielige Restaurierungsarbeiten überliefert. Während des Novemberpogroms 1938 wurde die Synagoge geschändet. Dabei wurden Teile des Mobiliars zerstört, zahlreiche Ritualgeräte verbrannt und der *Tora-Schrein* schwer beschädigt. Von den sieben von Harburger erfassten Ritualgegenstanden befinden sich zwei im Jüdischen Kulturmuseum Augsburg-Schwaben und drei in verschiedenen Privatsammlungen.[111] Für die anschließende Fremdnutzung für militärische Zwecke und zur Lagerung von Flugzeugmotoren wurde an der Ostwand, an der Stelle des *Tora-Schreins*, ein zweiflügeliges Tor in die rückwärtige Fassade gebrochen.[112] Bereits 1946 gab die Kultusgemeinde Memmingen die

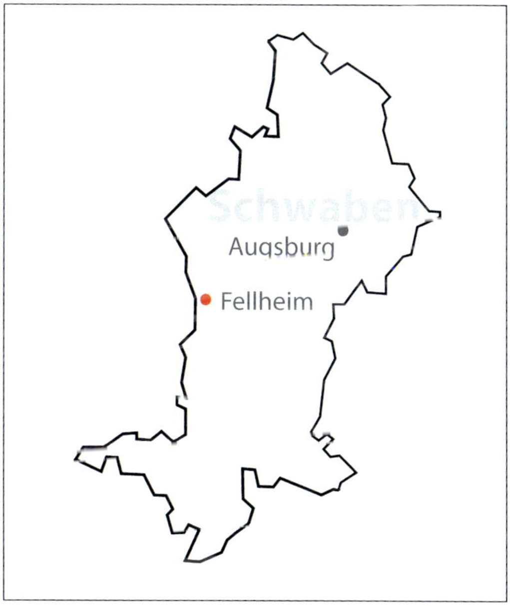

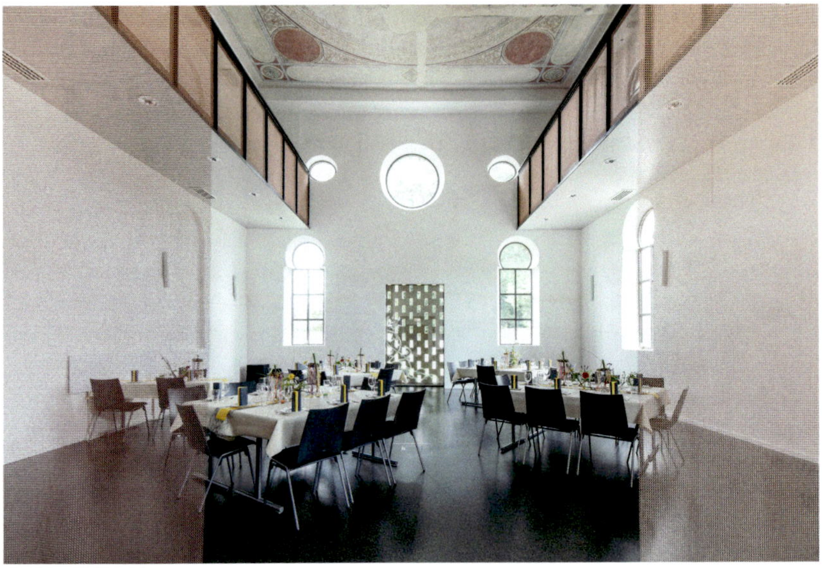

Abb. 39 Ehemalige Synagoge Fellheim, Ostwand nach dem Rückbau

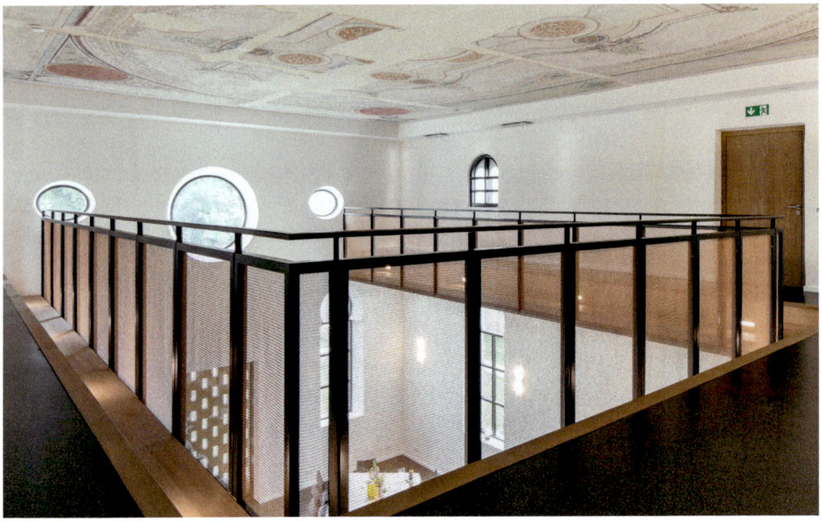

Abb. 40 Ehemalige Synagoge Fellheim, rekonstruierte Empore

Wiederherstellung der Synagoge und der Inneneinrichtung in Auftrag. Auch für die Neugestaltung des Außenbereichs sind Pläne aus dieser Zeit erhalten.[113] Das Vorhaben wurde allerdings nicht ausgeführt. Die weitreichendsten Beschädigungen erfolgten erst nach dem Krieg mit der Umgestaltung in ein Wohnhaus nach dem Verkauf 1951 an private Interessenten. Die Synagoge war während der Nutzung als Wohnhaus als solche nicht mehr erkennbar.

Der Erwerb des Gebäudes durch die Gemeinde Fellheim 2007 schloss auch die Fläche zwischen Synagoge und Friedhof ein. 2010 gründete sich der Förderkreis Synagoge Fellheim e. V. mit dem Ziel, die ehemalige Synagoge zurückzubauen und möglichst viel von der historischen Bausubstanz zu erhalten. Es folgte ein Grundsatzbeschluss des Gemeinderates, die ehemalige Synagoge zu einem Haus der Kunst und Kultur umzubauen. Die ursprünglichen Pläne, ein neues Rathaus einzurichten, wurden fallen gelassen. Das Sanierungskonzept beinhaltete die vollständige Entkernung des Innenraums und das Nachempfinden des ursprünglichen Synagogenraums, obwohl sein Aussehen vor 1938 nicht durch historische Fotos, Bilder oder Aufzeichnungen dokumentiert ist. Nur Befunduntersuchungen und die Pläne für die geplante Wiederherstellung als Gotteshaus aus dem Jahre 1946[114] können Aufschlüsse über die historische Substanz geben.

In der nördlichen Außenfassade des Gebäudes fanden sich historische Putzschichten sowie im Inneren Wandmalereien und farbenprächtige ornamentale Deckenmalereien unter einer dünnen Putzschicht. Teilweise stieß man auf das alte Ziegelfundament. Die freigelegte und restaurierte Deckenbemalung, vermutlich aus dem späten 18. Jahrhunderdert, wirkt leicht fremd in dem sonst neutralisierten weiß gestrichenen Raum. Die ehemals maurischen Fenster wurden abstrahierend nachempfunden (Abb. 39). Eine neutrale dreiseitige Empore wurde eingezogen und mit einer umlaufenden Sitzgelegenheit und einem modernen Trenngitter versehen (Abb. 40). Der gewichtigste Eingriff in das äußere Erscheinungsbild der Synagoge ist der Anbau eines modernen Treppenturms als Zugang zur Empore. Bei Sanierungsarbeiten in der zweiten Hälfte des 19. Jahrhunderts war dieser als Zugang zur Frauenempore, zurückgesetzt von der Straße, bereits einmal abgerissen und wiederaufgebaut worden. Als weiteres Zitat der Ausstattung der einstigen Synagoge wurde ein Erker an der Außenwand markiert, der die Nische für den *Tora-Schrein* in der Ostwand im Inneren wieder sichtbar macht. Mit einer großen Glasscheibe geschlossen, fällt der Blick auf die gleichen Bausteine, die bereits dem Treppenturm eine markante Erscheinung geben (Abb. 41).

Vergleichbar mit dem Haus der Kultur in Reckendorf ist eine kulturelle und private Nutzung für Veranstaltungen, Tagungen, Seminare und Feiern vorgesehen. Das Nutzungskonzept beinhaltet auch einen musealen Aspekt als »Lernort jüdische Landgemeinden«. Material für eine Dokumentation zur Geschichte des jüdischen Fellheim liefern die Reste einer *Genisa*, die bei der jüngsten Instandsetzung auf dem Dachboden entdeckt wurde. Unter anderem fanden sich Bibelfragmente (aus dem 18. und 19. Jahrhundert), Brauchtumsschriften (19. Jahrhundert), Gebetsliteratur (1755–1862), Erzählliteratur (von 1890) sowie Lehrmaterial und Zeitungsausschnitte (19. und 20. Jahrhundert).

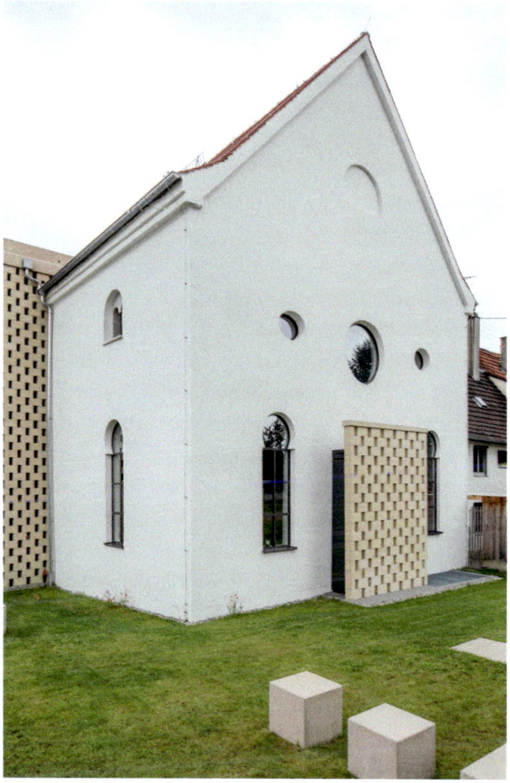

Abb. 41 Ehemalige Synagoge Fellheim, Ostwand von außen

Die Eröffnung der ehemaligen Synagoge Fellheim, des einzigen erhaltenen Synagogenbaus im Allgäu, fand 2015 im Beisein von Charlotte Knobloch, der Präsidentin der Israelitischen Kultusgemeinde München und Oberbayern, statt. In ihrer Festrede anlässlich der Einweihung betonte sie, dass dem Gebäude seine Würde zurückgegeben wurde, und lobte den Rückbau der ehemaligen Synagoge als ein »Projekt friedlichen Miteinanders, um in Freiheit und gegenseitigem Respekt auf Augenhöhe leben zu können«.[115] Die ehemalige Synagoge Fellheim ist heute das kulturelle Zentrum des Orts. Mit dem Rückbau erhielt sie eine neue und markante Erscheinung, die an die historische Synagoge erinnert, aber letztlich etwas Eigenständiges und Neues geworden ist.

Schlussbemerkungen

Die angeführten Beispiele zeigen verschiedene Formen des Umgangs mit ehemaligen jüdischen Sakralbauten in Bayern nach 1945. Mit Ausnahme der Synagogen in Floß, Augsburg, Ermreuth und Veitshöchheim können und sollen sie nicht mehr für den Gottesdienst genutzt werden. Der Bedarf an Synagogen nach 1945 war begrenzt, da nur wenige jüdische Gemeinden in Bayern neu gegründet werden konnten. Vor allem in Unter- und Mittelfranken mit dem zahlenmäßig höchsten Anteil stellte sich die Frage nach dem Umgang mit den erhaltenen Synagogen, die nach 1938 durch Umbauten und Fremdnutzungen zum Teil bis zur Unkenntlichkeit neutralisiert wurden. Die Denkmalwürdigkeit wird bei den meisten Synagogen nicht mehr angezweifelt, so dass heute fast alle unter Denkmalschutz gestellt sind. Der Umgang mit jüdischen Denkmälern unterscheidet sich nicht mehr von anderen, es gelten grundsätzlich dieselben Kriterien.

Dem NS-Terror der Novemberpogromnacht 1938 fielen in Deutschland mehr als tausend Synagogen zum Opfer. In Folge des Zweiten Weltkriegs wurden weitere Synagogen verwüstet. Doch bemerkenswert ist, dass eine große Anzahl von Synagogen erst in der Nachkriegszeit aufgrund fehlender Wertschätzung als Denkmal zerstört wurde.[116] »Synagogen in Deutschland [...] sind einerseits Baudenkmäler wie andere auch. Andererseits stellen sie, seitdem sie ihre angestammte Nutzung 1938 verloren hatten, aufgrund ihrer jeweiligen Umnutzung und den Veränderungen, die sich daraus ergeben hatten, besondere Anforderungen an unsere Gesellschaft und an die Denkmalpflege«.[117] Jüdische Baudenkmäler verweisen häufig auf eine besondere Bau-, Veränderungs- und Besitzergeschichte. Für die Denkmalpflege stellt der Umgang mit ihnen deswegen eine spezielle Aufgabe dar. Gängige Methoden und Zielsetzungen, so die Bewertung nach der geschichtlichen, künstlerischen, städtebaulichen oder volkskundlichen Bedeutung eines Objekts, müssen hinterfragt werden.[118]

Auch in der traditionellen Kunstgeschichte fanden Synagogen und andere gebaute Zeugnisse jüdischer Geschichte lange Zeit keine Aufmerksamkeit. Wie die Denkmalpflege konzentrierte sie sich in ihrer flächendeckenden Erforschung von kunsthistorisch bedeutenden Bauten meist auf repräsentative Kirchen, Burgen, Paläste und Bürgerhäuser. In den frühen Bänden der ab 1895 publizierten Reihe »Die Kunstdenkmäler von Bayern« sind die von Elieser Sussmann ausgemalten, als kunsthistorisch wertvoll eingestuften Synagogen von Horb am Main 1735 und in Bechhofen 1733 gewürdigt und weitere Landsynagogen erwähnt[119], nicht aber der bedeutende 1807 eingeweihte Synagogenbau in Floß. Im ersten Band der ab 1958 erschienen sogenannten Kurzinventare in der Reihe »Bayerische Kunstdenkmäler« sind zu den Denkmälern in Augsburg weder die Synagoge des namhaften Architekten Fritz Landauer an der Halderstraße, die zu den bedeutendsten erhaltenen Jugendstilsynagogen in Deutschland gehört, noch die ehemalige jüdische Siedlung in Augsburg-Kriegshaber aufgeführt.[120]

Was soll langfristig mit den ehemaligen Synagogen geschehen? Für wen sollten die Gotteshäuser wiederhergestellt werden? Eine Sanierung mit rekonstruierter Ausstattung ohne eine existierende jüdische Gemeinde erschien mehr und mehr sinnlos. Doch nicht aus jeder ehemaligen Synagoge lässt sich ein Begegnungszentrum, ein Museum oder ein Erinnerungsort machen, auch wenn die Wiederherstellung und der Erhalt von Synagogen einen großen Anteil an der vielfältigen Erinnerungskultur in Deutschland haben.

Die architektonischen Hüllen ehemaliger Synagogen dienen heute als Denkmal, Mahnmal, Gedächtnisort und Geschichtszeugnis. Ihrer religiösen Funktion beraubt, halten sie heute hauptsächlich die Erinnerung an die Menschen jüdischen Glaubens, an die jüdischen Gemeinden und an die gemeinsame deutsch-jüdische Geschichte wach. Sie dokumentieren das Schicksal der Juden als gesellschaftliche Minderheit und häufig die Zerstörungen und Verwüstungen des nationalsozialistischen Mobs in der Nacht des Novemberpogroms von 1938. Sie bezeugen aber auch die Zerstörungen nach 1945 und den Umgang mit dem jüdischen Kulturerbe bis heute.

Ehemalige Synagogen waren und sind häufig von städtebaulicher oder ortsgeschichtlicher Bedeutung. Ihre Existenz sollte im städtebaulichen Kontext oder ortsgeschichtlichen Rahmen in irgendeiner Form erkennbar bleiben. Bei abgerissenen Synagogen oder bis zur Unkenntlichkeit umgebauten Synagogen können auch Gedenksteine oder -tafeln als Verweis auf ihre frühere Existenz diese Funktion als verbaler Gedenkort übernehmen.[121] Auch mit der Markierung der Umrisse der 1938 durch Feuer zerstörten und später abgerissenen Synagoge an ihrem ehemaligen Standort in Aschaffenburg wird dieser Zweck erreicht. In Regensburg wurden bei Grabungen 1995 die Fundamente der mittelalterlichen Synagoge aus dem 13. Jahrhundert entdeckt. Der Sakralbau konnte in seinen Fundamenten dokumentiert werden. Auch die Überreste eines romanischen Vorgängers kamen bei dieser Gelegenheit ans Tageslicht. Über den Resten der ehemaligen mittelalterlichen Synagoge auf dem Neupfarrplatz, deren Aussehen Kunsthistorikern bestens durch die überlieferten Kupferstiche von Albrecht Altdorfer bekannt ist, beschloss die Stadtverwaltung im Jahr 2005 ein Bodenrelief fertigen zu lassen, das den Grundriss der ehemaligen Synagoge abbildet. Beauftragt wurde damit der israelische Künstler Dani Karavan. Die offene Begegnungsstätte wird von Einwohnern und Touristen gerne angenommen. Das Kunstwerk wurde aber auch zum Ort wiederholter vorsätzlicher Beschädigung. Durch die künstlerische Gestaltung im öffentlichen Raum ist der Standort der Synagoge erfahrbar. Über das mittelalterliche jüdische Leben und Wohnen im Umkreis der Synagoge und im Regensburger Judenviertel, das einst aus ungefähr 39 Häusern bestand, informiert das unterirdische document Neupfarrplatz, eine Zweigstelle des Historischen Museums der Stadt. Das Aussehen der ehemaligen Synagoge vermittelt eine virtuelle Rekonstruktion.

Für den Erhalt der baulichen Überlieferungen von Synagogen gibt es also ausreichend Gründe sowohl aus städtebaulicher Sicht als auch im Hinblick auf die Teilhabe an der international anerkannten deutschen Gedenkkultur. Aber wozu sind Rekonstruktionen geschändeter und zerstörter Innenräume und Innenausstattungen notwendig, wenn keine jüdischen Gemeinden mehr existieren und der Zweck für die Wiederherstellung ein allgemein kultureller ist? Für jegliche Umnutzung und Nachnutzung ist die Rekonstruktion der ursprünglichen Ausstattung nicht erforderlich. Historische Innenräume können wirkungsvoll mit medialen Techniken nach Plänen und Fotografien virtuell erfahrbar werden, wie das Projekt »Synagogen in Deutschland« zeigt. Studenten der Fachrichtung Architektur an der Technischen Universität Darmstadt haben es als Beitrag gegen das Vergessen in den 1990er-Jahren gestartet. Mit Hilfe einer dreidimensionalen Computersimulation machten sie zahlreiche in der Pogromnacht 1938 zerstörte Synagogen wieder in ihrer durch historische Zeugnisse überlieferten Innenausstattung sichtbar.[122]

Die Wiederherstellung der baulichen Hülle in ihrer ehemaligen Pracht ohne sichtbare Brüche durch historische Ereignisse war lange Zeit das Ziel der Instandsetzungen. Was sagt der wiederhergestellte Raumeindruck in einem seiner ursprünglichen Funktion beraubten Bauwerk aus? Mit Ausnahme der großen Synagoge in Augsburg und den Landsynagogen in Floß und Veitshöchheim wurden die während der NS-Zeit oder durch spätere Umbauten und Einbauten zerstörten Innenausstattungen nicht rekonstruiert. Teilrekonstruktionen unter Hinzufügung neuer Ausstattungselemente finden sich in Ermreuth, Altenkunstadt und Sulzbach-Rosenberg. Bei den meisten Umnutzungen als Gedächtnisorte oder als Begegnungsstätten blieben Zerstörungen im Bereich der ehemaligen Ausstattung mehr oder weniger sichtbar. *Tora-Schreine* und *-Nischen* wurden als sichtbares Mahnmal im Kontrast zur Behandlung des übrigen Raums belassen, wie die Beispiele in den ehemaligen Synagogen in Kronach, Lichtenfels, Urspringen und Hainsfarth zeigen.

Sind die Synagogenrückbauten in Fellheim und Sulzbach-Rosenberg – beide waren jahrelang als Wohnhäuser genutzt – wirklich ein geeignetes Mittel, um an die deutsch-jüdische Geschichte zu erinnern und des Schicksals jüdischer Bürger zu gedenken? Mit den wiederhergestellten geschönten Bauwerken sind zwar die Synagogen wieder in die Städte und Dörfer zurückgekehrt, aber in einer neuen, weitgehend sinnentleerten Form, die eher den Bedürfnissen der nichtjüdischen Bevölkerung bei der Bewältigung ihrer eigenen Vergangenheit dient und eine positive Identifikation mit der Heimatgeschichte ermöglicht.

Jüdische Museen in Bayern sind mit Ausnahme des Jüdischen Museums München und des Jüdischen Museums Franken in Fürth und in Schwabach an Synagogen angebunden. Mit den Ausstellungen kommen die Orte, an denen Juden gelebt haben, und wie sie gelebt haben, wieder ins Gedächtnis zurück. Die in den *Genisot* aufgefundenen Zeugnisse haben die Kenntnis des Alltags und des religiösen Lebens von Juden auf dem Land wesentlich bereichert. Häufig blieb nichts weiter als diese Ablagen erhalten. Viele Synagogen haben die Zeit in einem instandsetzungsfähigen Zustand nur durch ihre mannigfaltigen Fremdnutzungen überdauert. In ihrer neuen Funktion als Mahnmal, Gedächtnisort, Museum und Denkmal konnten einige Synagogen ihre Qualität als authentische Orte durch den Verzicht auf beschönigende Sanierungen und sinnentleerte Rückbauten bewahren. Eine Heilung von Geschehenem durch die Wiederherstellung eines früheren Bauzustands ist nicht möglich. Mit der Sichtbarmachung von einschneidenden Substanzverlusten kann es gelingen, einem Bauwerk seine Würde und Identität wiederzugeben. Grundsätzlich hat sich bei Instandsetzungen und Neunutzungen ehemaliger Synagogen inzwischen die Auffassung durchgesetzt, die Gebäude im überlieferten Zustand zu erhalten. Dazu gehört auch, die Spuren von Fremdnutzungen zu belassen und nur das, was für die Erfahrung der Raumproportion notwendig ist, in zeitgemäßer Formensprache wiederherzustellen, anstatt Raumschale und Ausstattung zu rekonstruieren oder historisierend nachzuempfinden. Mit jeder Instandsetzung entsteht etwas Neues in der Verbindung aus überlieferten historischen Resten, Spuren der Geschichte und geänderter Nutzung. Eine Bewusstmachung des Vergangenen ist nur möglich, wenn die früheren Synagogen Zeugnisse der örtlichen jüdischen Geschichte und zugleich Zeugnisse für das Leben von Nichtjuden mit Juden sein können.

Entgegen dem Trend der Musealisierung und Nutzung als Begegnungsstätte werden ehemalige Synagogen auch wieder zu Wohnhäusern umgebaut. Die ehemaligen Synagogen im baden-württembergischen Sinsheim-Rohrbach[123] und im unterfränkischen Wiesenbronn wurden von privaten Eigentümern einer neuen privaten Wohnnutzung zugeführt. Die 1792/93 in Wiesenbronn entstandene Synagoge, eingetragen in die Denkmalliste, haben die neuen Besitzer von allen nach 1938 hinzugekommenen Einbauten befreit und in ihrer Erscheinung mit Empore und rituellem Tauchbad weitgehend wiederhergestellt. Ein traditioneller blauer Himmel mit goldenen Sternen schmückt jetzt den neuen Wohnraum. Im Beisein eines Rabbiners und gesegnet durch einen protestantischen Dekan wurde das neue Wohnhaus 2013 bezogen. Auch in dieser Form bleibt die ehemalige Synagoge als Mahnmal und Gedächtnisort erhalten.

Anmerkungen

1 Offe 2000, 71–72.
2 Korn 2004, 27.
3 Schönhagen 2014, 7.
4 Deneke 1988.
5 Harburger 1998. Eine kommentierte Ausgabe der Aufzeichnungen und Reproduktionen Harburgers hat das Jüdische Museum Franken in Zusammenarbeit mit den Central Archives in Jerusalem, gefördert von der Landesstelle für die nichtstaatlichen Museen in Bayern, 1998 herausgegeben und damit der Forschung eine Quelle von unschätzbarem Wert zugänglich gemacht.
6 Allgemein zur Judengemeinde Floß: Höpfinger 1993.
7 Staatsarchiv Amberg, StAAm Nr. 1398.
8 Bauch 1994, 46.
9 Kraus 2007, 247.
10 Kraus 2007, 246.
11 Bauch 1994, 46.
12 Schönhagen 2010, 11.
13 Böttger 1994, 82.
14 Böttger 1994, 83–85.
15 Schönhagen 2009, 37–41.
16 Schönhagen 2009, 38
17 Wamser 1994, 59.
18 Edelmann 1999, 8.
19 Wamser 1994, 62.
20 Vgl. Edelmann / Singer-Brehm / Weinhold: »Genisot – Funde aus Synagogen« in diesem Band.
21 Ermreuth 1994, 37.
22 Ermreuth 1994, 32.
23 Ermreuth 1994, 74.
24 Ermreuth 1994, 49–56.
25 Ermreuth 1994, 45.
26 Ermreuth 1994, 42.
27 Ermreuth 1994, 42.
28 Kraus 2010, 587.
29 Kraus 2010, 589.
30 Kraus 2010, 590.
31 Kraus 2010, 576.
32 Eisenstein 2016, 62–71.
33 Purin 1996, 4–5.
34 Purin 1996, 5.
35 Purin 1999, 76
36 Purin 1996, 9
37 Shalom Europa 2006, 13–14.
38 Kraus 2015, 542–544.
39 Kraus 2007, 497–498.
40 Hazan / Schönhagen 2016, 7.
41 Kraus 2007, 501.
42 Hazan 2016, 121.
43 Kraus 2007, 401.
44 Kuhn 2009, 8; Harburger-Notizen, Ichenhausen, Bl. 8,11 u. 15–18. Harburger listet in seinen Notizen 18 silberne Ritualgegenstände auf, drei befinden sich im Jüdischen Kulturmuseum Augsburg-Schwaben, einer in einer New Yorker Privatsammlung, der Rest ist verschollen.
45 Ichenhausen 1992, 53.
46 Kuhn 2009, 7.
47 Kuhn 2009, 5.
48 Stankowski 1994, 87–90.
49 Kuhn 2009, 12.
50 Ichenhausen 1992, 6.
51 Kraus 2007, 482.
52 Kuhn 2009, 15–16.
53 Ichenhausen 1992, 39.
54 Heimann-Jelinek 2016b, 26.
55 Harburger-Notizen, Binswangen, Bl. 1–4. Von acht silbernen Ritualgeräten sind drei erhalten und fünf verschollen.
56 Kraus 2007, 419.
57 Binswangen 1996, 3.
58 Vgl. Vollmar 1994, 121–123.
59 Harburger-Notizen, Buttenwiesen, Bl. 1–4. Nach Harburger sind fünf erhalten und zehn verschollen.
60 Buttenwiesen 2009, 11.
61 Kraus 2007, 427–428.
62 Vollmar 1994, 96; Harburger-Notizen, Hainsfarth, Bl. 3–4. Ein *Tass* und ein Paar *Rimmonim* sind erhalten geblieben. Der *Tass* befindet sich im Jewish Museum New York, die Rimmonim sind verschollen.
63 Immenkötter 2002, 192.
64 Schwierz 1992, 258.
65 Immenkötter 2002, 196.
66 Vollmar 1994, 97.
67 Hainsfarth 2016, 89.
68 Hainsfarth 2016, 78.
69 Hainsfarth 2016, 82.
70 Kraus 2007, 458.
71 Hainsfarth 2016, 58–59.
72 Bald 1993, 9.
73 Kraus 2007, 338.
74 Kraus 2007, 337.
75 Bald 1993, 49.
76 Bald 1993, 40.
77 Bald 1993, 33.
78 Kraus 2007, 337.
79 Bald 1993, 11.
80 Kraus 2007, 179–182.
81 Zeckai 1992, 51.
82 Kraus 2007, 183.
83 Kraus 2007, 50.
84 Kraus 2007, 53.
85 Satzung des Träger- und Fördervereins Synagoge Memmelsdorf (Ufr.) e.V., s. www.synagoge-memmels dorf.de.
86 Tagsold 2007, 7.
87 Roggenbuck-Azad 2002, 239. Die Problematik wird am Beispiel der Wiederherstellung der ehemaligen Schlosskapelle Schmiedelfeld in Baden-Württemberg diskutiert.

88 Tagsold 2007, 6.
89 Tagsold 2007, 20.
90 Tagsold 2007, 10.
91 Tagsold 2007, 23.
92 Die Sanierung der ehemaligen Synagoge in Rottenburg-Baisingen verfolgte ein ähnliches Konzept, vgl. Krins 1995.
93 Nickel 2016, 42–51.
94 Haas 2013, 9.
95 Haas 2013, 30–33.
96 Singer 2013 a, 19–21.
97 Kraus 2015, 142.
98 Kraus 2015, 148.
99 Kraus 2015, 146, Anm. 134. Heute befindet sich ein Teil davon im Jüdischen Museum Franken in Fürth.
100 Kraus 2007, 296.
101 Kraus 2007, 297.
102 Harburger, Notizen, Sulzbach, Bl. 3–5. Ein Paar Rimmonim und ein Tass sind im Jewish Museum New York, ein Chewra-Pokal in einer Synagoge in Seattle und ein weiterer in der Magnes Collection of Jewish Art and Life in Berkeley (Abb. 47 bei Purin in diesem Band), ein Vorhang im Israel Museum Jerusalem.
103 Sahler 2013, 122–123.
104 Sahler 2013, 123.
105 Hofmann 2013, 127.
106 Hofmann 2013, 132.
107 Hofmann 2013, 127.
108 Bongartz 2003, 123.
109 Haas 2007, 419.
110 Haas 2007, 423.
111 Harburger, Notizen, Fellheim, Bl. 5–7.
112 Kraus 2007, 436.
113 Kraus 2007, 437.
114 Kraus 2007, 434.
115 Vgl. Memminger Zeitung vom 26.10.2015.
116 Grellert 2004, 29.
117 Bongartz 2003, 121.
118 Vollmar 1988, 556.
119 Beschrieben sind u. a. die Synagogen in Cronheim, Heidenheim, Maßbach, Memmelsdorf, Miltenberg und Pappenheim.
120 Vollmer 1988, 552.
121 Zur Gedenkkultur im Regierungsbezirk Unterfranken: Denz 2015, 60.
122 Homepage der TU Darmstadt: www.cad.architektur.tu-darmstadt.de/synagogen [zuletzt aufgerufen 31.7.2017] und Zeitler 2013, 117–120, am Beispiel der Synagoge von Sulzbach-Rosenberg.
123 Baer-Schneider 2009, 102–104.

Judaica in Süddeutschland. Eine Typologie

Bernhard Purin

Als Judaica werden Objekte bezeichnet, die eigens für die Verwendung im jüdischen Ritual geschaffen, für den rituellen Gebrauch adaptiert oder für ihn bestimmt wurden. Sie können sowohl beim Gottesdienst in der Synagoge wie auch bei den häuslichen Ritualen in Verwendung sein.[1] Älteste Hinweise auf die Herstellung von jüdischem Kultgerät finden sich bereits in der Bibel (2. Mose 35,30–35), wo die Herstellung der Tempelgeräte durch Bezalel beschrieben ist. Auch der *Talmud* und die rabbinische Responsenliteratur vom Mittelalter bis in die Gegenwart gehen immer wieder auf die Fertigung von Judaica ein.[2]

Jüdisches Ritualgerät wurde im neuzeitlichen Deutschland überwiegend von christlichen Handwerkern hergestellt, da Juden bis in das 19. Jahrhundert die Ausübung zunftgebundener Berufe verboten war. Eine Ausnahme bilden Textilien für den rituellen Gebrauch, die meist von Juden selbst bestickt wurden.

Die sich heute in süddeutschen Sammlungen befindlichen oder noch teilweise in Synagogen verwendeten Ritualgeräte gehen bis in eine Entstehungszeit im späten 17. Jahrhundert zurück. Eine ältere Überlieferung ist mit Ausnahme von hebräischen Handschriften, baulichen Zeugnissen und Grabsteinen, die hier nicht Gegenstand der Erörterung sind, so gut wie nicht vorhanden. Ursache dafür sind nicht nur die Pogrome und Vertreibungen des ausgehenden Mittelalters, sondern möglicherweise auch die Praxis, in Notzeiten Gegenstände aus wertvollen Metallen einzuschmelzen, obwohl dies für jüdisches Kultgerät eigentlich nicht erlaubt ist. Auch sind verschiedene Ritualgeräte erst in der Neuzeit eingeführt worden. Die Beauftragung christlicher Handwerker mit der Herstellung von Judaica setzte ein hohes Maß an Kommunikation und Interaktion zwischen christlichem Auftragnehmer und jüdischem Auftraggeber voraus, die zu regem kulturellen Austausch und bei vielen Judaica zur Aufnahme von Formen und Dekorationen der Mehrheitsgesellschaft der jeweiligen Epoche führten.[3]

Seit dem ausgehenden 17. Jahrhundert entwickelten sich Augsburg und Nürnberg zu führenden Produktionsorten für Judaica. Die Gold- und Silberschmiede beider Städte sowie die Gelb und Rotgießer Nürnbergs deckten bis weit ins 19. Jahrhundert nicht nur überwiegend den Bedarf der zahlreichen jüdischen Gemeinden in Süddeutschland an jüdischem Kultgerät ab. Durch die zentrale Bedeutung der beiden Reichsstädte im europäischen Handel der Neuzeit verbreiteten sich dort hergestellte Judaica wie silberner *Tora-Schmuck*, silbernes Gerät für den häuslichen rituellen Gebrauch sowie *Schabbat-Leuchter* und Synagogen-Leuchter aus Messing auch in ganz Europa. Im ausgehenden 19. Jahrhundert endete die Judaica-Produktion in Augsburg und Nürnberg weitgehend. Die in der Gründerzeit entstandenen großen Silberwarenfabriken in Berlin, Hanau, Schwäbisch Gmünd und einigen anderen Städten wurden nun zu den Hauptlieferanten von Judaica für Synagoge und Haus.

Im Folgenden wird ein Überblick über die seit dem 17. Jahrhundert in Süddeutschland hergestellten oder in Verwendung befindlichen Judaica gegeben. Breite Grundlage des Wissens, welche Judaica in Süddeutschland in Gebrauch waren, ist die 1926–1932 von Theodor Harburger durchgeführte »Inventarisation jüdischer Kunst- und Kulturdenkmäler in Bayern«[4], aber auch die trotz der Zerstörungen während der NS-Zeit gute Überlieferung in privaten und öffentlichen Sammlungen. Bei der Auswahl der Beispiele konnte überwiegend auf Judaica aus bayerischen Sammlungen zurückgegriffen werden. Neben einer Typologie von Judaica, die in Süddeutschland in Gebrauch waren (und in einigen Synagogen wie in Bamberg, Fürth oder Nürnberg noch heute in Gebrauch sind), wird auch auf das bei Judaica evidente Problem von Fälschungen, auf die Terminologie und die wesentliche, zur Beschreibung von süddeutschen Judaica notwendige Literatur eingegangen.

1. Die Tora-Rolle und ihr Schmuck

Der heiligste Gegenstand im Judentum ist die *Tora-Rolle*, eine Pergamentrolle, die handgeschrieben die Fünf Bücher Mose enthält. An die mit ihr in Berührung kommenden Gegenstände wie *Tora*-Schmuck (hebr. *Kle' Kodesch*, dt. Heilige Geräte) und *Tora*-Textilien (hebr. *Begudi' Kodesch*, dt. Heilige Gewänder) gibt sie ihre Heiligkeit in unterschiedlichen Abstufungen weiter, weshalb dem Umgang mit diesen Geräten eine besondere Sorgfalt vorausgeht. Die Erfüllung des »Gebots der Verschönerung« (hebr. Haddur Mizwa) führt dazu, dass der Beschaffung und Pflege von Ritualgegenständen zum Schmuck der *Tora* besondere Aufmerksamkeit geschenkt wird. Mit der Herstellung oder der Beschaffung synagogaler Ritualgegenstände wird, so die Vorstellung, eine heilige Pflicht erfüllt.

In Süddeutschland waren es in erster Linie die Goldschmiedewerkstätten von Augsburg, Fürth und Nürnberg, die vom 17. Jahrhundert bis in die zweite Hälfte des 19. Jahrhunderts in großem Umfang Judaica herstellten. In seinen handschriftlichen Notizen zur »Inventarisation jüdischer Kunst- und Kulturdenkmäler in Bayern« dokumentierte Theodor Harburger detailliert insgesamt 479 silberne Ritualgegenstände zum Schmuck der *Tora*. 144 von ihnen wurden in Nürnberg, 134 in Augsburg, 21 in Fürth und 57 in anderen Städten des heutigen Bayern hergestellt. 35 synagogale Ritualgegenstände stammten aus Herstellungsorten außerhalb des heutigen Bayern und bei 88 Objekten konnte Harburger den Herstellungsort nicht feststellen.[5] Knapp zwei Drittel der um 1930 in den bayerischen Synagogen in Verwendung gewesenen Ritualgeräte zum Schmuck der *Tora* entstanden damit in den Goldschmiedewerkstätten Augsburgs, Nürnbergs und Fürths. *Tora-Schmuck* aus diesen Städten fand nicht nur regionale Verbreitung, sondern befand sich auch in Synagogen von Amsterdam[6], Danzig[7], London[8] und Prag[9] und gelangte bereits in der ersten Hälfte des 19. Jahrhunderts mit jüdischen Auswanderern in Synagogen Nordamerikas.

Tora-Rollen wie auch ihr Schmuck waren häufig nicht in Synagogenbesitz, sondern wurden von Vereinen wie den Beerdigungsbruderschaften oder von einzelnen Gemeindemitgliedern der Synagoge leihweise zur Verfügung gestellt. So bestimmte etwa die Münchner Synagogen-Ordnung von 1826, dass nur jene Anrecht auf Verwendung ihrer eigenen *Kle' Kodesch* haben, die der Synagoge auch eine *Tora-Rolle* überlassen haben.[10] Ein Hinweis, dass sich auch Synagogal-Textilien wie *Tora-Vorhänge* und *Tora-Mäntel* sich häufig in Privatbesitz befanden, zeigt eine andere Bestimmung dieser Ordnung, die festlegt, dass die *Begudi' Kodesch* der Synagoge als Eigentum überlassen werden müssen.[11]

Beide Anordnungen deuten auf den Versuch einer Abkehr von der bis dahin üblichen Praxis hin, Ritualgegenstände aus Privatbesitz im Gottesdienst zu verwenden. Auch in zahlreichen anderen Quellen – drei sollen hier als Beispiele erwähnt sein – lassen sich Hinweise auf den privaten Besitz von *Tora-Schmuck* finden. Als 1826 im Haus des Jakob Ickelheimer aus dem mittelfränkischen Ickelheim eingebrochen wurde, nannte der gerichtliche Fahndungsaufruf auch »einen weissseidenen mit Silberfäden durchzogenen und Leinen gefütterten Vorhang nebst Kranz in die Synagoge gehörig«.[12] Bei der Konkursversteigerung des verschuldeten Oettinger Juden Löb Schwab 1830 ist bei der Auflistung des Versteigerungsgutes auch von »einer auf Pergament geschriebenen Zehngebotrolle«, also einer *Tora-Rolle*, die Rede.[13] Bei der 1858 durchgeführten Versteigerung des Nachlasses der Münchner Hofbankierswitwe Josephine Kaulla waren unter dem Versteigerungsgut »3 silberne, feuervergoldete ynagog-Gegenstände« – wahrscheinlich ein komplettes aus *Tora-Aufsätzen*, *Tora-Schild* und *Tora-Zeiger* bestehendes Set.[14]

1.1. Tora-Rolle (Sefer Tora)

Die *Tora*-Rolle (hebr. *Sefer Tora*, Plur. Sifrei Tora) enthält den Text der Fünf Bücher Mose für die Lesung im Gottesdienst. Er wird von einem Schreiber (hebr. *Sofer*) in hebräischer Quadratschrift auf eine Pergamentrolle geschrieben. Dafür gilt eine große Zahl genauer Vorschriften und Regeln. Im Gegensatz zu anderen hebräischen Handschriften ist der Text der *Tora-Rolle* ohne jede Verzierung oder Illustration. Für die Verwendung im Gottesdienst muss die Schrift völlig unversehrt sein. Beschädigte *Tora-Rollen* können von einem *Sofer* repariert werden. Ist das nicht mehr möglich, werden sie traditionell auf dem jüdischen Friedhof bestattet. Eine *Tora-Rolle* kann über 30 Meter lang sein. Um den Text beim Lesen weiterrollen zu können, ist die Pergamentrolle an zwei Stäben (hebr. *Ez Chajim*, dt. Baum des Lebens) befestigt. Diese Stäbe – meist aus gedrechseltem Holz – haben am unteren Ende eine Handhabe und stehen am oberen Ende über die Rolle hinaus vor, um Krone oder Aufsätze aufstecken zu können. Zwei runde Holzteller an jedem Stab geben der Pergamentrolle Halt. Die Stäbe der *Tora-Rolle* können mit Einlegearbeiten verziert sein und Widmungsinschriften tragen (Abb. 1). Geschrieben wurden *Tora-Rollen* meist von regional tätigen *Tora*-Schreibern, die sich in den Quellen zur jüdischen Geschichte v.a. Frankens häufig finden lassen. Der Bedarf an *Tora-Rollen* war beträchtlich. Der Marktbreiter Lehrer Simon Brückheimer führte in den 1930er-Jahren im Auftrag des Landesverbandes der Israelitischen Kultusgemeinden in Bayern eine Erhebung über jüdische Gemeindearchive durch und erfasste dabei auch die Anzahl der *Tora-Rollen* in einzelnen Synagogen.[15] In 54 Synagogen Mittel- und Unterfrankens zählte er dabei 391 *Tora-Rollen* und damit durchschnittlich etwas mehr als sieben je Synagoge.

1.2. Tora-Wimpel (Mappa)

Tora-Wimpel (hebr. *Mappa*, Plur. *Mappot*) halten, meist zusammen mit einem stärkeren *Tora*-Gurt, die beiden Teile einer *Tora-Rolle* beim Transport oder der Aufbewahrung im *Tora-Schrein* zusammen. Im Jüdischen Museum Franken in Schnaittach hat sich ein grüner Stoffgurt mit einer schriftlichen Erklärung der Schenkerin erhalten: »Um die grünen Wickelbänder wurden die Seidenen oben herum geheftet« (Abb. 2). Mit den »Seidenen« sind die – jedoch meist aus Leinen gefertigten – *Tora-Wimpel* gemeint.

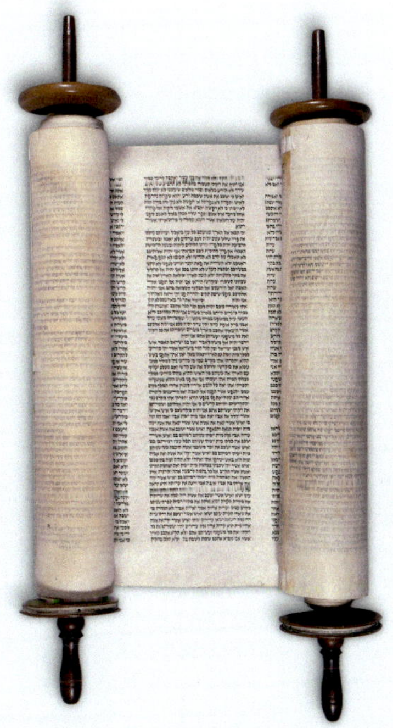

Abb. 1 Tora-Rolle mit den Namen von 17 Stiftern der Gemilut Chasadim (Wohltätigen Gesellschaft) der Israelitischen Kultusgemeinde Forth (Mfr.), Pergament, Holz, Süddeutschland um 1900. Jüdisches Museum Franken in Fürth, Inv. Nr. 1-91

Die nach der Beschneidung eines Knaben angelegte Windel wurde später gereinigt, in Streifen geschnitten und zu einem Band zusammengenäht, auf das der Segensspruch »[N.N.] geboren unter einem guten Stern am [Datum nach dem hebräischen Kalender] – er möge heranwachsen zur *Tora*, zur *Chuppa* und zu guten Taten. Amen sela« aufgemalt oder aufgestickt ist. Häufig ist dieser Text reich illustriert, etwa mit dem Sternzeichen des Knaben, Darstellungen von *Tora*,

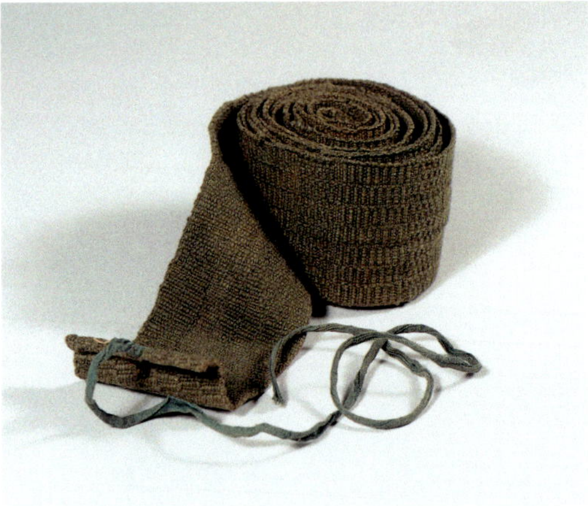

Abb. 2 Tora-Gurt aus der Synagoge Schnaittach (Mfr.), Wolle, Köperbänder, um 1900. Jüdisches Museum Franken in Schnaittach, Inv. Nr. 1453/68

Chuppa (Hochzeitshimmel) und guten Taten in Form von Münzen oder Spendenbüchsen. Durch die Angabe des Geburtsdatums lassen sich *Tora-Wimpel* exakt datieren. Stilistisch unterliegen sie in Ausgestaltung jeweils dem Geschmack ihrer Zeit (Abb. 3).[16] Wenn der heranwachsende Knabe zum ersten Mal die Synagoge besuchte, übergab er seinen Wimpel, der dann für einige Zeit zum Zusammenbinden einer *Tora-Rolle* verwendet wurde. Da sich so eine große Zahl von *Tora-Wimpeln* ansammelte, wurden ältere Wimpel in der *Genisa*, einem Versteck für nicht mehr gebrauchsfähige Schriften und Ritualgegenstände, abgelegt. Bei der Restaurierung von ehemaligen Synagogen in den vergangenen Jahrzehnten wurden daher in *Genisot* auch zahlreich *Tora-Wimpel* gefunden. In einigen von deutschen Emigranten geprägten Synagogengemeinden in den USA hat sich der Brauch, *Tora-Wimpel* anzufertigen, bis heute gehalten.

1.3. Tora-Mantel (Me'il)

Der *Tora-Mantel* (hebr. *Me'il*, Plur. *Me'ilim*) wird zum Schutz über die *Tora-Rolle* gestülpt, bevor sie im *Tora-Schrein* verwahrt wird. An der Oberseite befinden sich zwei Öffnungen, um die oberen Teile der Rollenstäbe durchschieben und so *Tora-Krone* oder *Tora-Aufsätze* an den Stäben befestigen zu können. *Tora-Mäntel* können sehr schlicht, nur mit einer Krone und der hebräischen Abbreviatur כ״ת (hebr. *Keter Tora*, dt. Krone der *Tora*) bestickt sein, aber auch ausführliche Widmungsinschriften tragen, die auf den Stifter des Mantels oder der mit ihm bekleideten *Tora-Rolle* verweisen. An Neujahr (*Rosch Haschana*) und Versöhnungstag (*Jom Kippur*) werden die farbigen *Tora-Mäntel* und *Tora-Vorhänge* durch weiße ersetzt, weshalb in Synagogen in der Regel mindestens zwei komplette Sets an Synagogal-Textilien vorhanden sind.

Tora-Mäntel wurden durch die Verwendung sehr strapaziert, gleichzeitig aber als heilige Gewänder hochgeschätzt, weshalb bei neuen *Tora-Mänteln* nicht selten Teile von älteren, abgenutzten Mänteln wie die Krone oder Widmungsinschriften herausgeschnitten und auf den neuen

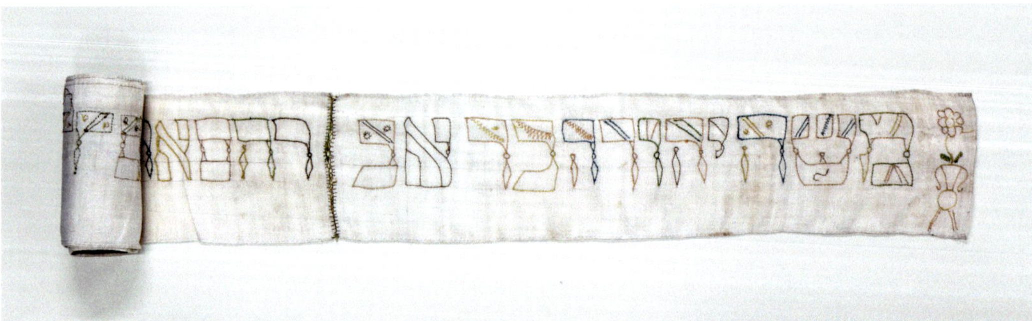

Abb. 3 Tora-Wimpel, Leinen bestickt, Datierung: 14. Schewat (5)534 (26. Januar 1774). Jüdisches Museum München, Leihgaber. Eric Bloch, Voorhees, New Jersey

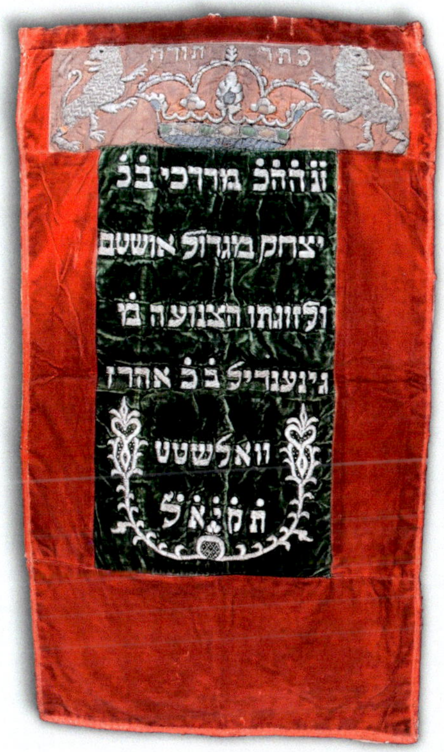

Abb. 4 Tora-Mantel aus der Synagoge Großostheim (Ufr.), Samt, Seide, Leinen, 1750/1751. Städtische Museen Aschaffenburg, Inv. Nr. MSA 5321

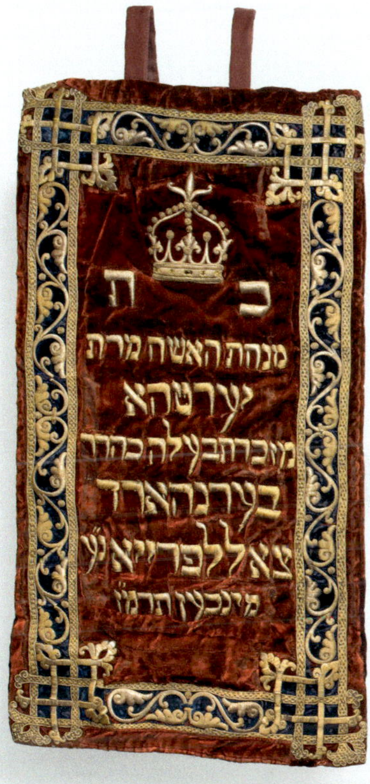

Abb. 5 Tora-Mantel aus der Hauptsynagoge München, Seide, Leinen, Baumwolle, Metallfäden, München 1887/1888. Jüdisches Museum München, Inv. Nr. JM 1/2006

Mantel appliziert wurden (Abb. 4).[17] Ab der zweiten Hälfte des 19. Jahrhunderts wurden *Tora-Mäntel* vorwiegend von auf die Herstellung kirchlicher Paramente spezialisierten Manufakturen gefertigt (Abb. 5). Die stilistische Entwicklung von *Tora-Mänteln* verlief seit der frühen Neuzeit analog zu jener von *Tora-Vorhängen*.

1.4. Tora-Vorhang (Parochet)

Der *Tora-Vorhang* (hebr. *Parochet*, Plur. *Parochot*) hängt vor dem *Tora-Schrein* (hebr. *Aaron ha-Kodesch*) und trägt meist gestickte Ornamente, die auf den Tempel verweisen. Seit wann *Tora-Vorhänge* gebräuchlich sind, bleibt unklar, da es in frühen schriftlichen und bildlichen Quellen so gut wie keine Hinweise auf sie gibt.[18] Frühester Beleg für ihre Verwendung ist die Abbildung eines *Tora-Schreins* in einem *Machsor* (Gebetbuch für Feiertage) aus dem 15. Jahrhundert in der Hebraica-Sammlung der Bayerischen Staatsbibliothek (Cod. Hebr. 3). Im 17. Jahrhundert entstand ein ikonografisches Programm, das sich an die Titelblätter hebräischer Drucke seiner Zeit anlehnt. Die gedrehten Säulen, die sich ab der Mitte des 16. Jahrhunderts in Drucken aus Mantua finden, werden für die nächsten über 200 Jahre zu einem der bestimmenden Symbole auf *Tora-Vorhängen*, aber auch auf *Tora-Mänteln* und *Tora-Schildern*. Ihre geschwungene Form geht auf eine Säule in der

Cappella della Pietà im römischen Petersdom zurück. Diese späthellenistische Säule soll, so die zeitgenössische Überlieferung, eine Säule des Tempels in Jerusalem gewesen sein.[19]

In Süddeutschland erscheinen die gedrehten Säulen erstmals 1708/1709 in einem in Sulzbach gedruckten *Machsor*. Etwa zur gleichen Zeit begann Elkone Naumburg, der als Vorbeter in Fürth tätig war, sich auch als Sticker von *Tora-Vorhängen* zu betätigen. Seine früheste bekannte Arbeit ist ein auf 1713/1714 datierter, von dem *Hofjuden* Joseph Oppenheim gestifteter und heute verschollener *Tora-Vorhang*.[20] Wahrscheinlich war dem Sticker der wenige Jahre zuvor in Sulzbach gedruckte *Machsor*, dessen Titelseite dem Bildaufbau des *Tora-Vorhangs* wohl zugrunde liegt, bekannt. Ein weiterer 1723/1724 von ihm fertiggestellter Vorhang gelangte über die Synagogen von Pfersee und Kriegshaber nach Augsburg und befindet sich heute als Schenkung der Moldovan Family Collection im Israel Museum in Jerusalem.[21] Naumburgs Schüler, der aus Höchstädt an der Donau stammende Jakob Koppel Gans, setzte seine Arbeit bis in die 1770er-Jahre fort. Ein von ihm 1771/1772 für die Synagoge von Pfersee bei Augsburg gestickter Vorhang befindet sich heute im Jewish Museum New York.[22] Im 18. Jahrhundert war ein *Tora-Vorhang* meist mit einer *Kapporet* (der Name leitet sich vom Deckel der Bundeslade im Tempel ab), einer Schabracke, versehen, die als eigenständiges Element den oberen Abschluss des Vorhangs bildet. Mit Gans endete diese Epoche, in der jüdische Kunsthandwerker solche herausragenden Arbeiten schufen.

Die Beauftragung so aufwendig gearbeiteter Synagogal-Textilien blieb freilich nur einigen wenigen *Hoffaktoren*familien im Raum um Augsburg oder in Fürth vorbehalten. Sie wurden der Synagoge nur leihweise zur Verfügung gestellt. Ein Beispiel dafür ist ein 1768/1769 für eine Fürther Synagoge gestifteter Vorhang, der ausweislich seiner Inschriften mit Nachkommen des Stifters über die Synagoge Fellheim im ausgehenden 19. Jahrhundert in die Synagoge der neu gegründeten Israelitischen Kultusgemeinde Memmingen gelangte (Abb. 6). Der heute im Stadtmuseum Memmingen ausgestellte *Tora-Vorhang* ist gleichzeitig eines der zahlreichen Beispiele dafür, dass die Stiftung eines Ritualobjekts für eine Synagoge häufig nicht mit einer Eigentumsübertragung verbunden war, sondern diese Objekte in Privatbesitz, etwa als Teil der Aussteuer einer Tochter, auch in andere Synagogen gelangen konnten.

Die meisten *Tora-Vorhänge* in den zahlreichen Landsynagogen waren einfach gearbeitet. Gelegentlich wurden *Tora-Vorhänge* auch aus Kleidern, bevorzugt Hochzeitskleidern, hergestellt.[23] Diese Umarbeitungen scheinen jedoch spätestens seit dem 19. Jahrhundert umstritten gewesen zu sein. 1826 bestimmte die Münchner Synagogen-Ordnung nämlich, dass alle heiligen Gewänder »aus neuem Stoffe vom Stücke gemacht seyn«[24]

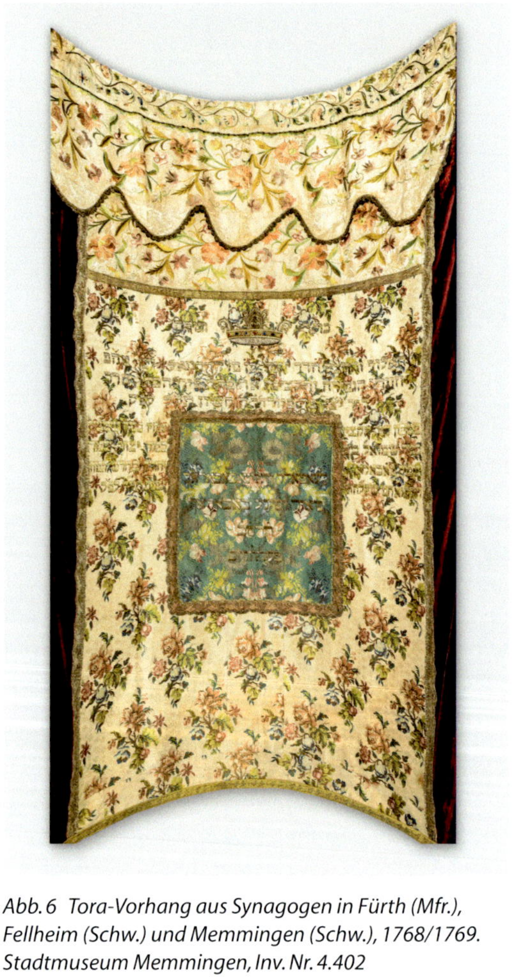

Abb. 6 Tora-Vorhang aus Synagogen in Fürth (Mfr.), Fellheim (Schw.) und Memmingen (Schw.), 1768/1769. Stadtmuseum Memmingen, Inv. Nr. 4.402

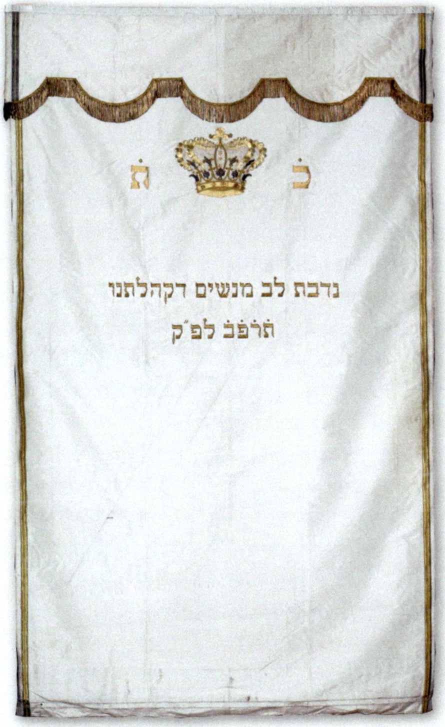

Abb. 7 Tora-Vorhang aus der Synagoge Nördlingen (Schw.), 1921/1922. Stadtmuseum Nördlingen, Inv. Nr. 10258

müssen. Oft wurden im Handel erhältliche Brokat- oder Samtstoffe zu *Tora-Vorhängen* verarbeitet und mit hebräischen Widmungsinschriften versehen. Meist geschah dies durch die Frauen der Gemeinde, deren Näh- und Stickarbeiten für Synagogal-Textilien gelegentlich auch auf Grabinschriften gewürdigt sind.

Im 19. Jahrhundert wurden Synagogal-Textilien zunehmend von Handwerkern hergestellt, die auch in anderen Bereichen wie der Fertigung christlicher Paramente tätig waren. 1854 erhielt beispielsweise der katholische Münchner Uniform- und Ornamentensticker Anton Franzowitz bei der Allgemeinen Deutschen Industrie-Ausstellung in München eine Belobigung für einen »schön gestickten Synagogenvorhang«.[25] Im ausgehenden 19. Jahrhundert und im frühen 20. Jahrhundert waren es schließlich einige wenige Herstellungsbetriebe für Paramente, die mit vorfabrizierten Buchstaben, Kronen und anderen Ornamenten *Tora-Vorhänge* nach Wunsch ihrer Kunden zusammenstellten (Abb. 7).

1.5. Pultdecke (Schulchan-Decke)

Die Pultdecke (*Schulchan*-Decke) bedeckt das Pult der *Bima* (Plur. *Bimot*, dt. Bühne), auf dem die *Tora-Rolle* während der Lesung liegt. Pultdecken wurden meist mit *Tora-Mantel* und *Tora-Vorhang* als Set hergestellt und tragen wie diese häufig hebräische Widmungsinschriften. Gelegentlich wurden Pultdecken auch aus den noch brauchbaren Teilen beschädigter *Tora-Vorhänge* gefertigt.

1.6. Tora-Krone (Keter Tora)

Die *Tora-Krone* (hebr. *Keter Tora*, Plur. *Keterim Tora*) symbolisiert die königliche Bedeutung der *Tora* und ihrer Lehre und nimmt Bezug auf die häufig an *Tora-Schmuck* und *Tora-Schreinen* angebrachte Abkürzung für כ״ת (hebr. *Keter Tora*, dt. Krone der *Tora*). Sie wird auf beide Stäbe (*Ez Chajim*) der *Tora-Rolle* aufgesetzt. Zu den frühesten erhaltenen süddeutschen *Tora-Kronen* zählt eine Arbeit des Nürnberger Goldschmieds Matheus Städlein,[26] die um 1720 entstanden ist. Die Krone in schlichter Reifform trägt eine dem Zeitgeschmack entsprechende Flechtbandornamentik und ist mit Glassteinen besetzt (Abb. 8).[27]

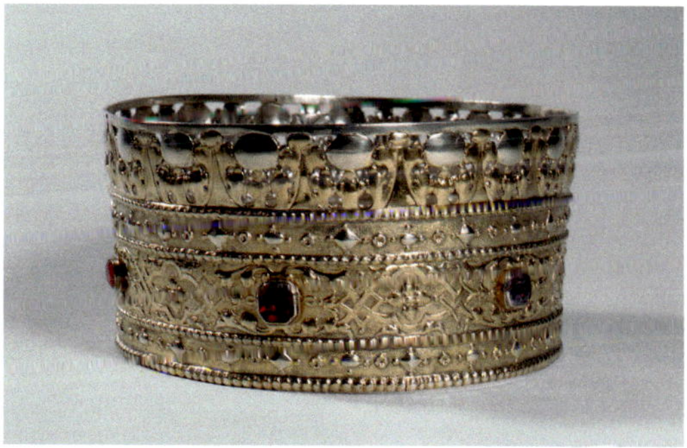

Abb. 8 Tora-Krone, Silber, vergoldet, Matheus Städlein (Meister 1716, † 1735), Nürnberg um 1720. Jüdisches Museum Franken in Fürth, Inv. Nr. 5-91

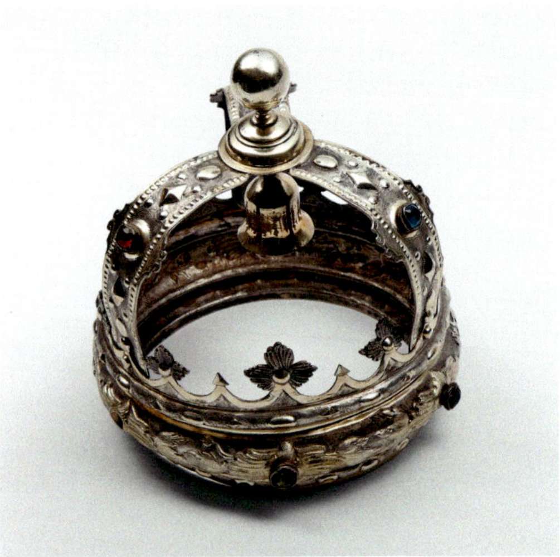

Abb. 9 Tora-Krone, Silber, vergoldet, Georg Andreas Brenner (Meister 1748, † 1771), Nürnberg 1760/1767. Jüdisches Kulturmuseum Augsburg-Schwaben, Inv. Nr. 2004-23

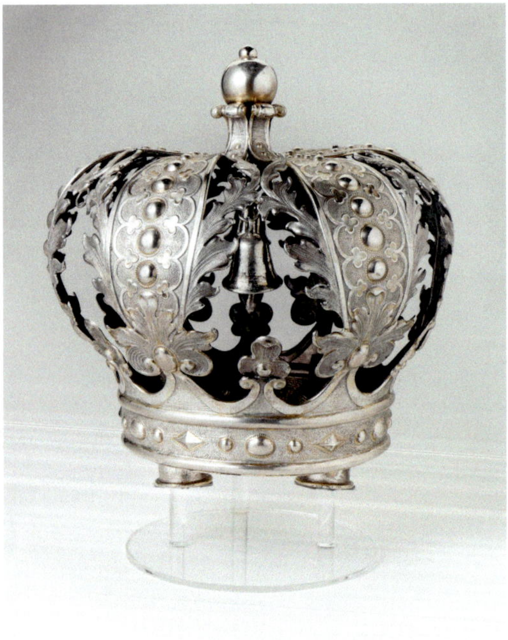

Abb. 10 Tora-Krone aus der Synagoge Oberlauringen (Ufr.), Silber, Hersteller: Lazarus Posen Witwe, Frankfurt/M. um 1900. Jüdisches Museum München, Inv. Nr. JS 132

Ab etwa 1750 entstand in den Nürnberger Werkstätten von Johann Samuel Beckensteiner, Georg Andreas Brenner und Martin Carl Hanias, gen. Dublon, eine kleine Gruppe von *Tora-Kronen*, die sich in ihrer Formgebung mit glassteinbelegtem Reif und drei bis vier Spangen mit Knaufabschluss (statt eines Kreuzes) formal an die heraldische Landgrafen- oder Fürstenkrone anlehnen (Abb. 9).[28]

In der ersten Hälfte des 19. Jahrhunderts fertigten Goldschmiede wie Carl Friedrich Schoenberg in Nürnberg oder Josef Heinrich Mussmann in Augsburg ebenfalls *Tora-Kronen*, die sich an den genannten Vorbildern oder an der Krone des 1806 proklamierten Königreichs Bayern orientierten.[29] Die im letzten Drittel des 19. Jahrhunderts und im frühen 20. Jahrhundert hergestellten *Tora-Kronen* wurden fast ausschließlich von großen Silberwarenfabriken wie Lazarus Posen Witwe in Frankfurt (Abb. 10) oder Ludwig Neresheimer & Co. in Hanau hergestellt. *Tora-Kronen* blieben aber in süddeutschen Synagogen die Ausnahme: In seinen handschriftlichen Aufzeichnungen hat der Kunsthistoriker Theodor Harburger nur 27 von ihnen verzeichnet, während er insgesamt 153 Paar *Tora-Aufsätze* in bayerischen Synagogen dokumentieren konnte.

1.7. Tora-Aufsätze (Rimmonim)

Tora-Aufsätze (hebr. *Rimmonim,* Sing. *Rimmon*) werden wie *Tora-Kronen* auf die oberen Enden der Rollenstäbe gesteckt und immer als Paare hergestellt, die häufig mit einem *Tora-Schild* und einem *Tora-Zeiger* aus der gleichen Werkstätte ein Set bilden. Während die *Tora-Rolle* im sefardischen Raum gleichzeitig mit Krone und Aufsätzen geschmückt wird, werden die beiden Verzierungen im aschkenasischen Judentum nur alternativ verwendet.

Die Bezeichnung *Rimmonim* (dt. Granatäpfel) geht auf die Beschreibung des Priestergewandes in 2. Mose 28,33 zurück: »Und mache an seinen Saum Granatäpfel aus tiefblauer Wolle und purpurroter und karmesinroter Wolle an seinem Saum ringsum und goldene Glöckchen zwischen ihnen ringsum.«[30] *Tora-Aufsätze*, die in illuminier-

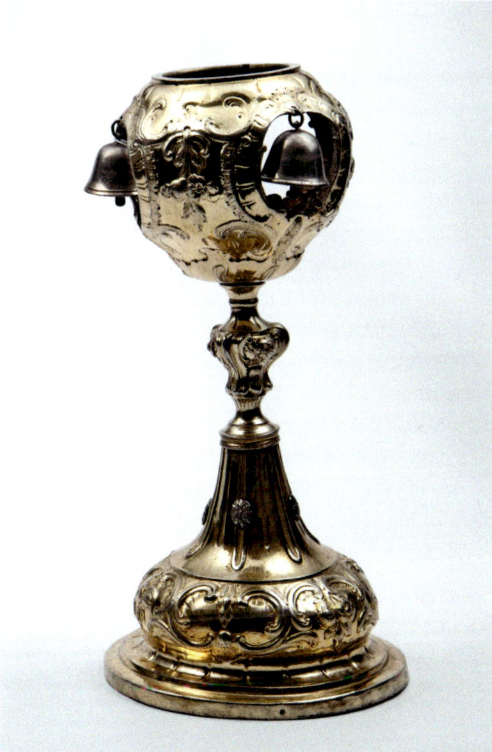

Abb. 11 Tora-Aufsatz aus der Synagoge Ichenhausen (Schw.), Silber, vergoldet, Samuel Bardet (Meister 1759, † 1800), Augsburg 1779/1781. Jüdisches Kulturmuseum Augsburg-Schwaben, Inv. Nr. 2004-24

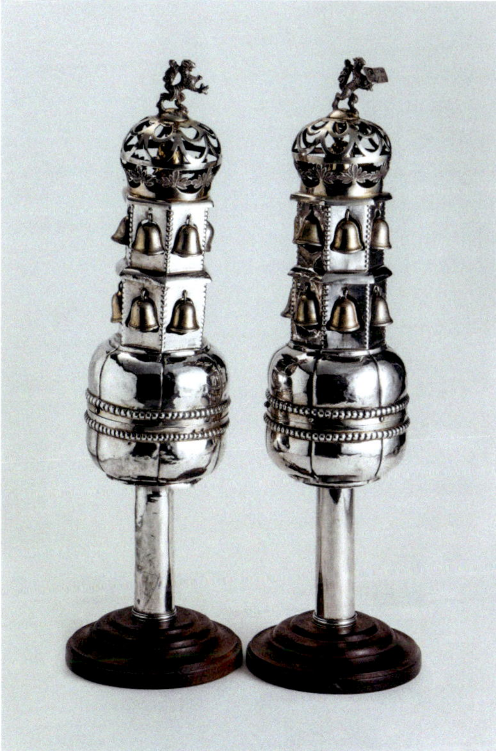

Abb. 12 Tora-Aufsätze aus der Synagoge Altenmuhr (Mfr.), Silber, Johann Daniel Geßner (Meister 1765, † 1781), Nürnberg 1767/1769 mit erneuertem Kronenabschluss von Carl Friedrich Schoenberg (Meister 1826, † 1849), Nürnberg um 1830. Privatbesitz, München

ten hebräischen Handschriften des Mittelalters abgebildet sind, erinnern in ihrer Form an Granatäpfel. Diese Gestaltungsweise lässt sich auch bei frühen, aus dem 18. Jahrhundert stammenden süddeutschen *Tora-Aufsätzen* finden. Augsburger *Rimmonim* des 18. Jahrhunderts haben einen Standfuß, der auf die oberen Teller der Rollenstäbe aufgesetzt wird (Abb. 11). Vorbild für ihr Aussehen war ein den Augsburger Goldschmieden vertrauter Gegenstand aus der katholischen Liturgie: Zeitgenössische Kronenziborien folgen dem gleichen Aufbau.[31]

In der zweiten Hälfte des 18. Jahrhunderts wurde jedoch die Fruchtform zugunsten architektonischer Turmformen zurückgedrängt. Ein Beispiel dieser Übergangsphase stellen Nürnberger *Tora-Aufsätze* dar, deren untere Teile noch an einen Granatapfel erinnern, über dem sich ein zweistöckiger, durchbrochener Turm aufbaut, in dessen Fenstern Glöckchen montiert sind (Abb. 12). Die 1767/1769 hier vielleicht zum ersten Mal vorgestellte polygone Turmform entwickelte sich in der Folge zum bestimmenden Merkmal von *Tora-Aufsätzen* aus Nürnberger und Fürther Herstellung. Eine große Zahl turmförmiger *Tora-Aufsätze* – es durften sich an die 30 Paare erhalten haben – stammt aus der Werkstatt des Goldschmieds Johann Jakob Runnecke, der zwischen den 1760er-Jahren und dem frühen 19. Jahrhundert in Fürth tätig war (Abb. 13). Sein Meisterzeichen IR wies Marc Rosenberg den Namen »J. Rimmonim« zu und nahm fälschlicherweise an, es

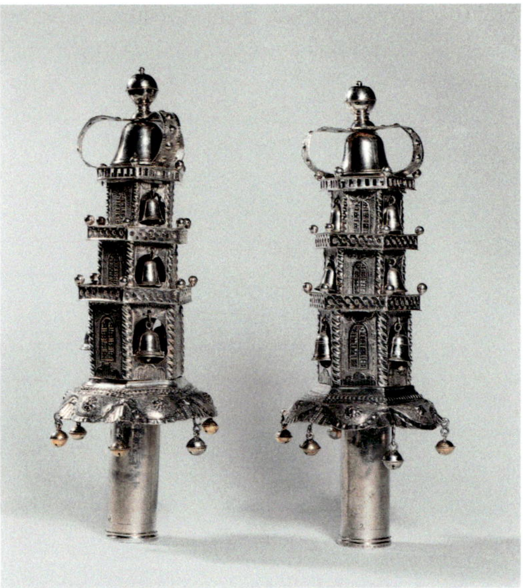

Abb. 13 Tora-Aufsätze, Silber, vergoldet, Johann Jakob Runnecke (Meister um 1765, † 1806), Fürth um 1790. Jüdisches Museum Franken in Fürth, Inv. Nr. 6-91

handle sich um einen jüdischen Goldschmied.[32] Erst in jüngerer Zeit konnte sein Meisterzeichen als jenes des aus Berlin stammenden Johann Jakob Runnecke identifiziert werden.[33]

Im späten 18. Jahrhundert und in der ersten Hälfte des 19. Jahrhunderts entstanden zwar gelegentlich auch *Tora-Aufsätze* in anderen Formen, aber Nürnberger Goldschmiede wie Paulus Friedrich Bierfreund, Carl Friedrich Schoenberg und andere stellten bis in die Mitte des 19. Jahrhunderts diesen für Nürnberg charakteristischen turmförmigen Typus her.

Obwohl in Augsburg die Gesamtproduktion jüdischer Ritualgegenstände etwa den gleichen Umfang wie in Nürnberg erreichte, können für Augsburg deutlich weniger *Tora-Aufsätze* nachgewiesen werden. Theodor Harburger dokumentierte in seiner »Inventarisation jüdischer Kunst- und Kulturdenkmäler in Bayern« 65 Paar *Tora-Aufsätze* aus Nürnberger Herstellung, während er für Augsburg lediglich 34 Paar feststellte.[34] Aus der Zeit vor 1750 dokumentierte er nur ein einziges Augsburger Paar *Tora-Aufsätze*, das sich jedoch nicht in einer schwäbischen, sondern in einer mittelfränkischen Synagoge befand.[35] Die Traditionen, nach welchen Liturgieformen Gottesdienste abgehalten und welche Ritualgeräte verwendet wurden, regelten die regionalen *Minhagim* (Bräuche). Offenbar war in den schwäbischen Synagogen, in denen die Liturgie nach den Bräuchen des *Minhag* Schwaben ve Schweiz geregelt wurde, bis zur Mitte des 18. Jahrhunderts der Gebrauch von *Tora-Aufsätzen* unüblich. In Franken war der Einfluss des *Minhag* Polin (Polen) und des *Minhag* Beheim oder Pöheim (Böhmen) stärker als in Schwaben und ließ wohl früher die Verwendung von *Tora-Aufsätzen* zu.[36] Erst in der zweiten Hälfte des 18. Jahrhunderts sind *Tora-Aufsätze* aus

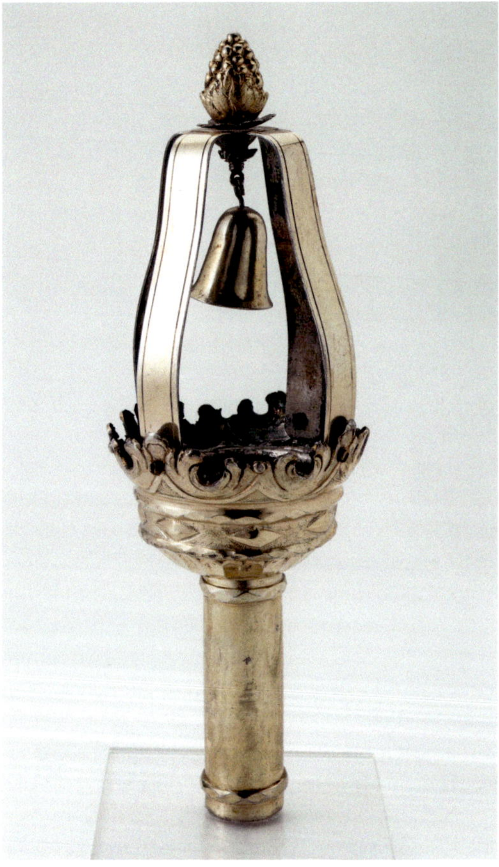

Abb. 14 Tora-Aufsatz, Silber, vergoldet, Franz Anton Gutwein (Meister 1759, † 1805), Augsburg 1761/1763. Jüdisches Kulturmuseum Augsburg-Schwaben, Inv. Nr. 2004-27

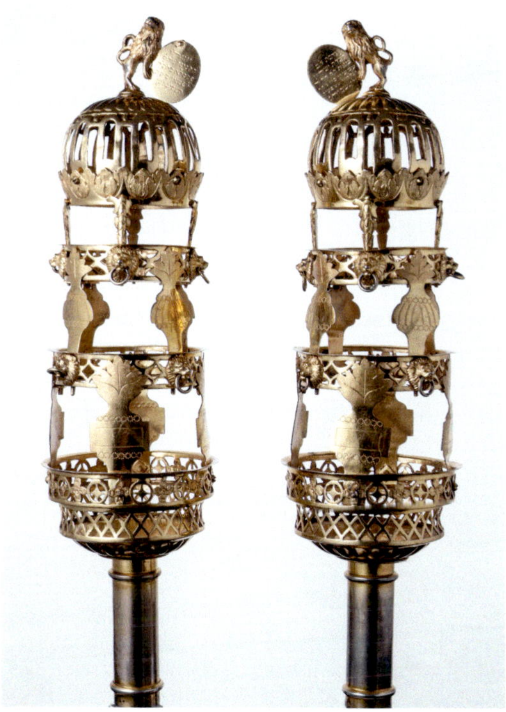

Abb. 15 Tora-Aufsätze aus der Synagoge Binswangen (Schw.), Silber, vergoldet, Josef Heinrich Mussmann (Meister 1822, † nach 1865), Augsburg 1823. Jüdisches Kulturmuseum Augsburg-Schwaben (Dauerleihgabe Familie Spokojny), Inv. Nr. JKM 2003-2.1 und JKM 2003-2.2

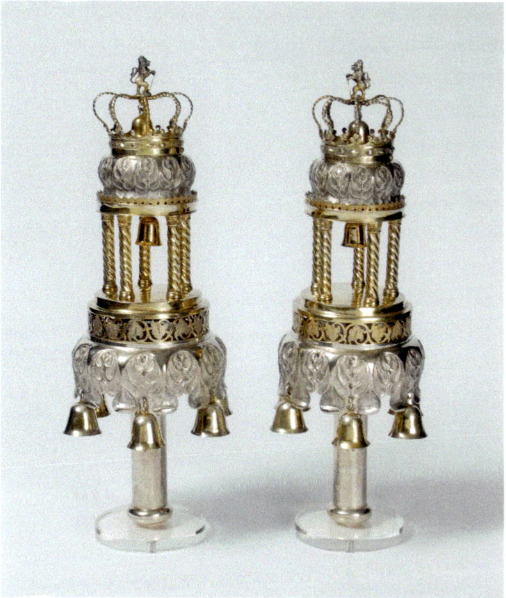

Abb. 16 Tora-Aufsätze aus der Synagoge Berolzheim (Mfr.), Silber, vergoldet, Meister Johann Georg Rupp, Ansbach um 1875. Jüdisches Museum Franken in Fürth, Inv. Nr. 5-90

Werkstätten Augsburger Goldschmiede auch in Synagogen Schwabens nachzuweisen, sie lassen jedoch vorerst keinen einheitlichen Typus erkennen (Abb. 14).

Ab dem ausgehenden 18. Jahrhundert entwickelte sich in den Werkstätten von Goldschmieden wie Franz Anton Gutwein oder Joseph Anton Seethaler ein eigenständiger Typus mit durchbrochenen, häufig von Vasen getragenen Galerien und einem gekrönten Abschluss mit Löwen oder Hirschen, die gelegentlich ein Schild für die Widmungsinschrift tragen. Werkstätten wie jene von Josef Heinrich Mussmann, Johann Alois Siffer und Magnus Unsinn setzten Arbeiten in diesem Stil bis weit in die zweite Hälfte des 19. Jahrhunderts fort (Abb. 15).

In der zweiten Hälfte des 19. Jahrhunderts wurde der Bedarf an *Tora-Aufsätzen* durch die großen Silberwarenfabriken Deutschlands gedeckt. Selbst die Württembergische Metallwarenfabrik (WMF) hatte ab den 1890er-Jahren *Tora-Aufsätze* in ihrem Angebot. Zu den wenigen noch lokal und für Synagogen des Umkreises hergestellten Ausnahmen sind die Arbeiten des Ansbacher Goldschmieds Johann Georg Rupp zu zählen, der um 1870/1880 neben anderem *Tora-Schmuck* eine Reihe von *Rimmonim* für Synagogen des südlichen Mittelfrankens produzierte, die als gestalterisches Vorbild auf die Form der *Bima* in der Ansbacher Synagoge zurückgreifen (Abb. 16).

1.8. Tora-Schild (Tass)

Das *Tora-Schild* (hebr. *Tass*, Plur. *Tassim*) ist ein junges – vermutlich im 16. Jahrhundert in Verwendung gekommenes – Element des *Tora-Schmucks* und entstand aus dem Bedürfnis, die einzelnen *Tora-Rollen* einer Synagoge nach ihrer Gebrauchs-

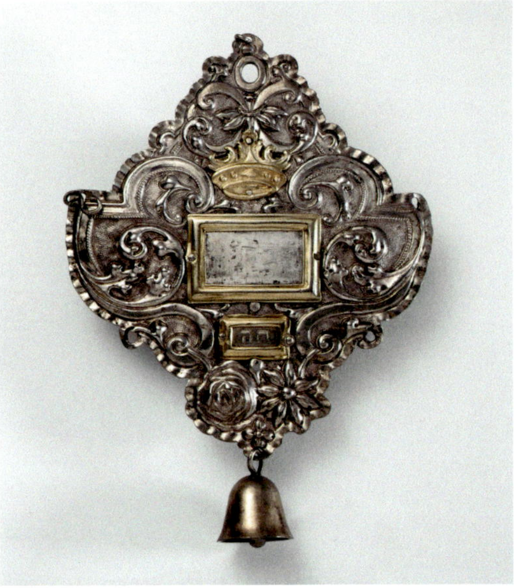

Abb. 17 Aus einem immerwährenden Kalender gefertigtes Tora-Schild aus der Synagoge Fellheim (Schw.), Silber, ungemarkt, Augsburg, 1. H. 18. Jh. Jüdisches Kulturmuseum Augsburg-Schwaben, Inv. Nr. 2004-5

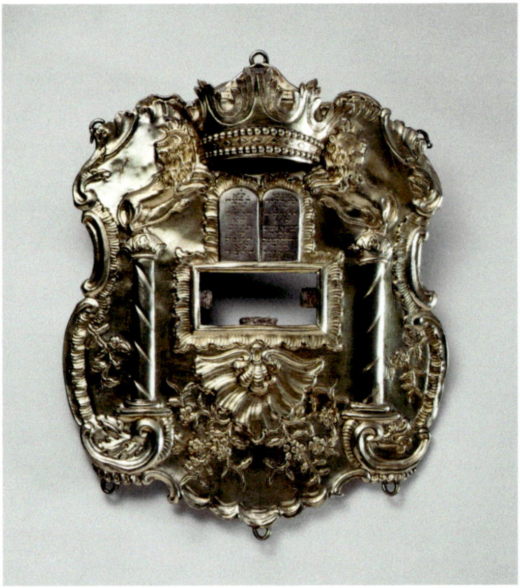

Abb. 18 Tora-Schild aus der Synagoge Krumbach (Schw.), Silber, Leonhard Tobias Drescher (Meister 1763, † 1787), Augsburg 1765/1767. Jüdisches Kulturmuseum Augsburg-Schwaben, Inv. Nr. 2004-15

funktion zu markieren. Anfänglich waren es wohl schlichte Schilder, die nur den Namen der Feiertage trugen, für die die einzelnen *Tora-Schilder* vorgesehen waren. Die fünf Bücher der *Tora* bestehen aus 54 *Paraschot* (Sing. *Parascha*, dt. Wochenabschnitt) die auf das Jahr (in manchen Riten auch auf drei Jahre) verteilt gelesen werden. An bestimmten Feiertagen ist die zusätzliche Lesung festgelegter Wochenabschnitte vorgesehen.

Wenn in der Synagoge mehrere *Tora-Rollen* vorhanden sind, werden die zusätzlichen so gerollt, dass sie an den entsprechenden Feiertagen ohne mühsames Vor- und Zurückrollen gelesen werden können. Ein Täfelchen mit der Bezeichnung des Feiertags zeigt an, für welchen Feiertag die Rolle vorbereitet ist. Aus diesen Täfelchen entwickelten sich prachtvoll verzierte *Tora-Schilder*, die mit an ihnen befestigten Ketten an die Rollenstäbe gehängt werden. Bei der gelegentlich geäußerten Annahme, *Tora-Schilder* seien von den Brustschilden der Tempelpriester abzuleiten, handelt es sich hingegen um eine Interpretation des 19. Jahrhunderts.[37]

Bis in das frühe 18. Jahrhundert bildeten sich keine einheitlichen ikonografischen Formen für *Tora-Schilder* aus. Zu den ältesten erhaltenen *Tora-Schildern* zählen kurz nach 1700 in Frankfurt, Kitzingen und Nürnberg entstandene Arbeiten, die aus einer Grundplatte bestehen, auf der rund um das Fenster, in das ein Plättchen oder Einzelbuchstaben für die Kennzeichnung des Feiertagsnamens eingeschoben werden kann, unterschiedlich plastische Applikationen wie Einhörner, Hirsche, Doppeladler und andere Schmuckelemente aus dem Fundus der Goldschmiede platziert sind.[38] Die mit einer neuen Gestaltungsaufgabe konfrontierten Goldschmiede orientierten sich an ihnen vertrauten Formen wie den Funeralschildern der städtischen Zünfte oder den Wappenschildern, die der Adel an seinem Reisegepäck anbringen ließ.[39] In dieser Zeit wurden auch die aus dem Repertoire Augsburger und Nürnberger Goldschmiede stammenden sogenannten immerwährenden Kalender gelegentlich in *Tora-Schilder* umgearbeitet, bei denen dann eines der Fächer zum Einschieben der Täfelchen für Kalen-

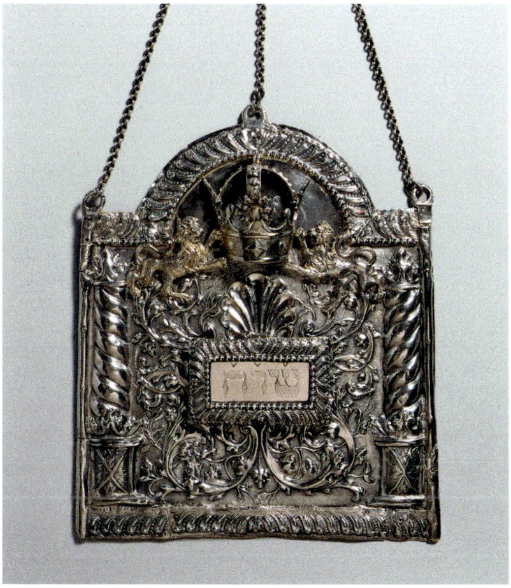

Abb. 19 Tora-Schild aus der Synagoge Gunzenhausen (Mfr.), Silber, Meister Gottfried Riedel (Meister 1678, † 1716), Nürnberg 1707/1715. Jüdisches Museum Franken in Fürth, Inv. Nr. 3-90

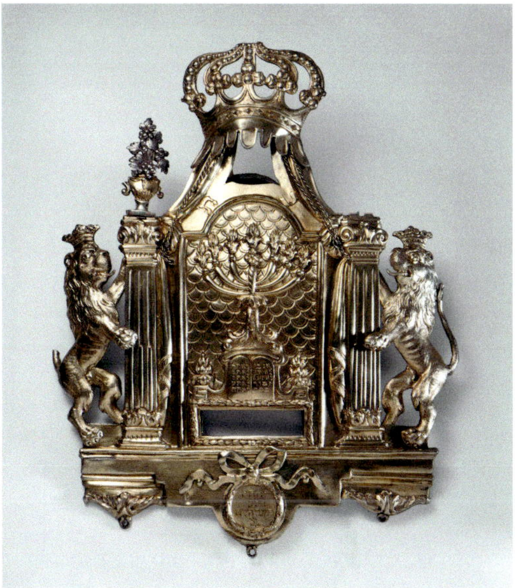

Abb. 20 Tora-Schild aus der Synagoge Fellheim (Schw.), Silber, vergoldet, wohl Franz Anton Gutwein (Meister 1759, † 1805), Augsburg 1797/1799. Jüdisches Kulturmuseum Augsburg-Schwaben, Inv. Nr. 2004-14

dertag, -monat und -jahr für das Feiertagsschild verwendet wurde (Abb. 17). Diese frühen *Tora-Schilder* sind rein dekorativ und tragen noch keinerlei Motive, die in einem Bezug zur Verwendung als Schmuck der *Tora* stehen.

Erst in der ersten Hälfte des 18. Jahrhunderts entwickelte sich ein ikonografisches Programm für *Tora-Schilder*, das in vielfacher Weise Bezüge zur jüdischen Tradition aufnimmt.[40] Zu den variabel verwendbaren Elementen gehören dabei die Gesetzestafeln oder die *Menora*, der siebenarmige Leuchter, über dem Fach für die Feiertagsbezeichnung oder die flankierenden, an die beiden Tempelsäulen Jachin und Boas erinnernden Säulenelemente, die wie bei den Darstellungen auf *Tora-Vorhängen* häufig als Spiralsäulen ausgebildet sind. Ihre Postamente tragen häufig Widmungsinschriften. Sie sind meist von Löwen als Symbol des Stammes Juda bekrönt. Den oberen Abschluss des *Tora-Schilds* bildet nun eine Krone – die Krone der *Tora* –, die die Heiligkeit der Schrift zum Ausdruck bringt. Als Vorlage für dieses ikonografische Programm dienten wie bei *Tora-Vorhängen* und *Tora-Mänteln* die Titelseiten hebräischer Drucke, die mit gleichem Aufbau und Bildrepertoire in den hebräischen Buchdruckereien von Frankfurt, Fürth oder Sulzbach gedruckt wurden.

In der zweiten Hälfte des 18. Jahrhunderts entwickelten sich auf dieser Grundlage lokale Formensprachen, die die Herkunft einzelner *Tora-Schilder* bestimmen lassen. Augsburger Goldschmiede wie Samuel Bardet, Leonhard Tobias Drescher (Abb. 18), Franz Anton Gutwein und eine Reihe weiterer Meister bevorzugten die Form der Kartusche mit Rocaille-Verzierungen und bauten das Bildprogramm ihrer Schilder flachgetrieben auf. In Nürnberg setzte sich bereits in der ersten Hälfte des 18. Jahrhunderts eine schlichtere, hochrechteckige Grundform mit eingezogenem Bogenabschluss durch. Die Nürnberger *Tora-Schilder* sind plastischer als ihre Augsburger Pendants gearbeitet. Die den oberen Abschluss bildenden Kronen sind nicht in die Grundplatte getrieben, sondern meist als Halbkronen appliziert. Selbst die Säulen von Nürnberger *Tora-Schildern* sind in der zweiten Hälfte des 18. Jahrhunderts häufig als gedrehte und applizierte halb- und vollplastische Elemente ausgebildet. Zu den frühesten Beispielen dieses Nürnberger Typus zählt ein 1707/1715 geschaffenes *Tora-Schild* von Gottfried Riedel (Abb. 19), dem um die Jahrhundertmitte ähnliche Arbeiten aus anderen Nürnberger Werkstätten folgten. In der zweiten Hälfte des 18. Jahrhunderts zählten Johann Samuel Beckensteiner, Johann Friedrich Ehe und Wolfgang Schubert in Nürnberg sowie Johann Jakob Runnecke in Fürth zu den produktivsten Herstellern dieses Typus und haben eine große Zahl von Arbeiten hinterlassen.

Im Spätklassizismus entstand in Augsburg ein neuer Typus, der zwar die wesentlichen Elemente – Gesetzestafeln, *Menora*, Tempelsäulen, Löwe Judas und Krone – beibehielt, sich aber stärker an architektonischen Motiven von *Tora-Schreinen* orientierte und den Baldachin in Anlehnung an den *Tora-Vorhang* als neues Gestaltungselement einführte. Zu den bedeutendsten Herstellern dieses Typus zählen Franz Anton Gutwein (Abb. 20), Joseph Heinrich Mussmann, Joseph Anton Seethaler, Johann Alois Siffer und Balthasar Friedrich Stenglin.[41] Als in München durch das Wiederentstehen einer jüdischen Gemeinde auch der Bedarf an Ritualgeräten stieg, stellten auch dort Goldschmiede wie Xaver Bauer[42], Georg Zeiller[43] und Alois Kronenbitter[44] *Tora-Schilder* her, die sich formal weitgehend an Augsburger Vorbildern orientierten.

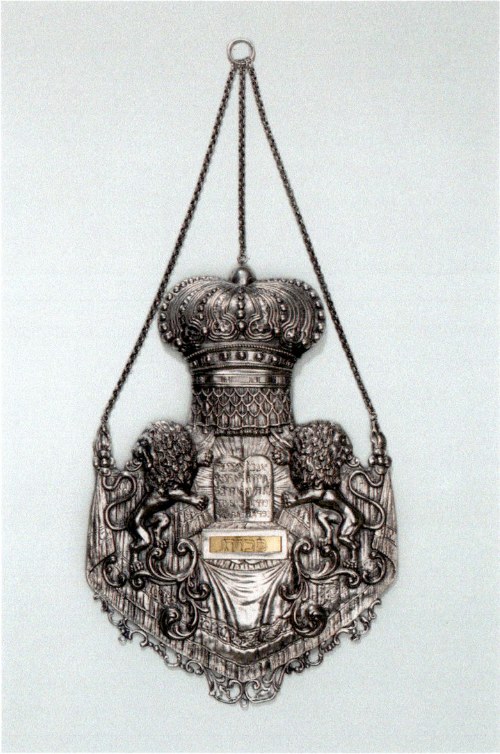

Abb. 22 Tora-Schild, Silber, teilvergoldet, Metall- und Silberwarenfabrik Emil Freund, Hanau um 1900. Jüdisches Museum Franken in Fürth, Inv. Nr. 8-91

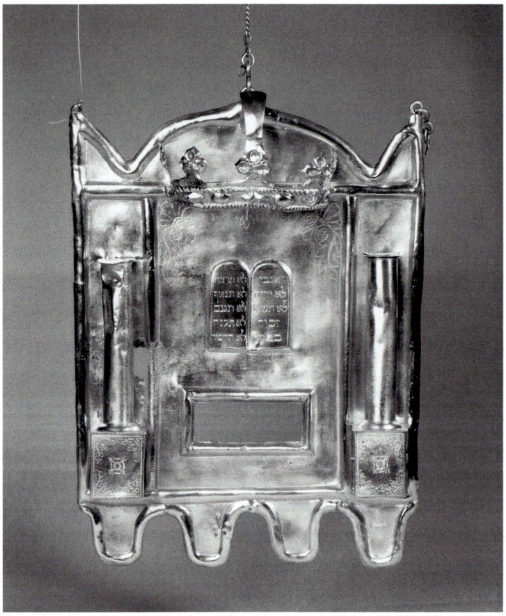

Abb. 21 Tora-Schild, Silber, Meister KLEIN, Nürnberg um 1840. Museum für Franken – Staatliches Museum für Kunst- und Kulturgeschichte in Würzburg, Inv. Nr. 63029

Nürnberger Goldschmiede wie Georg Ludwig Krauß, Johann Martin Häberlein oder der nicht identifizierte Meister mit der Marke KLEIN entwickelten in der ersten Hälfte des 19. Jahrhunderts den hochrechteckigen Typus mit halbrundem Abschluss weiter, verwendeten drei Halb- oder Viertelbögen als oberen Abschluss und schmückten den bisher glatten Abschluss der Unterkante mit Girlanden oder anderem Schmuckwerk (Abb. 21).

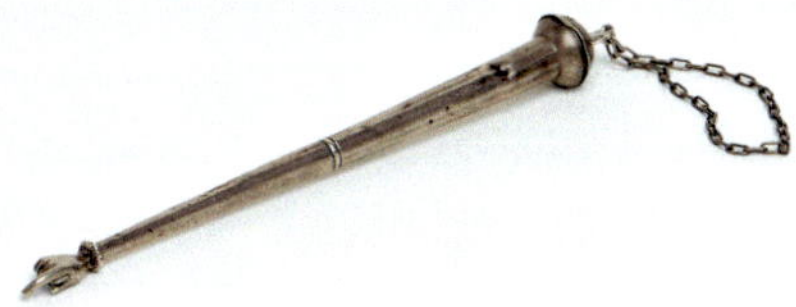

Abb. 23 Tora-Zeiger, Silber, Carl Friedrich Schoenberg (Meister 1826, † 1849), Nürnberg 1826/1849. Privatbesitz, München

Gelegentlich kopierten auch Goldschmiede in anderen Städten wie Würzburg oder Nördlingen die Arbeiten aus Nürnberg. Zu den aktivsten Meistern in diesem Genre zählte einer der wenigen jüdischen Goldschmiede, der 1841 zum Katholizismus übergetretene Würzburger Maier (Peter Ernst) Lemmlein.[45]

Seit dem letzten Drittel des 19. Jahrhunderts wurden in Bayern kaum mehr *Tora-Schilder* hergestellt. Der Bedarf wurde wie bei anderen Ritualobjekten von den großen Silberwarenfabriken in Berlin, Hanau und anderen Städten gedeckt (Abb. 22).

1.9. Tora-Zeiger (Jad)

Tora-Zeiger (hebr. *Jad*, Plur. *Jadim*) dienen dem Vorleser als Lesehilfe, um das Berühren der Schrift mit dem Finger zu vermeiden. Wenn die Schriftrollen im *Tora*-Schrein verwahrt sind, hängt der *Tora-Zeiger* an einer Kette an einem der beiden Rollenstäbe. Er ist, wie das *Tora-Schild*, eine Innovation der frühen Neuzeit. In mittelalterlichen Handschriftenillustrationen, die den geöffneten *Tora-Schrein* mit den *Tora-Rollen* zeigen, ist er ebenso wenig abgebildet wie das *Tora-Schild*.[46] Eine Nürnberger Arbeit von 1570 ist der älteste bekannte *Tora-Zeiger*, der sich bis zum Zweiten Weltkrieg im Hamburger Museum für Kunst und Gewerbe befand und heute als verschollen gilt.[47] *Tora-Zeiger* sind meist aus Silber gefertigt, tragen aber wegen ihrer geringen Größe nur selten Silbermarken (Abb. 23). In vielen Landsynagogen waren auch einfache, aus Holz gedrechselte *Tora-Zeiger* in Verwendung.

1.10. Synagogen-Leuchter

Süddeutsche Landsynagogen waren, wie wir aus Theodor Harburgers »Inventarisation jüdischer Kunst- und Kulturdenkmäler« in Bayern wissen, meist mit einem oder mehreren Messing-Kronleuchtern aus den Werkstätten der Nürnberger Rot- und Gelbgießer ausgestattet, wo sie vom 17. bis weit in das 19. Jahrhundert in fast unveränderten Formen gegossen wurden. Im Gegensatz zu anderen Ausstattungsstücken von Synagogen handelt es sich bei diesen Kronleuchtern um keine ausschließlich für die jüdische Liturgie entwickelten Geräte: Leuchter gleicher Machart waren auch in Kirchen und im profanen Bereich in Verwendung. Laut jüdischer *Responsenliteratur* dürfen Synagogen-Leuchter jedoch nicht mehr einer profanen Nutzung zugeführt werden, es sei denn, mit einer anderen Verwendung wäre eine *Mizwa* (Gebotserfüllung oder gute Tat) verbunden.[48]

In einer Reihe von Synagogen befanden sich Leuchter mit figuralen Darstellungen von Engeln oder Jupiterfiguren, was eigentlich im Widerspruch zum Bildverbot steht. Eine Engelsfigur

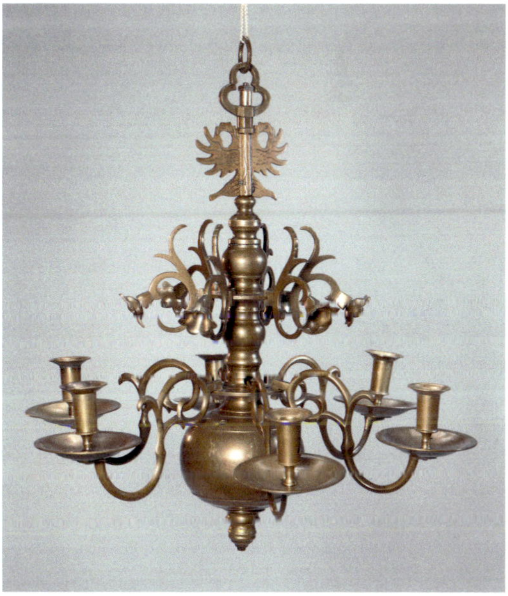

Abb. 24 Synagogen-Leuchter aus der Synagoge Lendershausen (Ufr.), Messing, Nürnberg, 18. Jh. Jüdisches Museum Franken in Fürth, Inv. Nr. 18-97

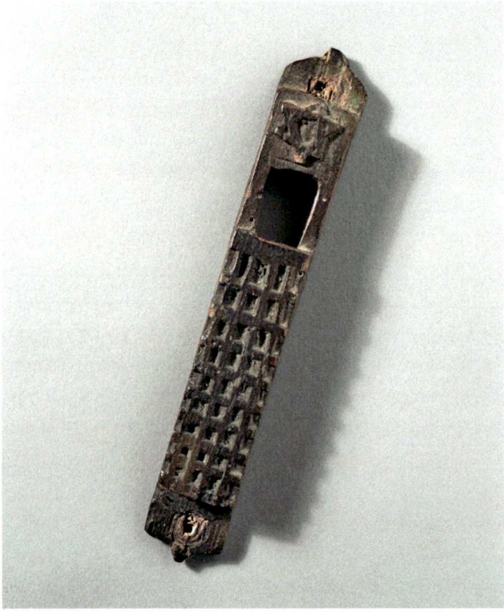

Abb. 25 Mesusa aus Schnaittach (Mfr.), Holz, geschnitzt, 19. Jh. Jüdisches Museum Franken in Schnaittach, Inv. Nr. 1344/35

auf einem Leuchter der Synagoge in Schnaittach befindet sich heute im Jewish Museum New York.[49] Leuchter mit solchen Darstellungen aus gleichen Gussformen finden sich auch in zahlreichen Kirchen. Dennoch hat sich spätestens im 19. Jahrhundert offenbar ein eigener Leuchtertypus entwickelt, dem die Verwendung in Synagogen zugeschrieben wurde. So schaltete der Nördlinger Glockengießer Joseph Propst 1845 ein Zeitungsinserat, in dem es hieß: »Für eine Synagoge ist ein neuer Leuchter nach neuester Façon und 30 Pfund Gewicht haltend, zu verkaufen«, und 1860 wurde im Fürther Tagblatt ein »messingener Leuchter, in eine Synagoge tauglich« angeboten.[50] Wahrscheinlich handelt es sich dabei um jene etwas kleineren Messingleuchter mit Doppeladler-Bekrönung,[51] wie sie von Theodor Harburger für zahlreiche fränkische und schwäbische Synagogen beschrieben wurden (Abb. 24). Gelegentlich tragen solche Leuchter eine hebräische Widmungsinschrift des Spenders und sind dann, wenn es keine anderen Überlieferungslinien gibt, eindeutig einer Synagoge zuzuordnen.

2. Das jüdische Haus

Von jüdischen Familien bewohnte Häuser unterschieden sich nur durch wenige Merkmale von den Wohnhäusern der nichtjüdischen Mehrheit. In den jüdischen Landgemeinden Frankens, der Oberpfalz und Schwabens bildeten sie häufig einen eigenen Ortsteil um die Synagoge, das Judenviertel oder die Judengasse.[52]

2.1. Mesusa

Die *Mesusa* (dt. Türpfosten, Plur. *Mesusot*) ist eine kleine Hülse zur Aufnahme eines Pergamentstreifens (hebr. *Klaf*, Plur. *Klafim*), auf dem das Gebet Höre Israel! (5. Mose 6,4–9 und 5. Mose 11,13–21) als Bekenntnis zum Monotheismus geschrieben ist. Am Ende dieser Gebetsworte erfolgt die Aufforderung »[…] und schreibe sie auf die Pfosten deines Hauses und an deine Tore.« Die Hülse wird schräg am rechten Türpfosten angeschlagen. Durch ein kleines Fenster, das mit einem Glasstück versehen ist, kann der auf die Rückseite des Pergaments geschriebene Gottesname שדי (Schaddai) oder dessen Abbreviatur ש (Schin) gelesen werden. Bei fensterlosen *Mesusot* kann er auch auf der Außenseite aufgemalt oder eingeritzt sein. In den süddeutschen Landgemeinden waren *Mesusot*-Hülsen meist aus Eisenblech gefertigt oder aus Holz geschnitzt (Abb. 25). *Mesusot* aus wertvolleren Materialien bis hin zu Silber blieben eine vereinzelte Ausnahme und wurden für die Türpfosten der Innenräume verwendet. An den Pfosten ehemals jüdischer Wohnhäuser können gelegentlich die Spuren vertieft angebrachter *Mesusot* gefunden werden.

2.2. Misrach

Ein *Misrach* (dt. Osten, Plur. *Misrachim*) ist ein meist gerahmtes Bild mit dem zentralen Schriftzug מזרח (*Misrach*), der im Haus die Gebetsrichtung gegen Jerusalem markiert. *Misrachim* wurden von Schreibern, die auch *Tora-Rollen* und andere hebräische Schriften schrieben, hergestellt (Abb. 26). Mit der Entstehung neuer Drucktechniken im 19. Jahrhundert wurden diese geschriebenen *Misrachim*

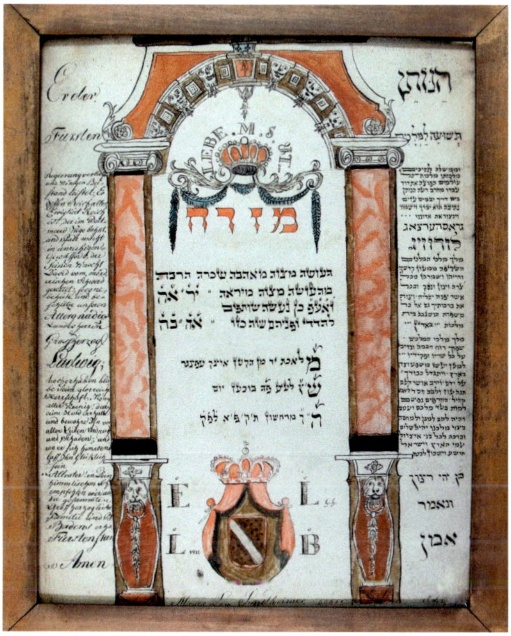

Abb. 26 *Misrach mit Gebet für den Landesfürsten, Tinte, Aquarell, Buchen, 1820. Museen der Stadt Aschaffenburg, Inv. Nr. MSA 131-2008*

durch Lithografien und Öldrucke großer Bilderfabriken wie jener der Gebrüder Wentzel im elsässischen Weissenburg / Wissembourg abgelöst (Abb. 27).

2.3. Geschirr

Porzellan- und Zinngeschirr trägt gelegentlich aufgemalte oder eingeritzte hebräische Buchstaben. Meist handelt es sich dabei um die Worte חלב (chalav, dt. milchig), בשר (basar, dt. fleischig), פרווה (parve, dt. neutral) oder פסח (*Pessach*). Damit wird die Bestimmung des Geschirrs bei der rituell vorgeschriebenen Trennung milchiger und fleischiger Speisen oder der ausschließlichen Verwendung während des *Pessach*-Festes kenntlich gemacht. Häufig finden sich auf Zinntellern des 18. und frühen 19. Jahrhunderts weitere hebräische Schriftzeichen, die meist Namensmonogramme der Besitzer darstellen.

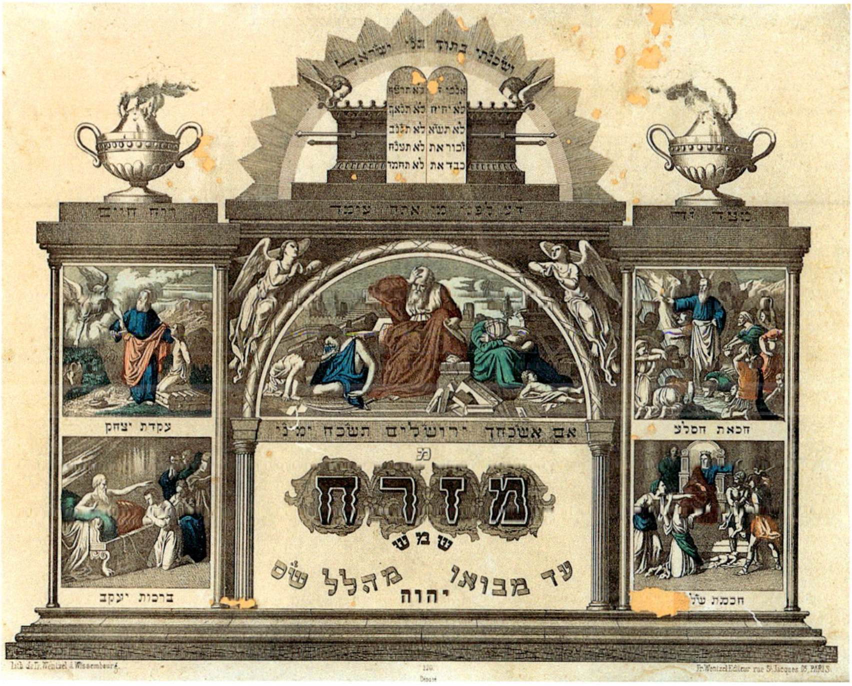

Abb. 27 *Misrach, Farblithographie, Gebrüder Wentzel, Weissenburg / Wissembourg (Elsass), 1857. Jüdisches Museum Franken in Schnaittach, Inv. Nr. 1364/50*

3. Der Schabbat

Für die Ausübung der vorgeschriebenen Rituale am *Schabbat*, dem wöchentlichen Ruhetag, sind verschiedene Geräte notwendig. Obwohl für die *Schabbat*-Rituale jegliches Alltagsgerät (Kerzenleuchter, Teller und Becher) verwendet werden kann, haben sich spezielle Geräte herausgebildet, die ausschließlich diesen Ritualen zugewiesen sind. Freitagabends am Eingang des Schabbat wird der Segen *(Kiddusch)* über Brot und Wein gesprochen, wobei für letzteren ein besonderer, der Würde des Rituals entsprechender Becher verwendet wird. Am Ausgang des *Schabbat* wird bei der *Hawdala*-Zeremonie zur Unterscheidung von Ruhe- und Arbeitstag der Segen über Wein, Licht und wohlriechende Gewürze gesprochen. Dafür haben sich mit dem *Hawdala-Teller*, dem *Bsamim-Behältnis* und dem *Hawdala-Kompendium* spezielle Ritualgeräte herausgebildet.

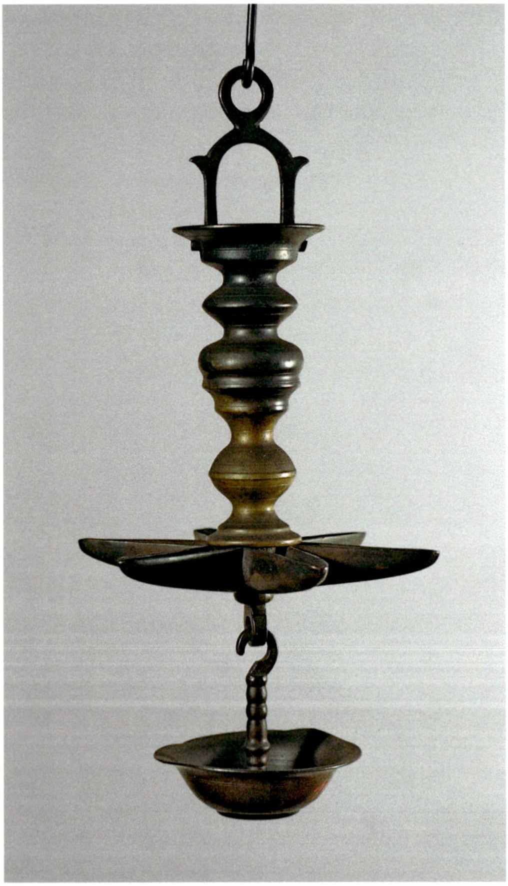

Abb. 28 Schabbat-Lampe, Messing, wohl Nürnberg, 18./19. Jh. Jüdisches Museum Franken in Schnaittach, Inv. Nr. 1368/54

3.1. Schabbat-Lampe

Da am *Schabbat* wegen des Ruhegebots kein Licht entzündet werden darf, entstanden ab dem ausgehenden Mittelalter in den Werkstätten von Nürnberger Rot- und Gelbgießern spezielle Messingleuchter, die ein dauerhaftes Brennen gewährleisteten.[53] Diese Leuchter bestehen aus mehreren Teilen, einem meist balusterförmigen Schaft mit Aufhängeöse, an dessen unterem Ende ein sechs- oder achtstrahliger Ölbehälter montiert werden kann. An dessen Unterseite befindet sich eine weitere Öse, an die eine Tropftasse für überlaufendes Lampenöl gehängt wird. Kleine geschwungene Rinnen aus Messingblech, die mit Drahtösen an den Sternspitzen befestigt werden und überlaufendes Öl in die Tropftasse führen, sind bei den heute überlieferten *Schabbat-Lampen* meist verloren gegangen. Eine Lampensäge zur Verstellbarkeit der Hänghöhe komplettiert die *Schabbat-Lampe* (Abb. 28). Durch sie entstand die jüdischdeutsche Redewendung »Steigt die Schabbeslamp' herab, wenden Not und Sorg' sich ab« – während des wöchentlichen Ruhetags, an dem die *Schabbat-Lampe* tiefer gehängt wird, sind alle Sorgen vergessen. Größere *Schabbat-Lampen* haben am unteren Teil des Schafts einen Kranz mit Löchern zum Einhängen von volutenartig geformten zusätzlichen Kerzenleuchterarmen.

Die Form der *Schabbat-Lampen* geht auf einen wohl im 12. Jahrhundert entstandenen Leuchtertypus für christliche Kirchen zurück. Im Dom von Erfurt hat sich solch ein Leuchter erhalten. Die Annahme, dass es sich dabei um eine *Schabbat-Lampe* handelt,[54] die nach der Vertreibung der Juden aus Erfurt 1453 in den Dom gelangt sein soll, hat bereits 1956 Franz Landsberger in Frage gestellt. Allerdings wurde diese Lampenform bereits im Mittelalter für die *Schabbat-Lampe* adaptiert, wie Illustrationen hebräischer Handschriften ab 1400 belegen.[55]

Erste Hinweise auf die nun wegen der charakteristischen sternförmigen Ölschale als »Judenstern« bezeichnete und ausschließlich in einem jüdischen Kontext verwendete Lampe finden sich im 16. Jahrhundert. Aber noch zu Beginn des 20. Jahrhunderts boten Messinggießereien wie die Münchner Lüster- und Bronzewarenfabrik Schwarz und Weigl in Inseraten »Sabbath-Lampen für Oel-, Gas- oder elektrische Beleuchtung in massiv Messing fabrizirt« an, die ihren Nürnberger Vorbildern nachempfunden waren.[56] Dies macht eine Datierung vorliegender Stücke schwierig. Eine abweichende Form mit glattem Schaft statt Balusterschaft dürfte jedoch nicht vor dem ausgehenden 18. Jahrhundert entstanden sein.[57] Bei aufwendiger gearbeiteten Lampen ermöglichen in den Balusterschaft oder den Lampenstern eingeschlagene Ornamente aufgrund ihrer Stilistik gelegentlich eine genauere Datierung. Bei den meisten überlieferten *Schabbat-Lampen* muss davon ausgegangen werden, dass die einzelnen Teile im Lauf der Zeit immer wieder ausgetauscht wurden oder verloren gegangen sind und neu kombiniert wurden, weshalb sich kaum Lampen in all ihren Teilen im Originalzustand erhalten haben. *Schabbat-Lampen* aus Messing befanden sich in Süddeutschland in fast jedem jüdischen Haus und auch in den Synagogen, weshalb die Anzahl der bis heute überlieferten Lampen beträchtlich ist.

Für wohlhabende jüdische Kunden fertigten Goldschmiede auch silberne *Schabbat-Lampen*. 1540 erscheint zum ersten Mal eine solche in einem Meisterbuch der Frankfurter Goldschmiede mit der Bezeichnung »Judenstern«.[58] Die ältesten erhaltenen silbernen *Schabbat-Lampen* entstanden um 1700 in Frankfurt, wie etwa die aus dem Besitz der Familie Rothschild stammende und heute im Jewish Museum New York befindliche Arbeit des Frankfurter Meisters Johann Valentin Schüler[59] oder die im Museum der Synagogengemeinde Temple Emanu-El in New York verwahrte Lampe des Frankfurter Meisters Johann Adam Boller aus dem frühen 18. Jahrhundert.[60] Auch in Augsburg[61], Fürth[62] und Nürnberg[63] wurden im 18. Jahrhundert vereinzelt solche prächtigen Lampen hergestellt.

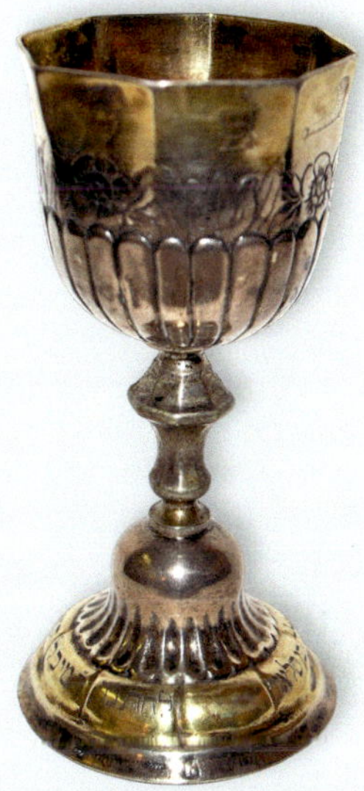

Abb. 29 Kiddusch-Becher, Silber, vergoldet, Johann Friedrich Ehe (Meister 1773, † 1808), Nürnberg 1787–1790. Fränkische-Schweiz-Museum, Tüchersfeld, Inv. Nr. E1708

3.2. Kiddusch-Becher

Für den *Kiddusch* (Plur. *Kidduschim*, dt. Heiligung, Segensspruch) über Wein am Ein- und Ausgang des *Schabbat* kann grundsätzlich jede Art von Becher verwendet werden. Auch bedarf ein *Kiddusch-Becher* keiner hebräischen Inschrift. Die einschlägigen Vorschriften besagen lediglich, dass er sauber und innen glatt sein und eine Mindestfüllmenge von etwa einem Achtelliter haben muss. Bevorzugt wurden silberne Becher verwendet. Zur beliebtesten und häufigsten Form wurden die in Augsburg und Nürnberg hergestellten kelchförmigen Becher mit oktogonaler Kuppa, die häufig hebräische Beschriftungen mit dem Segensspruch über Wein oder Gebrauchszuweisungen für *Schabbat* oder bestimmte Feiertage, aber auch als Geschenke Widmungsinschriften tragen (Abb. 29). Möglicherweise setzte sich die oktogonale Form der *Kiddusch-Becher*, die ihren Ursprung in säkula-

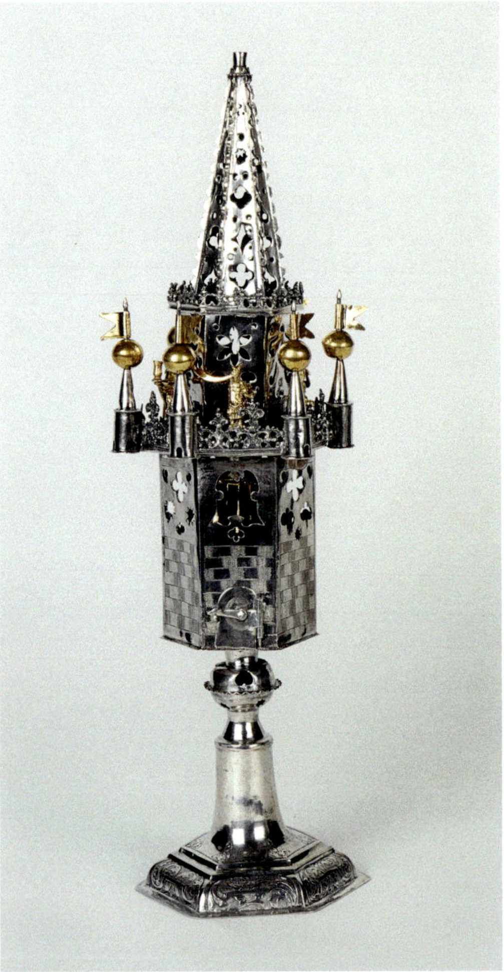

Abb. 30 Bsamim-Turm, Silber, teilvergoldet, Johann Conrad Weiß (Meister 1699, † 1758), Nürnberg 1707/1715. Jüdisches Museum der Stadt Wien, Inv. Nr. 188

ren Trinkbechern von Handwerkerzünften hatte, auch deshalb durch, weil damit eine gewollte Abgrenzung von den üblicherweise mit runder Kuppa versehenen christlichen Abendmahl-Kelchen erreicht werden konnte.[64]

3.3. Bsamim-Behältnis

Das *Bsamim-Behältnis* (hebr. *Hadas*, Plur. *Hadasim*) dient der Aufnahme wohlriechender Gewürze, über die am Ausgang des *Schabbat* bei der *Hawdala*-Zeremonie der Segen gesprochen wird. In der traditionellen Überlieferung soll so der süße Duft des Festtags in die Arbeitswoche getragen werden. Die Verwendung von Behältnissen zur Aufbewahrung der Gewürze ist eine neuzeitliche Innovation. In mittelalterlichen Quellen sind sie nicht erwähnt und in schriftlichen Zeugnissen sind wiederholt Myrtenzweige genannt, die der Segnende in der Hand hält, oder es ist von Bechern die Rede, in denen sich die Gewürze befanden. Andere Zeugnisse beschreiben Becher, in denen die Gewürze verwahrt wurden. In einem Frankfurter Meisterbuch der Goldschmiede wird 1532 erstmals ein »hedes Rauchfass« erwähnt – Hedes bzw. *Hadas* ist das hebräische Wort für Myrte. Um die Mitte des 16. Jahrhunderts setzte sich der Turm als bevorzugte Form für *Bsamim-Behältnisse* durch.[65] Eine der Erklärungen für die Verwendung dieser Form verweist auf das Hohelied 5,13: »Seine Wangen wie ein würziges Beet, gleich Türmen von Wohlgerüchen, seine Lippen – Rosen, träufelnd fließende Myrrhe.«[66]

In der ersten Hälfte des 18. Jahrhunderts entstanden in Augsburg und Nürnberg aufwendig gestaltete *Bsamim-Türme*, an deren Turmbalustraden manchmal Wächterfiguren stehen oder Fenster mit Glöckchen, Fahnen und anderer Zierrat sich über einem Pokalfuß aufbauen. Einer der prächtigsten Türme dieser Art stammt aus der Nürnberger Werkstatt von Johann Conrad Weiß (Abb. 30).

Ein eigenständiger Turmtypus entstand in der ersten Hälfte des 18. Jahrhunderts in dem für seine Silberfiligranarbeiten bekannten Schwäbisch Gmünd. Die mit Glassteinen und Emailbildern mit biblischen Motiven nach Vorbildern der erstmals 1523 in Basel erschienenen Holbein-Bibel geschmückten Türme entsprechen in ihrer Verarbeitungstechnik den Schwäbisch Gmünder Filigranarbeiten, waren jedoch in ihrer Form von osteuropäischen, meist in Galizien entstandenen *Bsamim-Türmen* beeinflusst (Abb. 31).[67] Sie verweisen auf den kulturellen Transfer kleiner Gruppen von Juden aus Osteuropa, die im ausgehenden 17. Jahrhundert als Folge der Verwüstungen durch die Chmelnizki-Pogrome nach Süddeutschland kamen und auch in anderen Bereichen wie dem Synagogenbau osteuropäische Einflüsse nach Schwaben und Franken transferierten.[68]

Grundsätzlich kann jede Art von Behältnis, das Öffnungen besitzt, die das Herausströmen des Dufts ermöglichen, für die Zeremonie verwendet werden. In Süddeutschland beliebt waren bei-

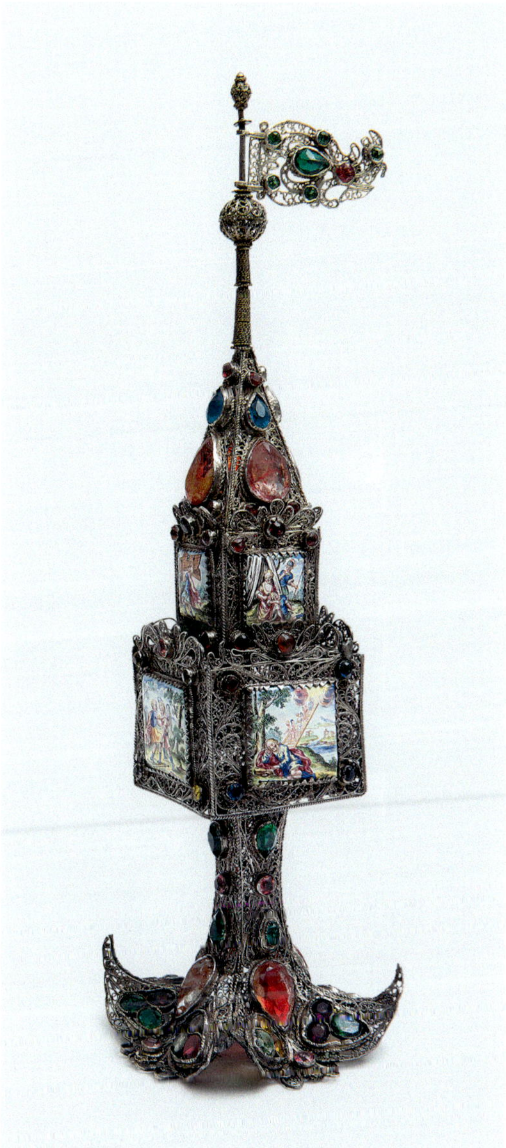

Abb. 31 Bsamim-Turm, Silberfiligran, Schwäbisch Gmünd, 1. H. 18. Jh. Jüdisches Museum Frankfurt, Inv. Nr. JMF1987-0056

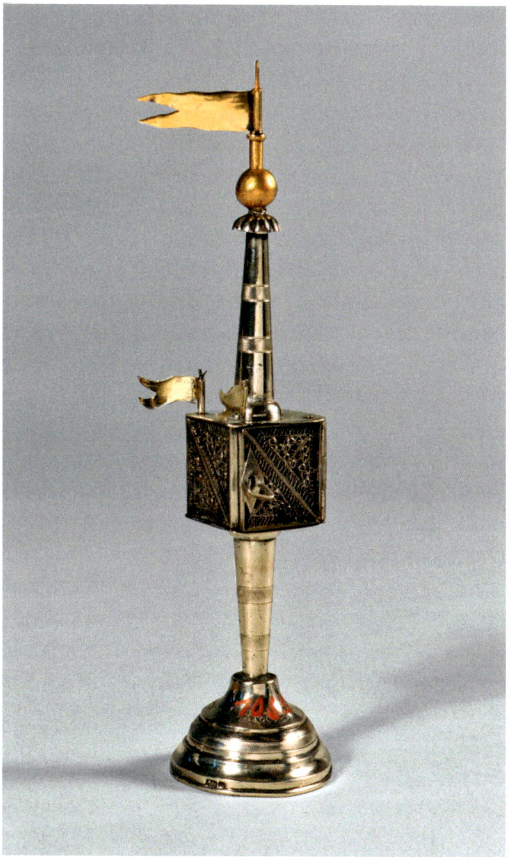

Abb. 32 Bsamim-Turm, Silber, wohl Hanau nach 1888. Jüdisches Museum Franken in Schnaittach, Inv. Nr. 1354 / 43

spielsweise die von lokalen Zinngießern produzierten kubischen Gewürzdosen mit Schiebedeckeln und Fächereinteilung, die generell für die Aufbewahrung von kostbaren Gewürzen verwendet wurden. Manche von ihnen tragen hebräische Inschriften wie בשמים (*Bsamim*, dt. Gewürze), הדס (*Hadas*, wörtlich Myrte) oder הבדלה (*Hawdala*, dt. Unterscheidung) und verweisen so auf die besondere Verwendung eines säkularen Behältnisses am Ausgang des *Schabbat*.[69]

In der zweiten Hälfte des 19. Jahrhunderts bedienten die Silberwarenfabriken Berlins, Hanaus und Schwäbisch Halls den Markt für *Bsamim-Türme*, die meist in traditioneller Turmform hergestellt wurden (Abb. 32). Neue Fertigungstechniken ermöglichten es nun auch, solche Türme aus gepressten unedlen Materialien wie Messingblech herzustellen und durch Stanz- und Ätztechniken mit sogenannten falschem Filigran zu dekorieren.

3.4. Hawdala-Kompendium

Bei der *Hawdala*-Zeremonie wird der Segen nicht nur über Gewürze, sondern auch über Licht und Wein gesprochen. Für den Lichtsegen werden *Hawdala-Kerzen* verwendet, die aus drei dünnen zu einem Zopf verflochtenen Kerzen bestehen und damit Bezug auf die Pluralform »Lichter« in der Preisung Gottes als »Schöpfer der Lichter des Feuers« nehmen. Ursprünglich wurden sie während des Segens in der Hand gehalten. Früheste Hinweise auf die Verwendung von *Hawdala-Kerzen*leuchtern finden sich im frühen 16. Jahrhundert[70] In Augsburger und Nürnberger Goldschmiedewerkstätten entstand im frühen 18. Jahrhundert ein neues Ritualgerät, das *Bsamim-Behälter* und Halter für die *Hawdala-Kerze* kombiniert. Die Basis solcher *Hawdala-Kompendien* bildet ein flachquadratischer Sockel mit Schublade zur Aufnahme der Gewürze. Darüber sind vier Stäbe angeordnet, an denen eine verschiebbare

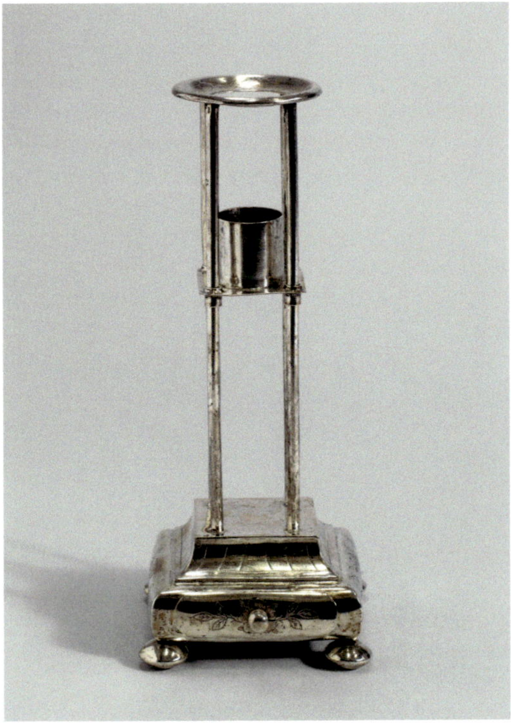

Abb. 33 Hawdala-Kompendium, Silber, ungemarkt, wohl Nürnberg 1. H. 19. Jh. Germanisches Nationalmuseum, Nürnberg, Inv. Nr. JA 32

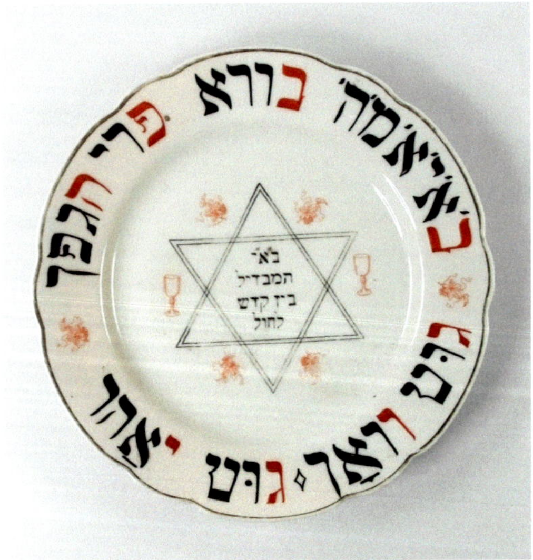

Abb. 34 Hawdala-Teller, Porzellan, bemalt, Süddeutschland um 1920. Museen der Stadt Aschaffenburg, Inv. Nr. MSA 248-2011

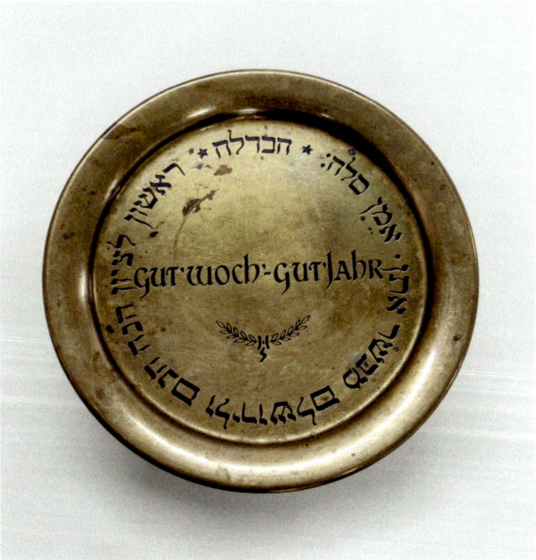

Abb. 35 Hawdala-Teller, Messing, geätzt, Hersteller: Heinrich Schwed (geb. 1880), München um 1925. Jüdisches Museum München, Inv. Nr. JM 4-2013

Tülle zum Nachjustieren der abbrennenden, geflochtenen *Hawdala-Kerze* befestigt ist (Abb. 33). Vorbild für diese Innovation waren *Hawdala-Kerzen*halter – noch ohne Schublade für Gewürze – wie sie etwa Valentin Schüler oder Jeremias Zobel im frühen 18. Jahrhundert in Frankfurt mit figuralen Darstellungen der *Hawdala*-Zeremonie anstelle des Gewürzbehältnisses herstellten.[71]

3.5. Hawdala-Teller

Zum Abschluss der *Hawdala*-Zeremonie wird die brennende *Hawdala-Kerze* in einem randvollen Weinbecher gelöscht. Der Weinbecher soll dabei überfließen – verbunden mit der Hoffnung, dass auch die nun beginnende Woche vor Segen überfließe. Der Weinbecher steht dabei auf einem *Hawdala-Teller*, der den überfließenden Wein auffängt. Solche Teller, die als eigenes Ritualgerät wohl erst im ausgehenden 19. Jahrhundert entstanden sind, tragen auf der Fahne meist Segenssprüche der Zeremonie und im Spiegel den traditionellen Wunsch am Ausgang des *Schabbat* גוט וואך גוט יאהר (»Gut' Woch – gut' Jahr«) in hebräischen und gelegentlich auch in deutschen Buchstaben. Seit dem ausgehenden 19. Jahrhundert wurden solche Teller in großer Stückzahl von den großen Porzellanerzeugern Oberfrankens und der Oberpfalz hergestellt (Abb. 34). In den 1920er-Jahren schufen Kunstgewerbler wie der Münchner Heinrich Schwed verschiedene *Hawdala-Teller* aus Messing mit deutschen und hebräischen Inschriften (Abb. 35).[72]

4. Das jüdische Jahr

Der jüdische Kalender orientiert sich als lunisolarer Kalender an den Mondphasen. Jahresende und Jahresbeginn sind immer im September oder Oktober, die Monatsanfänge orientieren sich am Neumond. In den Jahreslauf eingebunden sind Feiertage, für die teilweise eigenes Ritualgerät benötigt wird.

4.1. Schofar

Das *Schofar* (Plur. *Schofarot*) wird zum Neujahrsfest (*Rosch Haschana*) und am Versöhnungstag (*Jom Kippur*) als Zeichen der inneren Einkehr und Buße geblasen. Es ist aus einem Widderhorn gearbeitet (Abb. 36). Häufig trägt es eingeritzte Verzierungen oder Inschriften. Der Rand der Schallöffnung ist gelegentlich gezackt und manchmal mit Durchbruchornamentik verziert.[73]

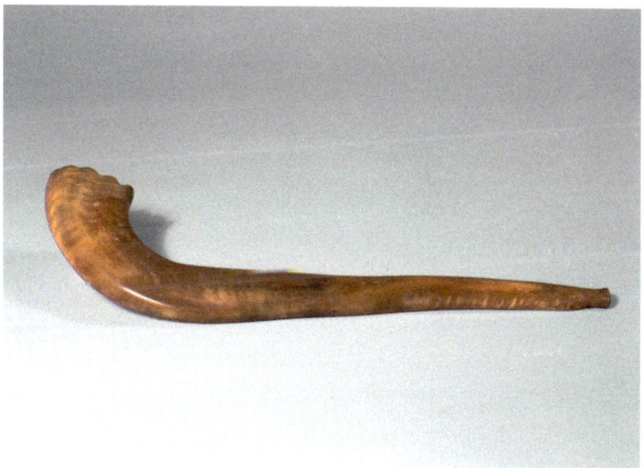

Abb. 36 Schofar, Widderhorn, Süddeutschland 19. Jh. Jüdisches Museum Franken in Schnaittach, Inv. Nr. 1348/38

4.2. Etrog-Dose und Etrog-Teller

Während der Gottesdienste am Laubhüttenfest (*Sukkot*) werden *Etrog-Früchte* und Palmwedel (*Lulavim*) benötigt, um das Gebot aus 3. Mose 23,40 zu erfüllen: »Und nehmet euch am ersten Tag Frucht des Baumes Hadar, Palmzweige und Äste vom Baume Awot und Bachweiden und freuet euch vor dem ewigen, eurem Gotte, sieben Tage.« Die kostbaren, mit großem Aufwand aus dem Mittelmeerraum nach Süddeutschland importierten Früchte wurden in Dosen verwahrt und in ihnen auch zum Gottesdienst gebracht. Allerdings hat sich keine eigene Form für diese Gefäße entwickelt, denn es finden sich vor der zweiten Hälfte des 19. Jahrhunderts keine, die sich in ihren Formen an der *Etrog-Frucht* orientierten. Verwendet wurden vorhandene Dosen, häufig silberne Zuckerdosen, die sich in Form und Größe für die Aufbewahrung und den Transport der Frucht besonders eigneten. Gelegentlich wurden

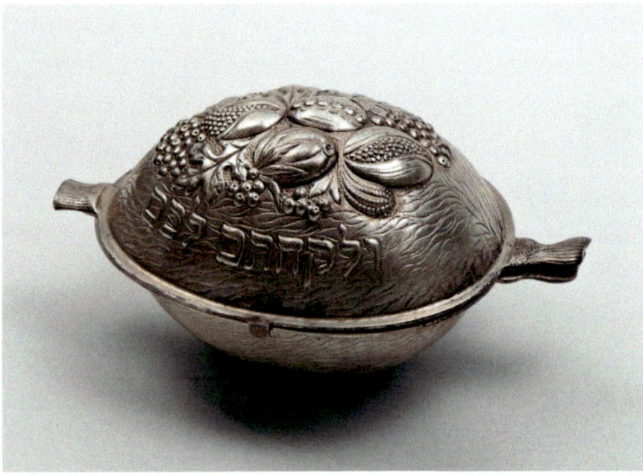

Abb. 37 Etrog-Dose, Silber, wohl Hanau um 1900. Jüdisches Kulturmuseum Augsburg-Schwaben, Inv. Nr. 2003-14

sie mit hebräischen, auf das Laubhüttenfest und die *Etrog-Frucht* bezüglichen Worten graviert. Offenbar kam es bei der Auswahl zu einer gewissen Prunksucht, denn die Münchner Synagogen-Ordnung von 1826 untersagte das »Tragen der אתרוגים (Etrogim, dt. Zederäpfel) in die Synagoge in silbernen Gefäßen«.[74] Erst im ausgehenden 19. Jahrhundert entstanden in den Silberwarenfabriken Hanaus und Frankfurts Behältnisse in Form einer *Etrog-Frucht* (Abb. 37).

4.3. Chanukka-Leuchter

Der *Chanukka-Leuchter* (hebr. Chanukkia, Plur. Chanukkiot) wird während des Chanukka-Fests entzündet. Damit wird an die Rückeroberung des Tempels erinnert, als die Makkabäer der Legende nach Lampenöl für die Tempelleuchter fanden, das nur für einen Tag reichte. Durch ein Wunder speiste es die Leuchter aber acht Tage. Deshalb wird während *Chanukka* jeden Tag ein weiteres der Lichter am achtarmigen Leuchter entzündet. Ein neunter beweglicher Leuchterarm, der *Schamasch* (Plur. *Schamaschim*, dt. Diener) wird zum Entzünden der anderen Lichter verwendet. Verschiedene rituelle Vorschriften über die Beschaffenheit von *Chanukka-Leuchtern* wie zur Ausrichtung der Lichter und ihr Abstand zueinander oder zur Beschaffenheit des Hilfslichtes haben einen eigenen Leuchtertypus entstehen lassen. Grundformen sind an die siebenarmigen Tempelleuchter erinnernde, *Menora*-förmige sowie bankförmige Leuchter.

Chanukka-Leuchter aus Silber waren bis in das ausgehende 19. Jahrhundert sehr kostbar. Im 18. Jahrhundert waren sie nur für die wenigen *Hoffaktoren* leistbar, die sie sich gelegentlich auch gegenseitig zum Geschenk machten.[75] In Nürnberg entwickelten im frühen 18. Jahrhundert Goldschmiede wie Matheus Städlein und Johann Conrad Weiß einen eigenen Typus, dessen geschweifte und mit Doppeladlern oder Muscheln bekrönten Rückwände eine verglaste Öffnung zur Aufnahme eines Pergaments mit den Segenssprüchen zu *Chanukka* aufweisen.[76] Aus der Augsburger Produktion haben sich nur wenige silberne *Chanukka-Leuchter* erhalten, die sich mit ihren kartuschenförmigen Rückwänden meist an Frankfurter Vorbildern ihrer Zeit orientieren.[77]

Ab dem ausgehenden 17. Jahrhundert wurden bankförmige Zinnleuchter mit geschwungener Rückwand in Süddeutschland zu dem am weitesten verbreiteten Typus (Abb. 38). Sie wurden meist

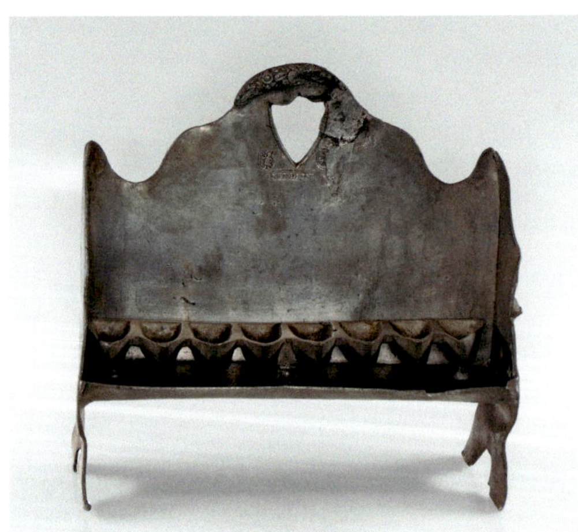

Abb. 38 Chanukka-Leuchter, Zinn, Hersteller: Gottlob Friedrich Kaden (Meister 1802), Nördlingen um 1810. Museen der Stadt Aschaffenburg, Inv. Nr. MSA 4161

von Zinngießern in Kleinstädten hergestellt, die so in Gegenden mit zahlreichen jüdischen Gemeinden einen lokalen Markt bedienten. Ein oder mehrere Löcher in der Rückwand dienten nicht nur der Materialersparnis, sondern boten auch die Möglichkeit, den Leuchter an der Wand aufzuhängen. Ihre Grundform mit geschwungenen Rücken- und Seitenwänden orientiert sich an der den Zinngießern vertrauten Form von Schreibgarnituren des 18. Jahrhunderts.[78]

Da Zinn bis in das 19. Jahrhundert teuer und kostbar war, begnügten sich viele Familien mit einfachen *Chanukka-Leuchtern* aus Holz oder Eisenblech. Einfache Eisenblech-Leuchter wurden meist von lokalen Flaschnern nach den Vorgaben der Auftraggeber hergestellt und lehnten sich in ihrer Formensprache den wertvolleren *Chanukka-Leuchtern* aus Silber oder Zinn an (Abb. 39). Wie aus *Genisa*-Funden bekannt ist, wurden auch mit acht Bohrlöchern versehene Holzlatten als *Chanukka-Leuchter* verwendet.

Ab der zweiten Hälfte des 19. Jahrhunderts wurden *Chanukka-Leuchter* meist industriell hergestellt. Zahlreiche Silberwarenfabriken in Hanau, Frankfurt und Schwäbisch Gmünd, aber auch die Württembergische Metallwarenfabrik (WMF) in Geisslingen hatten silberne oder versilberte, *menora*-förmige Leuchter in ihrem Angebot. Auch kleinere Hersteller wie der Stuttgarter Hoflieferant J. Rominger oder der Münchner J. Neuburger stellten mit ihren Firmenzeichen versehene Leuchter für ihre lokalen Märkte her (Abb. 40). Während der Phase des Jugendstils und des Art déco wurden *Chanukka-Leuchter* auch zunehmend zu einer künstlerischen Aufgabe. So entwarf beispielsweise der in dieser Zeit in München tätige Friedrich Adler um 1910 *Chanukka-Leuchter* für die Regensburger Zinnfabrik Eugen Wiedamann.[79] Um 1925 gestaltete der Münchner Bildhauer Arnold Zadikow einen mit zahlreichen biblischen Motiven versehenen, vermutlich in München in kleiner Auflage gegossenen Messingleuchter.[80]

Nach 1945 wurden kurzfristig wieder *Chanukka-Leuchter* für den Bedarf der zahlreichen jüdischen Displaced-Persons-Lager angefertigt. Am verbreitetsten war ein wahrscheinlich in der ehemaligen SS-Porzellan-Manufaktur Allach im Auftrag des

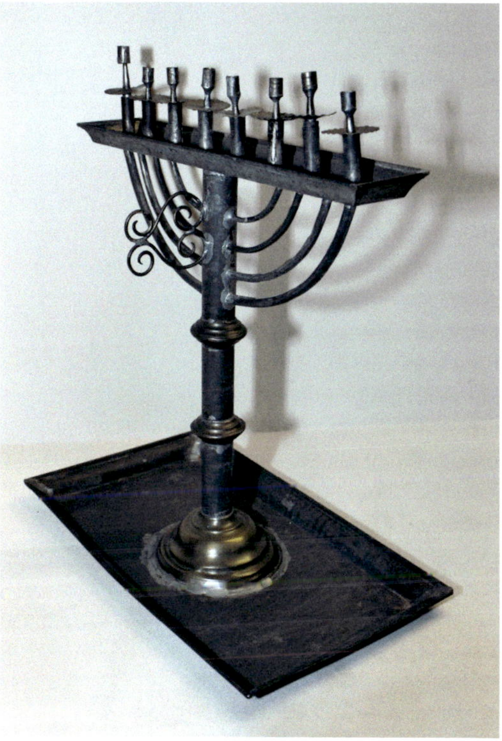

Abb. 39 Chanukka-Leuchter, Weissblech, Messing, Mittelfranken, 19. Jh. Stadtmuseum Gunzenhausen, Inv. Nr. 3105

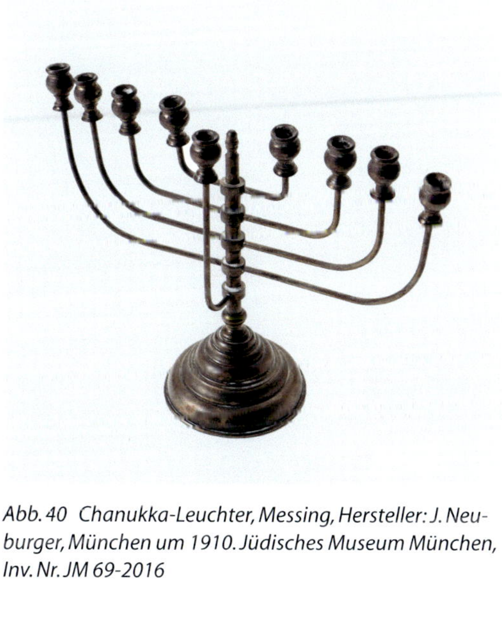

Abb. 40 Chanukka-Leuchter, Messing, Hersteller: J. Neuburger, München um 1910. Jüdisches Museum München, Inv. Nr. JM 69-2016

JOINT (American Jewish Joint Distribution Committee) hergestellter Keramikleuchter, dessen Form eines gefällten Baumes, aus dem neue Triebe sprießen, die Lebenssituation der wenigen Überlebenden der Schoa widerspiegelt.[81]

4.4. Purim-Teller

Das *Purim*-Fest erinnert an die Errettung der persischen Juden durch Königin Esther und ihren Cousin Mordechai, wie sie in der Megillat Esther, der Esther-Rolle erzählt wird. Die häufig reich illustrierte Pergamentrolle konnte sich in einer Hülle aus Silber oder Holz befinden, in die meist ein Kurbelmechanismus zum Zurückrollen eingebaut ist. Die Esther-Geschichte enthält in Kap. 9,22 die Aufforderung »[es] sende ein jeder Geschenke dem Nachbarn«. Diese Geschenke, genannt *Schlachmones* (von hebr. Mischloach Manot, dt. Portionen schicken) wurden auf eigens gestalteten Tellern gesammelt. Sie tragen auf der Fahne meist die genannte Aufforderung, an Bedürftige zu schenken, in Hebräisch משלח מנות איש לרעהו ומתנות לאביני (hebr. Mishloach Manot Isch le-Re'ehu u-Matanot le-Evjonim), und im Spiegel Darstellungen von Königin Esther und Mordechai zu Pferd (Abb. 41). Als Vorlage für die gravierten Darstellungen auf *Purim-Tellern* dienten den christlichen Zinngießern Abbildungen aus illustrierten Esther-Rollen. Von dem Brauch, eigens gestaltete Teller für die *Schlachmones* zu verwenden, kam man wohl schon im 19. Jahrhundert wieder ab. Erhaltene *Purim-Teller* aus Zinn stammen meist aus dem 18. Jahrhundert.[82]

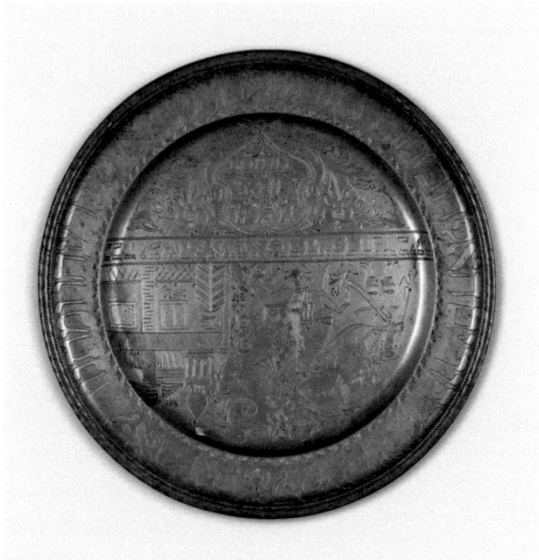

Abb. 41 Purim-Teller, Zinn, Engelszinnmarke, Süddeutschland um 1770. Museen der Stadt Miltenberg, Inv. Nr. RJ 2

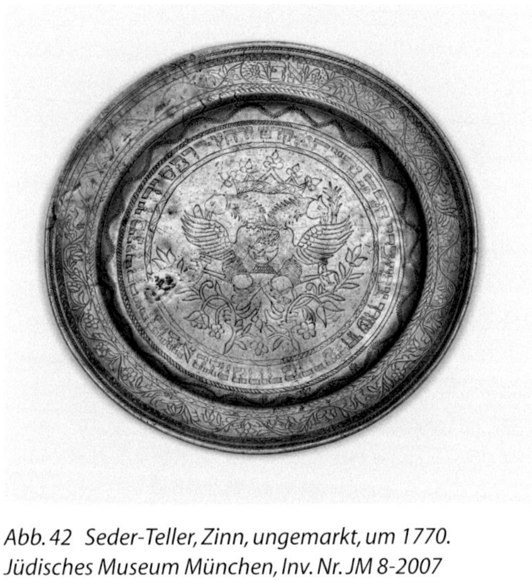

Abb. 42 Seder-Teller, Zinn, ungemarkt, um 1770. Jüdisches Museum München, Inv. Nr. JM 8-2007

4.5. Seder-Teller

Das *Pessach*-Fest erinnert an die Befreiung aus der Knechtschaft in Ägypten. Am Vorabend des ersten Feiertags, dem *Seder-Abend*, wird aus der *Pessach-Haggada*, der Erzählung vom Auszug aus Ägypten, gelesen. Die *Haggada* gibt auch die symbolischen Speisen, die an diesem Abend gegessen werden, vor: Drei ungesäuerte Brote, Bitterkraut, Petersilie, Salzwasser, ein gekochtes Ei, ein magerer Knochen und ein Brei aus Fruchtmus und Nüssen. Wie eine Reihe anderer Ritualgeräte ist der *Seder-Teller* eine relativ junge Innovation. Nach Spanien vor der Vertreibung der Juden 1492 verortete *Seder-Teller* oder vermeintlich im frühen 17. Jahrhundert in Norditalien entstandene Majolika-Teller sind Schöpfungen des späten 19. oder 20. Jahrhunderts.[83] In der ersten Hälfte des 18. Jahrhunderts wurden in Deutschland und

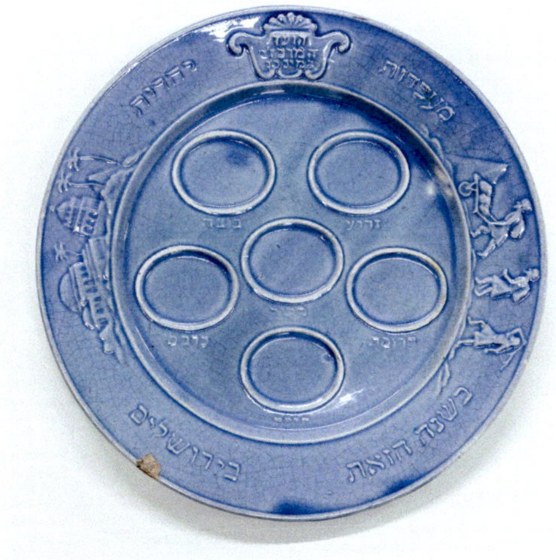

Abb. 43 Seder-Teller, Steinzeug, glasiert, Hersteller: Joint Employment Board, wohl München-Allach 1947. Jüdisches Museum München, Inv. Nr. JM 5/2004

Böhmen erste Zinnteller gebräuchlich, die ausschließlich für den *Seder* verwendet wurden. Gelegentlich werden solche *Seder-Teller* aufgrund ihrer Zinnmarken in das 17. Jahrhundert datiert. Dabei handelt es sich jedoch um Gravuren des 18. Jahrhunderts auf älteren Tellern. Sie tragen hebräische Inschriften mit Anweisungen aus der *Pessach-Haggada*, häufig auch den Namen oder das Monogramm des Besitzers und vielfach bildliche Darstellungen, die ihre Motive aus den zeitgenössischen illustrierten *Pessach-Haggadot* schöpfen (Abb. 42).[84]

Im 19. Jahrhundert entstanden in Porzellanmanufakturen in Deutschland, aber auch in Böhmen, England und Frankreich, *Seder-Teller* aus Porzellan, die sich an den Formen von Austernplatten oder den v. a. in der österreichisch-ungarischen Monarchie gebräuchlichen Rindfleischtellern mit seinen Unterteilungen für die Beilagen orientieren. Die Vertiefungen wurden mit den Bezeichnungen der Speisen in Hebräisch versehen. Diese Form des unterteilten *Seder-Tellers* wird bis heute hergestellt (Abb. 43). Schließlich entstanden in der zweiten Hälfte des 19. Jahrhunderts *Seder*-Aufsätze aus Silber oder anderen Metallen, bei denen der Teller mit einem unter ihm befindlichen Behälter mit drei Fächern zur Aufnahme der ungesäuerten Brote verbunden ist. Diese Aufsätze finden sich in zahlreichen Musterbüchern der auch Judaica herstellenden Silberwarenfabriken Deutschlands und Österreichs.

4.6. Omer-Kalender

Pessach und *Schawuot* gehören zusammen mit dem Laubüttenfest (*Sukkot*) zu den drei Wallfahrtsfesten, an denen zur Zeit der Tempel Pilgerreisen nach Jerusalem unternommen wurden. Da sie in wichtige Zeiten des landwirtschaftlichen Kalenders fallen, vermengen sich *Schawuot* und Laubhüttenfest auch mit Elementen des Ernte-

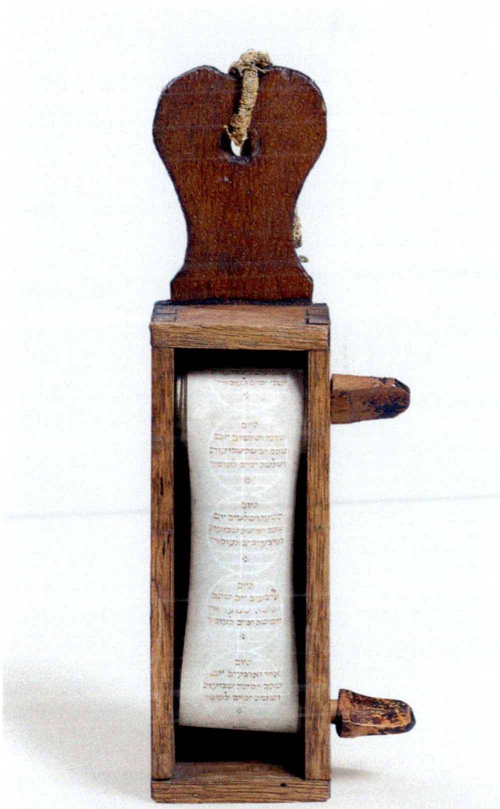

Abb. 44 Omer-Kalender, Eichenholz, Pergament, Unterfranken um 1820. Museen der Stadt Miltenberg, Inv. Nr. RJ 4

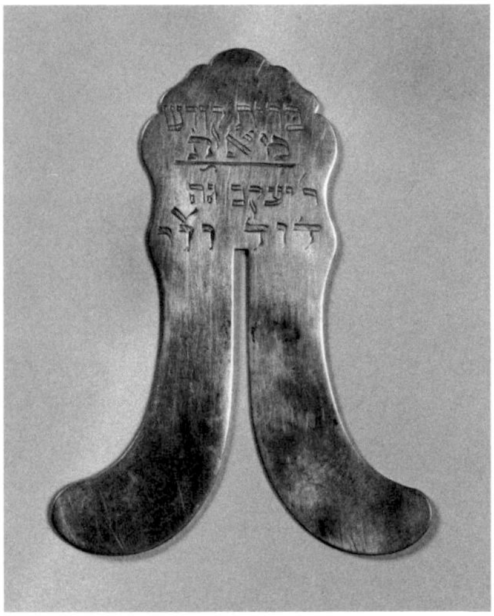

Abb. 45 Beschneidungsplatte, Silber, ungemarkt, Nürnberg um 1800. Germanisches Nationalmuseum, Nürnberg, Inv. Nr. JA 16

danks. In den sieben Wochen (hebr. *Schawuot*) zwischen dem *Pessach*- und *Schawuot*-Fest ist es religiös geboten, die rituelle Garben- oder *Omer*-Zählung durchzuführen. Um das korrekte Zählen der *Omer*-Tage sicherzustellen, wurden eigene *Omer*-Kalender verwendet, bei denen eine Pergamentrolle mit der Aufzählung der 49 Tage zwischen den Feiertagen täglich ein Stück weitergedreht wird (Abb. 44).[85]

5. Lebenskreis

Der jüdische Lebenskreis ist von einer Reihe von Übergangsriten geprägt, für die sich teilweise eigene Ritualgeräte und Werkzeuge herausgebildet haben. Am achten Tag nach der Geburt wird bei Knaben die Beschneidung durchgeführt. In liberalen Gemeinden markiert bei Mädchen mit 12 Jahren die *Bat Mizwa* (Tochter der Pflicht), bei Knaben mit 13 Jahren die *Bar Mizwa* (Sohn der Pflicht), der erstmalige Aufruf zur Lesung der *Tora*, den Eintritt in das Erwachsenenalter. Auch der Abschluss des Lebenskreises durch den Tod ist mit Ritualen verbunden.

5.1. Beschneidung (Brit Mila)

Am achten Tag nach der Geburt eines Knaben wird die *Brit Mila*, die Beschneidung, als Zeichen der Aufnahme in den Bund Gottes mit Abraham durchgeführt. Der Beschneider verwendet dabei verschiedene Werkzeuge – ein Beschneidungsmesser mit meist zweiseitiger Klinge, das manchmal hebräische Inschriften mit einem Segensspruch zur Beschneidung in den Griff graviert hat, eine silberne Beschneidungsplatte als Schutz (Abb. 45) und einen Beschneidungsbecher, in den nach dem Aussaugen der Wunde gespuckt wird.[86]

Da sich im Volksglauben die Meinung gebildet hat, dass Lilith, die erste Frau als Herrscherin über die Mächte der Finsternis, eine Gefahr für Säuglinge an ihren ersten Lebenstagen darstellt, wurden nicht nur spezielle Segen und Gebete gesprochen, sondern es wurde auch auf die Wirkung von Schutzamuletten gehofft. Weit verbreitet waren die in den hebräischen Druckereien von Fürth oder Sulzbach gedruckten Kindbettbriefe, die über der Wiege angebracht wurden. Eine süddeutsche Besonderheit waren Schutzamulette für Knaben aus einem Seidenband, an dem Münzen befestigt waren, deren Glanz den Bösen Blick abwenden sollte und deren unterer als Dreieck geformter, einer Vulva nachgebildeter Abschluss über das Geschlecht des Kindes täuschen sollte.

5.2. Gebetsriemen (Tefillin)

Ein Knabe wird mit 13 Jahren *Bar Mizwa*. Er ist damit religiös volljährig, wird in der Synagoge zum Vorlesen aus der *Tora* aufgerufen und darf *Tefillin* tragen. In Reformgemeinden gilt der gleiche Übergangsritus auch für zwölfjährige Mädchen. Das Gebot, Gebetsriemen zu tragen, begründet sich wie das Anbringen von *Mesusot* in der Aufforderung im Gebet »Höre Israel!« (5. Mose 6,8 und 5. Mose 11, 18): »Und binde sie zum Zeichen an deine Hand, und sie seien zur Stirnbinde zwischen deinen Augen.« Die an Lederriemen befestigten *Tefillin*-Kapseln enthalten ein Pergament mit dem Gebet Höre Israel! und werden an Oberarm und Kopf gebunden. Die Kapseln, die meist aus Leder oder Pergament, manchmal auch aus

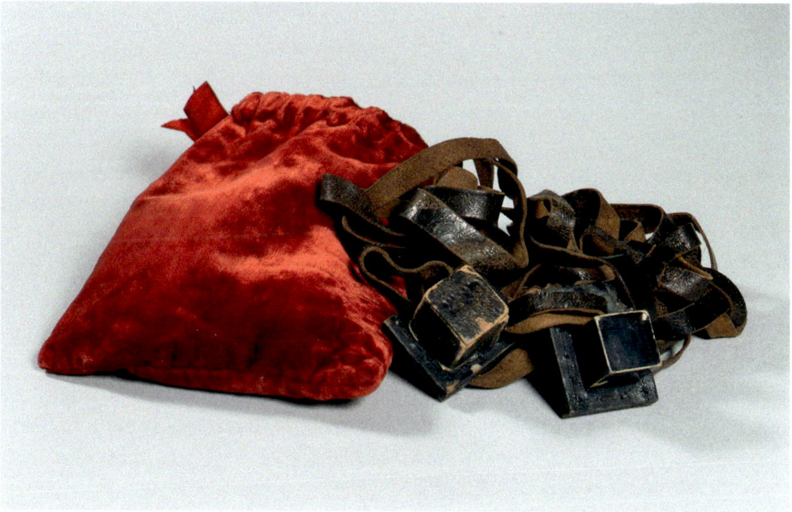

Abb. 46 Tefillin und Tefillin-Beutel, Leder, Pergament, Deutschland um 1930. Jüdisches Museum Franken, Inv. Nr. 25-91

Silber gefertigt sind, können verschiedene Schriftzeichen wie ש als Abbreviatur für den Gottesnamen oder ראש (hebr. Rosch, dt. Kopf) und זרוע (hebr. Serua, dt. Arm) als Hinweise auf die Verwendung tragen. Verwahrt werden sie in textilen Taschen, die häufig auch Aufschriften wie תפילין (*Tefillin*) oder den Namen des Besitzers tragen (Abb. 46). Eine Datumsangabe verweist meist auf die *Bar Mizwa* des Besitzers, bei der er die Gebetsriemen zum Geschenk erhielt.

5.3. Pokal der Beerdigungsbruderschaft

Die Beerdigungsbruderschaft (*Chewra Kadischa*) ist bei einem Todesfall für die Beerdigung zuständig. Ihre Mitglieder waschen den Verstorbenen, kleiden ihn mit dem Totengewand ein und legen ihn in einen einfachen, ungehobelten Holzsarg. Auch heben sie das Grab aus und bestatten den Toten. In Süddeutschland, wo viele nahe beieinander liegende jüdische Gemeinden Verbandsfriedhöfe unterhielten, setzten sich die Mitglieder aus den Angehörigen mehrerer Gemeinden zusammen. Aus der Tätigkeit der Beerdigungsbruderschaften haben sich sowohl bauliche wie auch dingliche Zeugnisse überliefert. Kleine Gebäude (*Tahara-Häuser*) am Rande des Friedhofs mit darin befindlichen meist steinernen Tischen dienten der

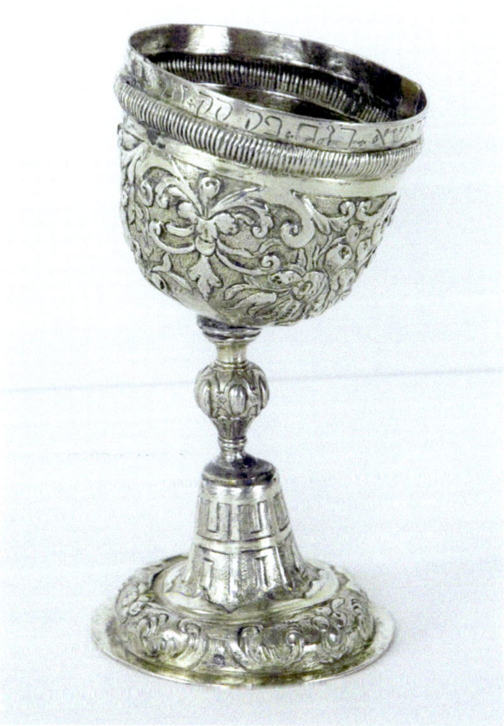

47 Chewra-Kadischa-Pokal aus Sulzbach (Oberpfalz), Hersteller: Johann Lorenz Wernberger (Meister 1729, † 1767), Nürnberg um 1750. University of Berkeley – Magnes Collection of Jewish Art and Life, Inv. Nr. 78.66

Vorbereitung des Verstorbenen für die Beerdigung. Kämme und Geräte zum Reinigen der Fingernägel, die manchmal hebräische Inschriften tragen, gehörten ebenso zum Werkzeug der Beerdigungsbruderschaften wie Leichenwagen, weil oft weite Wegstrecken zu den Friedhöfen überwunden werden mussten.

Die Pokale der Beerdigungsbruderschaften und der von ihnen für die Synagoge angeschaffte *Tora-Schmuck* dienten auch dazu, das Vermögen der Gesellschaft anzulegen. Die Becher und Pokale tragen meist den Namen der Bruderschaft und häufig auch die Namen ihrer Mitglieder. In der zweiten Hälfte des 19. Jahrhunderts kam man von dem Brauch der Bruderschaften, bei einem jährlichen Brudermahl gemeinsam aus dem gestifteten Becher oder Pokal zu trinken, ab. Becher und Pokale gerieten in Vergessenheit und gingen häufig verloren. Theodor Harburger konnte bei seiner »Inventarisation jüdischer Kunst- und Kulturdenkmäler in Bayern« nur noch sieben von ihnen in ganz Bayern feststellen,[87] darunter auch jenen Pokal aus Sulzbach, der sich heute in der Magnes Collection of Jewish Art and Life an der University of Berkeley befindet (Abb. 47).[88]

6. Fälschungen, Verfälschungen und Repliken

Judaica gehören neben einigen anderen Objektgruppen wie etwa Ikonen oder Silberwaren aus der Werkstätte von Peter Carl Fabergé zu den am meisten gefälschten Objekten im internationalen Kunsthandel. Bereits 1967 vermutete der britische Historiker und Judaica-Sammler Cecil Roth, dass es sich beim überwiegenden Teil der auf dem Markt befindlichen Judaica um Fälschungen handelt.[89] Neben reinen Fälschungen stellen auch Verfälschungen authentischer Objekte und Repliken vorwiegend aus der Zeit des Historismus ein Problem dar.

6.1. Fälschungen

In den letzten Jahrzehnten des 19. Jahrhunderts wurde das Sammeln von Judaica zunehmend populär. 1895 wurde in Wien das erste jüdische Museum Europas eröffnet, dem bald weitere folgten. Das wachsende Interesse ließ ein neues Marktsegment im Antiquitätenhandel entstehen, das die steigende Nachfrage nicht decken konnte. Bald tauchten erste Fälschungen auf, die sich in fast allen frühen privaten und öffentlichen Sammlungen finden lassen. Zu den bekanntesten Beispielen gehören vermeintlich jüdische Hochzeitsringe, die in großen Stückzahlen in beinahe allen frühen Sammlungen vorhanden und fast ausschließlich italienische Schöpfungen der zweiten Hälfte des 19. Jahrhunderts sind.[90] In den 1950er-Jahren entwickelte sich in Spanien und Israel ein florierender Markt für gefälschte Silbergegenstände, die als angeblich authentische Ritualobjekte aus Spanien vor der Vertreibung 1492 v. a. bei amerikanischen Sammlern großen Absatz fanden.[91] Aber auch vermeintlich im 18. oder frühen 19. Jahrhundert in Augsburg oder Nürnberg hergestellter *Tora-Schmuck*, der Meistermarken bekannter Goldschmiede trägt, mit ihrem sonstigen Oeuvre aber weder in der handwerklichen Qualität noch stilistisch in Übereinstimmung zu bringen ist, kursiert auf dem Markt.

Seit einem guten Jahrzehnt wird der Markt von neuen Judaica-Fälschungen regelrecht überschwemmt, deren Ursprungsländer Russland und die Ukraine sind. Es handelt sich um *Tora-Zeiger*, Gewürz-Behälter, Hochzeitsringe, *Kiddusch-Becher* und neuerdings auch *Chanukka-Leuchter*, die russische Marken des 19. Jahrhunderts tragen. Die unbekannten Hersteller der Fälschungen machen es sich jedoch ausgesprochen einfach: So sind die Fälschungen keine Nachahmungen russischer Judaica des 19. Jahrhunderts, sondern stellen Neukreationen dar, die mit den wenigen erhaltenen Judaica aus Russland wenig gemein haben. Einzelne identische Elemente wie aus Silberdraht gedrehte und aufgelötete Davidsterne, applizierte Glasflusssteinchen oder gegossene Rabbiner- und Klezmer-Musikerfigürchen tauchen in unterschiedlicher Anordnung immer wieder auf den

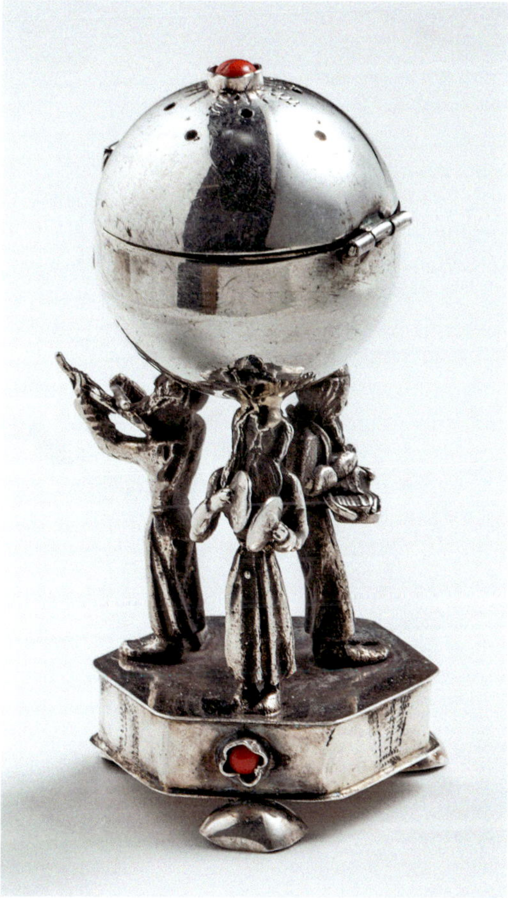

Abb. 48 Bsamim-Büchse, Silber, Russland oder Ukraine um 2010. Jüdisches Museum München, ohne Inv. Nr.

verschiedenen Objekten auf, egal, ob das Objekt laut seiner Punzierung aus der ersten Hälfte oder vom Ende des 19. Jahrhunderts stammt oder in Kiew, Moskau oder St. Petersburg hergestellt worden sein soll. Die Punzierungen, die im Abdruck immer perfekt und ohne spätere Polier- und Abnutzungsspuren sind, zeigen weitere auffällige Fälschungsmerkmale: Es handelt sich immer um die Marken bekannter Goldschmiede aus Moskau, St. Petersburg, Kiew oder Vilnius, auch wenn die Qualität der Stücke weit entfernt ist von jener originaler Silberobjekte dieser Meister oder von ihnen sonst keine Judaica nachweisbar sind. Häufig sind Meistermarke und Stadtmarke nicht stimmig, wenn sich etwa neben der Marke eines Moskauer Goldschmieds die Stadtmarke von St. Petersburg befindet. Datierte russische Beschauzeichen stimmen häufig nicht mit den Lebensdaten der Goldschmiede und Beschauer überein. Auch die sogenannte Kokoschnik Marke, die 1896 das bisherige Beschauzeichen ersetzte, findet sich auf vermeintlichen Arbeiten von Meistern, die vor 1896 starben. Ein weiteres untrügliches Merkmal, dass es sich beim Gros der auf dem Markt befindlichen Objekte um Fälschungen handelt, belegt schließlich der Umstand, dass sich Judaica mit den geschilderten Merkmalen in keinen privaten und öffentlichen Sammlungen befinden, die vor der Jahrtausendwende aufgebaut wurden (Abb. 48).

Die Fälschungen werden auf unterschiedlichen Kanälen in den Handel gebracht. Größter Marktplatz sind wohl die Internet-Auktionsportale. Beim bekanntesten Auktionsportal finden sich, wenn man etwa die Suchbegriffe »Judaica« und »84« (für ein gängiges russisches Feingehaltszeichen) angibt, regelmäßig entsprechende Angebote, die auch ihre Käufer finden. Russische Judaica-Fälschungen tauchen aber auch auf Antikmärkten, im weltweiten Antiquitätenhandel, wo das Gros der angebotenen Judaica-Silberobjekte russischer Provenienz derartige Fälschungen sind, und leider auch im Angebot renommierter Auktionshäuser auf. Im Internet erzielen *Tora-Zeiger* und *Bsamim-Büchsen* 150 bis 300 Euro, im Auktions- und Einzelhandel sind sie meist geringfügig teurer. Würde es sich um authentische Objekte aus dem 19. Jahrhundert handeln, müsste wohl das zehn- bis zwanzigfache dieser Preise angesetzt werden.[92]

6.2. Verfälschungen

Genauso häufig wie Fälschungen finden sich auf dem Markt Verfälschungen, bei denen authentische, historische, aber aus säkularen Gebrauchszusammenhängen stammende Objekte zu Judaica umgearbeitet werden. So werden in authentische Silberbecher aus Augsburg oder Nürnberg hebräische Inschriften rezent graviert, um so die deutlich höheren Marktwerte für *Kiddusch-Becher* zu erzielen. Das gleiche Vorgehen ist bei Zuckerdosen,

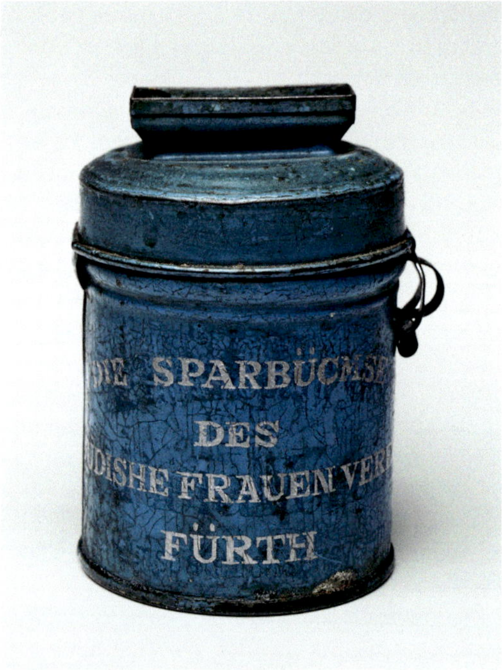

Abb. 49 Sparbüchse, wohl Naher Osten, 1. H. 20. Jh. mit nachträglicher Aufschrift. Deutsches Historisches Museum, Berlin, Inv. Nr. 1989/1818

meist aus dem Biedermeier, zu beobachten, die mit neu angebrachten, auf das Laubhüttenfest bezüglichen Inschriften zu *Etrog*-Dosen mutieren. Auch zahlreiche *Seder*- und *Purim*-Teller aus Zinn mit authentischen Marken des 18. Jahrhunderts haben ihre sie zum jüdischen Ritualobjekt machenden Gravuren erst in jüngerer Zeit erhalten. Handhaben von silbernen Schirmgriffen werden zu *Tora-Zeigern* umgebaut und bei manchen Objekten ist gar keine Umarbeitung notwendig: Fischförmige Nadelbehälter, Zahnstocherhalter und Zuckerstreuer aus Silber werden in den Katalogen und Internetangeboten vieler Auktionshäuser und Händler einfach als *Bsamim-Büchsen* deklariert.[93] Freilich könnten diese Behältnisse auch als *Bsamim-Behälter* verwendet worden sein. Wenn aber keine entsprechende Überlieferung vorhanden ist, bleibt dies reine Spekulation. Selbst Krüge, die eines der Zunftzeichen der Brauer, den sechszackigen Brauerstern tragen, werden als Krüge aus einem jüdischen Gebrauchszusammenhang angeboten.[94]

In den letzten drei Jahrzehnten ist das Bemühen vieler Museen, die lokale und regionale jüdische Geschichte durch authentische Objekte zu vermitteln, stark angestiegen. Darauf haben auch Fälscher reagiert. 1989 erwarb beispielsweise das sich damals im Aufbau befindliche Deutsche Historische Museum in Berlin bei einem renommierten Auktionshaus eine Spendenbüchse mit der Aufschrift »SPARBÜCMSE DES JÜDISHE FRAUENVEREINS FÜRTH« (Abb. 49). Erst im Zusammenhang mit einer Ausleihe für eine Ausstellung im Jüdischen Museum Fürth im Jahr 2000 fielen die orthografischen Fehler der Inschrift auf und gaben Anlass zu weiteren Untersuchungen. Sie ergaben, dass es im Fürth des 19. Jahrhunderts zwar mehrere karitative jüdische Frauenvereine gab, jedoch keinen mit diesem Namen. Bei einer Untersuchung in Streiflicht ließen sich unter der obersten Lackschicht schließlich Buchstaben erkennen, die sich nicht als hebräische, sondern als koptische Schriftzeichen herausstellten. Eine Spendendose aus einer der zahlreichen koptischen Kirchen des östlichen Mittelmeerraums wurde offensichtlich, wie die fehlerhaften Schreibweisen »Jüdishe« und »Sparbücmse« belegen, von einem des Deutschen nicht mächtigen Fälscher in eine Fürther Spendenbüchse des 19. Jahrhunderts verwandelt.

6.3. Replikate und historisierende Neuschöpfungen

In die Epoche des Historismus fallen zahlreiche kunstgewerbliche Replikate, bei deren Herstellung dem damaligen Zeitgeist der Epoche entsprechend noch keine Fälschungsabsicht bestand, die jedoch später als originale Objekte aus jenen Zeiten, aus denen sie zu sein vorgeben, in den Handel gebracht wurden. In mehreren früh gegründeten jüdischen Museen und in Privatsammlungen, die ihren Ursprung im ausgehenden 19. Jahrhundert hatten, befinden sich *Majolika-Seder-Teller*, die im 17. Jahrhundert in Italien entstanden sein sollen. Erst in jüngerer Zeit konnte nachgewiesen werden, dass die Illustrationen auf den Tellern auf eine erst 1864 in Triest erschienene

Pessach-Haggada zurückgehen. Die Teller wurden ab den 1880er-Jahren von der zwischen 1883 und 1917 in Den Haag tätigen, sonst auf historisierende Delfter Keramik spezialisierten Haagsche Faience Fabriek Rozenberg hergestellt.[95]

Ab dem ausgehenden 19. Jahrhundert stellten Hanauer Silberwarenfabriken wie Emil Freund, Gebrüder Gutgesell und Ludwig Neresheimer & Co. zahlreiche *Judaica* mit nachgeahmten Nürnberger Stadtmarken und erfundenen oder bekannten, ebenfalls nachgeahmten Meistermarken wie jene von Georg Nikolaus Bierfreund oder Johann Friedrich Ehe her.[96]

Auch bekannte, auf historistische Zinnwaren spezialisierte Zinnwarenfabriken wie die Firma Weygang im württembergischen Öhringen nahmen eine Reihe von Judaica in ihr Programm auf, die teilweise bis in die 1990er-Jahre produziert wurden. Ein von Weygang nachgegossener *Chanukka-Leuchter* des Zinngießers Caspar Sichler aus Horb am Neckar aus der ersten Hälfte des 18. Jahrhunderts, der bis in die 1990er-Jahre in großer Stückzahl repliziert wurde, findet sich in zahlreichen Sammlungen und taucht auch immer wieder – als authentisches Objekt des 18. Jahrhunderts beschrieben – im Handel auf.[97] Ein bezeichnendes Detail ist der Umstand, dass Erwin Hintze in seinem Werk über die süddeutschen Zinngießer nur einen einzigen Beleg für die Marke des Horber Zinngießers Sichler nennt: eine Schraubflasche mit dessen Zinnmarke in der privaten Sammlung des Unternehmers August Weygang in Öhringen.[98] Auch die Münchner Zinngießerei Ludwig Mory bot in ihrem Musterbuch von 1915 verschiedene historisierende Judaica an, darunter ebenfalls Abgüsse des *Chanukka-Leuchters* aus Horb (Abb. 50, Nr. 980), weitere süddeutsche *Chanukka-Leuchter* (Abb. 50, Nr. 978–979) und einen osteuropäischen *Chanukka-Leuchter* in Bronzeguss (Abb. 50, Nr. 981).[99] Die gleichen Objekte finden sich auch im inhaltsgleichen, aber mit anderem Titelblatt versehenen Musterbuch der Regensburger Gießerei Eugen Wiedamann,[100] weshalb unklar bleibt, in welcher der beiden eng zusammenarbeitenden Gießereien die einzelnen Objekte hergestellt wurden.

Selbst Objekte aus der Zeit der Schoa und der Nachkriegszeit werden als Repliken und Neuschöpfungen in den Handel gebracht. Ein *Seder-Teller*, der 1947 in Lernwerkstätten des American Jewish Joint Distribution Committees (JDC) hergestellt worden war (Abb. 43), wurde 1984 vom JDC aus Anlass seines 70. Gründungsjubiläums in einer Auflage von 500 Exemplaren reproduziert und als Geschenk an Unterstützer verteilt.[101] Die an ihrer deutlich dunkleren grünen Glasur erkennbare Replik wird im Handel immer wieder als Original von 1947 angeboten. Nicht unmittelbar zu Judaica zählen schließlich vermeintlich zeitgeschichtliche Objekte mit Bezug zur Schoa, die auf polnischen Flohmärkten, aber auch über Internet-Auktionsplattformen angeboten werden: Gelbe Sterne, Armbinden mit Aufschriften wie »Ghetto-Polizei« oder KZ-Uniformteile. Sie stammen größtenteils aus dem Kostümfundus großer, mit Massenszenen und damit entsprechendem Requisi-

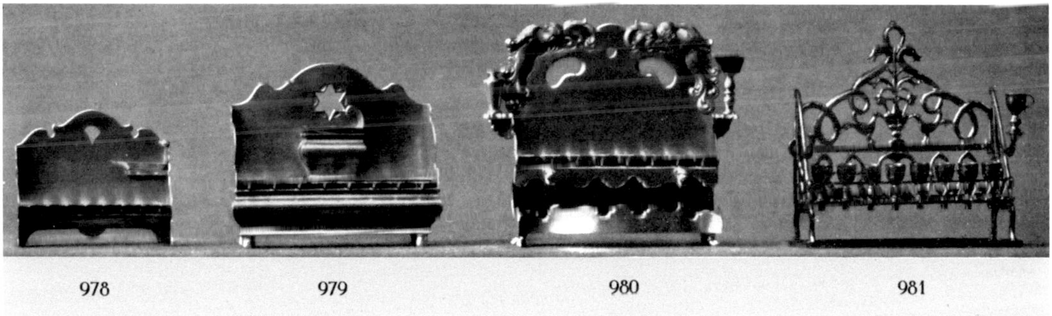

Abb. 50 Chanukka-Leuchter im Musterbuch der Zinngießerei Ludwig Mory, München 1915. Privatbesitz, München

tenbedarf gedrehten Spielfilmproduktionen wie »Schindlers Liste« oder »Der Pianist«, werden aber wohl auch fortlaufend neu produziert, künstlich gealtert und so in den Handel gebracht.

Es ist nicht immer leicht, fragwürdige Judaica-Objekte als solche zu erkennen. Deshalb ist es bei Ankäufen, aber auch bei der Annahme von Schenkungen immer angeraten, Expertisen bei Fachleuten der größeren jüdischen Museen, aber auch bei Kennern der unterschiedlichen Materialgruppen und Genres einzuholen.

7. Terminologie

Die Bezeichnung von Judaica unterliegt einem ständigen Wandel. Die deutsch-jüdischen Bezeichnungen, wie sie vor der Schoa im deutschsprachigen Raum in Verwendung waren, sind weitgehend in Vergessenheit geraten. Begriffe wie Bsomim- oder Psomim-Büchse, Mappe (*Mappa*), Parauches (*Tora-Vorhang*), *Tora*-Blech (*Tora-Schild*) oder *Tora*-Weiser (*Tora-Zeiger*) finden sich nur noch in historischen Zeugnissen.

Für Judaica wurde bisher kein Thesaurus entwickelt, der verbindliche Richtlinien über die Schreibweise von Objekten vorschlägt, weshalb die Schreibvarianten von Objektbezeichnungen in Museumsinventaren, Ausstellungstexten und Katalogpublikationen sehr vielfältig sind. Es empfiehlt sich, sich an Standardwerken zu orientieren und deren Schreibweisen einheitlich zu übernehmen.[102] Eine Übernahme von Transkriptionen hebräischer Wörter aus dem Englischen (Hanukkah, Havdalah, Torah und Yom Kippur statt *Chanukka, Hawdala, Tora* und *Jom Kippur*), wie sie in deutschen Texten gelegentlich anzutreffen ist, ist wenig sinnvoll. Auch die Verwendung von Schreibweisen hebräischer Wörter aus einem explizit christlich-theologischen Sprachgebrauch (Pascha-Fest und Sabbat statt *Pessach*-Fest und *Schabbat*) sollte ebenso vermieden werden wie die Verwendung von Kreuzzeichen bei den Sterbedaten von Jüdinnen und Juden.

Für eine bessere Lesbarkeit von Ausstellungstexten und Publikationen ist die Trennung von hebräisch-deutschen Wortzusammensetzungen (*Bsamim-Turm, Schabbat-Lampe, Seder-Teller* und *Tora-Aufsätze* statt Bsamimturm, Schabbatlampe, Sederteller und Toraaufsätze) empfehlenswert.

Bei der Verwendung von Bibelzitaten in Inventaren, Ausstellungstexten und Publikationen sollte auf eine in jüdischem Kontext entstandene Übersetzung wie die unlängst erschienene leicht revidierte und dem heutigen Sprachgebrauch angepasste Übersetzung von Ludwig Philippson herangezogen werden.[103]

8. Weiterführende Literatur

Wer mit süddeutschen Judaica in seiner Sammlung arbeitet, kann auf umfangreiche Fachliteratur zurückgreifen. Die wesentliche Literatur ist in diesem Beitrag angeführt. Abschließend soll auf jenen Handapparat hingewiesen werden, der in keiner süddeutschen Sammlung mit Judaica-Beständen zur Bearbeitung fehlen sollte.

Nach wie vor ist der vor fast 30 Jahren erschienene Katalog der großen Nürnberger Ausstellung »Siehe der Stein schreit aus der Mauer. Geschichte und Kultur der Juden in Bayern« ein grundlegendes Werk, um sich einen Einblick in die jüdische Geschichte und Kultur Süddeutschlands und deren materielle Überlieferung zu verschaffen.[104] Ein besonderes Verdienst der damaligen Ausstellung war es, dass die erhaltenen und damals bekannten Bestände süddeutscher Judaica in deutschen Museen, aber auch in Sammlungen in England, Frankreich, Israel, den USA und anderen Ländern systematisch erfasst wurden und vieles davon in die Ausstellung einfloss. Einen Einblick in den bis 1938 überwiegend noch in Synagogen benutzten Bestand an jüdischem Kultgerät gibt die 1998 erschienene Edition der »Inventarisation jüdischer Kunst- und Kulturdenkmäler in Bayern«, die zwischen 1926 und 1932 von dem Kunsthistoriker Theodor Harburger im Auftrag des Landesverbandes der Israelitischen Kultusgemeinden in Bayern durchgeführt wurde.[105] Vertiefenden Einblick in die Judaica-Bestände einzelner jüdischer Gemeinden erlauben die detaillierten handschriftlichen Notizen Theodor Harburgers, die sich in den Central Archives for the History of the

Jewish *People* in Jerusalem befinden, aber auch als Mikrofilme bzw. Digitalisate in den Jüdischen Museen Fürth und München einsehbar sind.[106] Über seine Fotografien hinaus fertigte Harburger unzählige detaillierte Notizen zu Ritualgegenständen an, die meist eine Abschrift hebräischer Inschriften, Zeichnungen der Silber- oder Zinnmarken und die Maße der Objekte enthalten, was heute in vielen Fällen die Zuordnung erhaltener Objekte zu bestimmten Synagogen oder Privatpersonen aus der Zeit vor 1938 ermöglicht. Damit sind Harburgers Aufzeichnungen auch ein wichtiger Hinweisgeber für die Provenienzforschung. Für die von Nürnberger Goldschmieden produzierten Judaica sind sie zum ersten Mal systematisch ausgewertet worden. Das 2007 erschienene Standardwerk zu den Nürnberger Silbermarken ist damit auch eine wichtige Quelle zur topografischen Zuordnung des Gebrauchs von Nürnberger Judaica Silber.[107]

Zur Einordnung süddeutscher Judaica und ihrer Gebrauchszusammenhänge maßgeblich sind nach wie vor die Arbeiten von Christoph Daxelmüller zur »Jüdischen Kultur in Franken«,[108] die Studie von Eva Groiss-Lau über »Jüdisches Kulturgut auf dem Land. Synagogen, Realien und Tauchbäder in Oberfranken«[109] und Annette Webers Beitrag über die süddeutschen Synagogenausstattungen.[110] Einen dem aktuellen Stand der Forschung entsprechenden Einblick in die Geschichte der einzelnen jüdischen Gemeinden samt umfangreichem Abbildungsmaterial, das auch Synagogen-Interieurs und Judaica miteinschließt, geben die seit 2007 erscheinenden Synagogen-Gedenkbände Bayern.[111]

Nach der Schoa verlagerte sich die Erforschung süddeutscher Judaica v.a. nach Israel und in die USA. Franz Landsberger, der bis 1938 das Jüdische Museum in Berlin leitete und nach seiner Emigration in die USA ab 1939 eine Professur für Jüdische Kunstgeschichte am Hebrew Union College in Cincinnati innehatte, veröffentlichte neben seiner 1946 erschienenen »History of Jewish Art«[112] eine Reihe von heute noch grundlegenden Beiträgen zu süddeutschen Judaica.[113] Unerlässlich für die Bearbeitung von *Tora-Schmuck* ist Rafi Grafmans 1996 erschienener Sammlungskatalog des Jewish Museum New York, »Crowning Glory. Silver Torah Ornaments of the Jewish Museum«[114], für jene von *Chanukka-Leuchtern* Susan Braunsteins für die gleiche Einrichtung 2004 veröffentlichter Sammlungskatalog »Five Centuries of Hanukkah Lamps from the Jewish Museum«.[115] Beide Sammlungskataloge enthalten zahlreiche in Süddeutschland hergestellte Judaica. Allerdings stand den Autoren weder die 2007 erschienene Neuauflage der »Kunst der Augsburger Gold- und Silberschmiede 1529–1868«[116] noch die im gleichen Jahr publizierte »Nürnberger Goldschmiedekunst«[117] – beides maßgebliche Werke zur Bestimmung von Augsburger und Nürnberger Silbermarken – zur Verfügung, weshalb eine Nachschau von in den beiden Sammlungskatalogen nicht aufgelösten Silbermarken häufig lohnend ist.

Unverzichtbar für die Übersetzung hebräischer Inschriften und der zahlreich in ihnen enthaltenen Abkürzungen sind Frowald Gil Hüttenmeisters »Abkürzungsverzeichnis hebräischer Grabinschriften«[118] und der von Iveta Cermanová und Michaela Scheibová herausgegebene Band »Hebrew Abbreviations. Results of Epigraphic Research into the Textile Collection of the Jewish Museum in Prague«.[119] Einen Einblick auch in den jüdisch-religiösen Sprachgebrauch Süddeutschlands bietet das 2004 erschienene »Westjiddische Wörterbuch«.[120]

Als Nachschlagewerk nach wie vor unverzichtbar ist das 1927–1930 herausgegebene, vierbändige, in fünf Teilbänden erschienene »Jüdische Lexikon«[121]. Zahlreiche Abbildungen in den Beiträgen zu jüdischen Ritualgegenständen stammen von Theodor Harburger. Als verlässlicher Einstieg in die Bedeutung jüdischer Riten und Symbole empfiehlt sich schließlich Monika Grübels 2006 in 7. Auflage erschienener »Schnellkurs Judentum«.[122]

Anmerkungen

1 Ausführlicher zur Definition von Judaic*a* vgl. Heimann-Jelinek 2016a.
2 Zahlreiche Beispiele dazu in: Mann 2011.
3 Vgl. dazu Heimann-Jelinek 2004.
4 Harburger 1998 und Harburger, Notizen.
5 Harburger, Notizen.
6 van Voolen 1995, 267–270 und 278–280.
7 Mann / Gutmann 1980, Kat. Nr. 59.
8 Burman 2006, 47.
9 Kuntoš 2012, Kat. Nrn. 6, 7, 16, 20, 21, 103, 108, 114 und 171.
10 Statuten für die innere Ordnung der Synagoge in München, München 1826, Kap. VII, § 7.
11 Ebd., Kap. VII, § 3.
12 Königlich Bayerisches Intelligenzblatt für den Rezat-Kreis, Nr. 12 (22. März 1826), 705.
13 Wochen-Blatt für das Fürstentum Oettingen Spielberg, Nr. 30 (27. Juli 1830).
14 Münchner Tages-Anzeiger, Nr. 97 (7. April 1858), 649.
15 S. Brückheimer Collection.
16 Wiesner/Weber 2016.
17 Dieser *Tora-Mante*l ist gleichzeitig ein seltenes Beispiel für die Hebräisierung deutscher Ortsnamen: Als Spender wird in der Widmungsinschrift Mordechai ben Isak me-gadol Oschtem - Mordechai, Sohn des Isak aus Groß-Ostheim genannt.
18 Die nachstehenden Ausführungen folgen im Wesentlichen Landsberger 1945–46. Vgl. dazu auch Weber 1997 und Yaniv 1989.
19 Landsberger 1945–46, 373.
20 Ebd., 378.
21 Abb. in Grafman 1999, Kat. Nr. 39. Weitere Nachweise von Naumburg-Vorhängen in: Weber 1997, 195.
22 Abb. in Berger / Rosenbaum 2004, 119.
23 Fishof / Raccah-Djivre 1985.
24 Statuten für die innere Ordnung der Synagoge in München, München 1826, Kap. VII, § 6.
25 Hermann 1855, 78.
26 Nürnberger Goldschmiedekunst, Mz. 853.
27 Purin 1998, S. 14, Kat. Nr. 3.
28 *Tora*-Kronen von Beckensteiner und Martin Carl Hanias gen. Dublon abgebildet in: Purin 1998, 15, Kat. Nr. 4 und Harburger 1998, 231 u. 254.
29 Vgl. dazu: Sotheby's New York, Important Judaic*a*, 14.12.2011, Los 41 (heute Privatbesitz, München).
30 Die Übersetzungen der Bibelzitate dieses Beitrags sind entnommen aus: Philippson 2016.
31 Rafi Grafman hat erstmals auf diesen Zusammenhang hingewiesen. Vgl. dazu zwei weitere Beispiele in: Harburger 1998, 186 und 292.
32 Rosenberg 1922–1928, Bd. 1, Nr. 2157.
33 Tebbe 2001.
34 Harburger, Notizen.
35 Harburger 1998, 186.
36 Zu den *Minhagim* vgl. Lowenstein 1997, 60–78.
37 Vgl. dazu: Schoenberger 1974, 93.
38 Vgl. dazu ein Beispiel aus Kitzingen: Deneke 1988, Kat. Nr. 3/34.
39 Landsberger 1952–53, S. 145; vgl. dazu über Funeralschilder: Schindler 2009.
40 Zur Formenentwicklung von Augsburger und Nürnberger *Tora-Schildern* vgl. ausführlich: Weber 1997, 189–206.
41 Vgl. dazu ein *Tora-Schild* aus der Betstube von Kempten von Balthasar Friedrich Stenglin, Abb. 7 bei Lange/Bach in diesem Band.
42 Ein *Tora-Schild* in Münchner Privatbesitz in: Harburger 1998, 406.
43 *Tora-Aufsätze* und *Tora-Schild* beschrieben in: Landsberger 1958.
44 *Tora-Aufsätze* und *Tora-Schild* in der *Gross Family Collection*, Tel Aviv. Vgl. dazu: Heimann-Jelinek / Purin 2013, Kat. Nr. 2. Ein weiteres Paar *Tora-Aufsätze* und ein einzelner *Tora-Aufsatz* in: Grafman 1996, Kat. Nrn. 297, 298.
45 Scheffler 1977, Nr. 111. Zu seiner bayernweit beachteten Konversion vgl. u. a. Kourier an der Donau, Nr. 154 (6. Juni 1841), 3.
46 Feuchtwanger-Sarig 2004.
47 Landsberger 1952–53, 148f.
48 Weiterführende Literatur in: Purin 1999.
49 Vgl. dazu: Schoenberger o.J.
50 Wochenblatt der Stadt Nördlingen, Nr. 23 (3. Juni 1845), 267; Fürther Tagblatt, Nr. 23 (27. Januar 1860), 4.
51 Zum Doppeladler an Synagogen-Leuchtern vgl.: Rodov 2004.
52 Vgl. dazu: Riemer 2016.
53 Vgl. dazu: Baumgärtel 1981 und Blumberg 2001.
54 Meyer 1982.
55 Landsberger 1956, 395f.
56 Illustriertes Inserat in: Israelitisches Familienblatt Hamburg, 5. Jg., Nr. 8 (1902), 15.
57 Purin 2003, Kat. Nr. 4.4
58 Landsberger 1956, 397.
59 Berger / Rosenbaum, 110f.
60 Cohen-Grossman 1989, Kat. Nr. 87.
61 Harburger 1998, 335 (aus der Synagoge Kriegshaber).
62 Purin 1997, 268.
63 Schübel 2007, 250–251; Schoenberger 1951.
64 Weber 1997, Fn. 38.
65 Landsberger 1956, 402–404.
66 Wischnitzer-Bernstein 1935, 107.
67 Vgl. dazu mit zahlreichen weiteren Hinweisen zur Entwicklung von *Bsamim-Behältnissen*: Boosen 2001.
68 Panter 2015.
69 Ein Beispiel in Boosen 2001, 89.
70 Ausführlich zur Entwicklung von *Hawdala-Kerzen*leuchter und *Hawdala-Kompendium* vgl. Klein 2012.
71 Ein Beispiel von Jeremias Zobel in: Harburger 1998, 445; ein weiteres von Valentin Schüler in: Landsberger 1956, Abb. 5.

72 Vgl. dazu: Purin 2009.
73 Braun 1994, Sp. 1503–1537, hier Sp. 1523–1525.
74 Statuten für die innere Ordnung der Synagoge in München, München 1826, Kap. IX, § 12.
75 Purin 2014.
76 Beispiele in: Harburger 1998, 479f. und Braunstein 2004, Kat. Nrn. 13f. (mit weiteren Referenzen).
77 Vgl. Braunstein 2004, Kat. Nr. 15.
78 Vgl. dazu zahlreiche Beispiele in: Braunstein 2004, Kat. Nrn. 17, 21, 186–234. Ein Beispiel für eine Schreibgarnitur aus Zinn ebd., 20.
79 Leonhardt 1994, Kat. Nr. J 17.
80 Braunstein 2004, Kat. Nr. 31.
81 Fleckenstein / Lewinsky 2011 Kat. Nr. 5.4.
82 Schoenberger 1952.
83 Shachar 1975, 20.
84 Die wohl umfangreichste Sammlung solcher *Seder-Teller* aus Zinn besitzt das Stadtmuseum Köln, vgl. Franzheim 1980, Kat. Nrn. 144–168.
85 Vgl. dazu ausführlicher: Heimann-Jelinek / Purin 2013, Kat. Nr. 39.
86 Kleiner 2011.
87 Harburger, Notizen, Sulzbach, Bl. 12.
88 Eis 1981.
89 Roth 1967.
90 Gutmann 1987, 15–16.
91 Roth 1967.
92 Purin 2013, 44. Vgl. dazu mit weiteren Beispielen: Schübel 2016, 11–14.
93 Zahlreiche Beispiele in: Moldovan 1993 und Weinstein 1985, 226–233.
94 Zur Verwendung des Hexagramms als Zunftzeichen der Brauer vgl. Harlander/ Purin 2016.
95 Mann 1990.
96 Bei den als zweifelhaft geltenden Nürnberger Arbeiten ist der hohe Anteil von Judaica auffällig. Vgl. Nürnberger Goldschmiedekunst, Meisterzeichen Nrn. 1097, 1098, 1100, 1104, 1106, 1107 und 1116. Zur Hanauer Judaica-Produktion vgl. Friedlander 2004.
97 Abb. von Judaica aus einem Musterbuch um 1930 in: Niggl 1983, 120.
98 Hintze 1927, Band 2, Nr. 1272.
99 Mory 1915, 47–50.
100 Wiedamann 1915, 47–50.
101 JDC Foehrenwald Seder Plate, in: The Jewish Foreward, English Edition, 13. April 1984.
102 Bspw. Grübel 2006 oder Schoeps 2010.
103 Philippson 2016.
104 Deneke 1988.
105 Harburger 1998.
106 Harburger, Notizen.
107 Nürnberger Goldschmiedekunst.
108 Daxelmüller 1988.
109 Groiss-Lau 1995.
110 Weber 1997.
111 Kraus 2007, 2010, 2016.
112 Landsberger 1946.
113 Landsberger 1945–46, 1952–53, 1956, 1958. Diese und weitere im Hebrew Union College Annual erschienenen Beiträge von Landsberger sind im digitalen Online-Zeitschriftenarchiv www.jstore.org abrufbar.
114 Grafman 1996.
115 Braunstein 2004.
116 Seling.
117 Nürnberger Goldschmiedekunst.
118 Hüttenmeister 2010.
119 Cermanová / Scheibová 2005.
120 Kiepsch 2004.
121 Jüdisches Lexikon 1927–30.
122 Grübel 2006.

Genisot – Funde aus Synagogen

Martina Edelmann / Elisabeth Singer-Brehm / Beate Weinhold

Etwa seit Mitte der 80er-Jahre des 20. Jahrhunderts werden bei Bestandserhaltungs- bzw. Restaurierungsmaßnahmen an ehemaligen Synagogen vor allem im süddeutschen Raum immer wieder Aufbewahrungsorte unbrauchbar gewordener hebräischer Schriften, Dokumente und Kultgegenstände entdeckt[1] (Abb. 1). Ein solcher Ablageort ist eine *Genisa*, in der Objekte, die nach jüdischen Religionsgesetzen nicht zerrissen, verbrannt, weggeworfen oder anderweitig vernichtet werden dürfen, gesammelt werden. Nach einer bestimmten Zeit oder nach Bedarf kann das abgelegte und gesammelte Material auf einem Friedhof bestattet werden. Diese Praxis ist noch heute üblich.

1. Welche Objekte müssen abgelegt werden?

Streng genommen müssen nur *Tora-Rollen*, *Tefillin*, *Mesusa*-Pergamente und Kalender aufbewahrt werden, wenn sie nicht mehr in Verwendung sind. Darüber hinaus legt man jedoch auch alle ande-

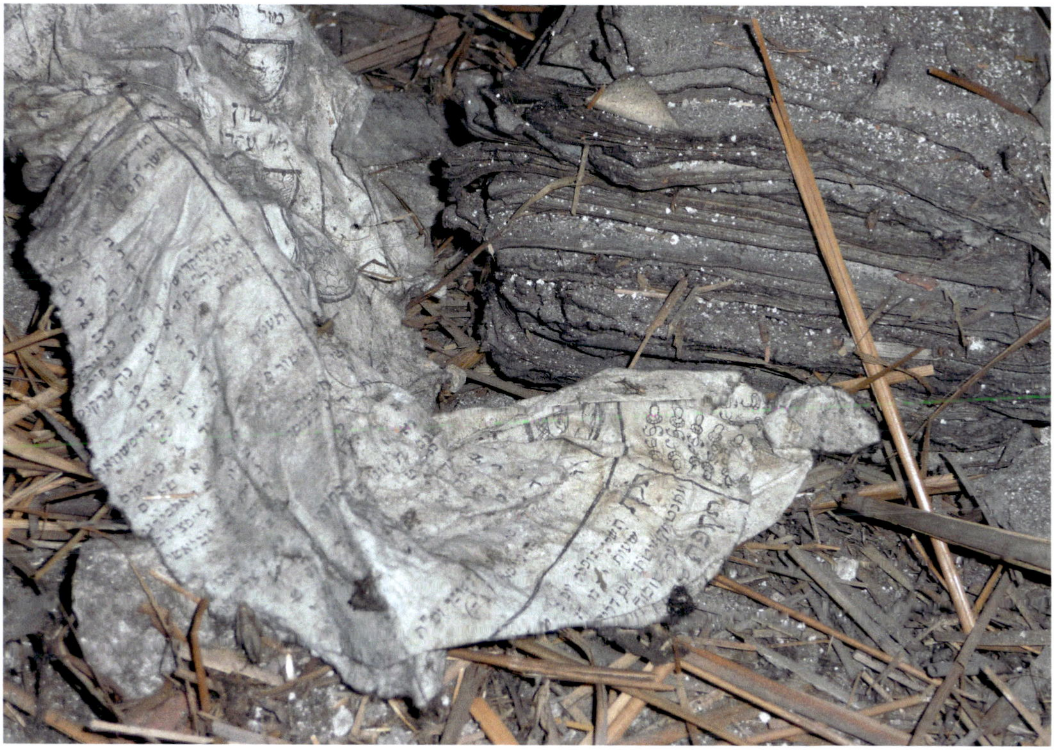

Abb. 1 Genisa Maßbach, Fundsituation

ren Handschriften oder Drucke ab, die einen Gottesnamen enthalten. Zur Bezeichnung Gottes ist in biblischen Texten das Tetragramm »JHWH«[2] gebräuchlich, das aber nicht ausgesprochen wird, um den Namen Gottes nicht zu beschmutzen. Stattdessen ersetzt man dieses Tetragramm durch andere Bezeichnungen wie »Adonai«, »Schaddai« oder »Schem«, hebräisch für »Namen«. Im Plural lautet es »Schemot«. Ausdrücke für solche abgelegten Texte sind daher z. B. »Schemot« oder »Scheimess«.

Abgelegt wurden früher offensichtlich auch nahezu sämtliche Texte, die in hebräischer Sprache oder in hebräischen Buchstaben geschrieben waren, denn dies ist die Schrift der *Tora*, die für die jüdische Religion die absolute Grundlage bildet und die durch die in ihr enthaltenen Gesetze das jüdische Leben prägt. Hebräisch ist daher die Sprache der jüdischen Religion und vieler ihrer religiösen Texte, seien es gedruckte Gebetbücher für Werk- und Feiertage, Bibeln, liturgische Texte und rabbinische Literatur, hebräische Manuskripte mit Segenssprüchen oder religionsgesetzliche Abhandlungen. Ausgesonderte Gegenstände für das religiöse Zeremoniell wie *Tora-Wimpel*, Gebetsmäntel oder *Lulav-Ringe* wurden ebenfalls häufig in den *Genisot* deponiert.

2. Wo wird abgelegt?

Zur Ablage geeignete Orte können ein Gefäß, ein Kasten oder ein abgeschlossener Raum in einem Gebäude sein. Je nach Ort ist die Ablagepraxis verschieden und richtet sich nach den baulichen Gegebenheiten. In Süddeutschland entwickelte sich die Praxis, Kisten oder Stofftäschchen mit gesammelten Texten, unverpackte Papierbündel oder auch einzelne Objekte auf den Dachboden der Synagoge zu bringen und zwischen dem Dachgebälk zu verstauen. Auf eine Bestattung wurde danach offensichtlich meist verzichtet. Im Laufe der Jahre sammelten sich Ziegelbrocken, Staub, Mörtel und Tierexkremente auf den Gegenständen an, hinzu kamen Feuchtigkeit und Witterungseinflüsse. So zerfiel das meist organische Material allmählich. Nach der Vertreibung und Deportation der Juden während der Zeit des Nationalsozialismus wurden die geschändeten Synagogen abgerissen oder baulich verändert. So auch die Dachböden, indem man etwa einfach einen neuen Boden über den alten Resten einzog oder alles beseitigte, was sich dort befand. Die gelagerten Texte und Gegenstände wurden also entweder völlig zerstört, abgeschottet oder gelegentlich sogar entnommen und aufbewahrt, allerdings in Unkenntnis über ihre Bedeutung.

3. Genisa-Forschung

Die Beschäftigung mit Material aus *Genisa*-Funden ist ein junger Zweig der jüdischen Kulturwissenschaften. 1890 fand man in Kairo eine *Genisa* in einer Synagoge aus dem 11. Jahrhundert. In einem abgesonderten Hohlraum unter dem Dach lagerten dort tausende von Schriftstücken, datiert ab dem 9. Jahrhundert. Etwa hundert Jahre nach dieser Entdeckung wurden die ersten umfangreicheren *Genisot* im deutschsprachigen Raum entdeckt und als wertvolles Quellenmaterial erkannt.[3] Einer der wichtigsten Funde dieser Zeit war der von Veitshöchheim.

Als 1986 die Gemeinde Veitshöchheim beschlossen hatte, die ehemalige Synagoge zu renovieren, erwies sich das dabei im Dachboden aufgefundene Schuttmaterial als *Genisa* von bis

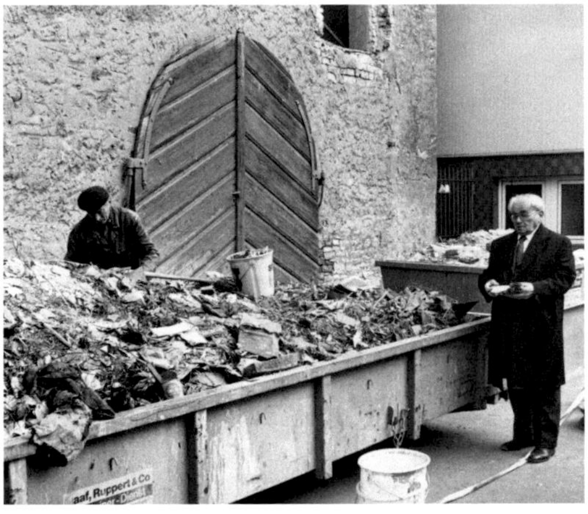

Abb. 2 Veitshöchheim, Container mit dem Dachbodenschutt aus der Synagoge Veitshöchheim (1986)

dahin einzigartigem Umfang (Abb. 2). Nach der Bergung und einer ersten Sichtung wurde eine repräsentative Auswahl aus der Veitshöchheimer *Genisa* in einem eigens dafür eingerichteten Museum neben der Synagoge ausgestellt. Das 1994 eröffnete Jüdische Kulturmuseum Veitshöchheim ist das einzige Museum in Deutschland, das ausschließlich *Genisa*-Funde zeigt. Die einzelnen Objekte sind bestimmten Themen wie Geschichte, Religion oder tägliches Leben zugeordnet.[4]

In den frühen 1990er-Jahren stellten die in mehreren Städten gezeigten Ausstellungen »Genisa – verborgenes Erbe der Landjuden« und »Mappot – das Band der Tradition« *Genisa*-Funde aus dem süddeutschen Raum erstmals einer größeren Öffentlichkeit vor. Inzwischen konnte man in zahlreichen Orten *Genisa*-Material in unterschiedlichem Umfang bergen. Etwa 150 Fundorte in Deutschland, Frankreich und Tschechien sind bekannt.[5]

4. Genisaprojekt Veitshöchheim

Die in den *Genisot* gefundenen Objekte sind sehr angegriffen, verschmutzt, fragmentiert und äußerst brüchig. Das erschwert den Zugang zu den Texten und Gegenständen. Das schmutzige Material wurde nach der Entdeckung oft in Kartons und Müllsäcken sowie in unzugänglichen Räumen gelagert. Dabei achtete man weder auf eine sachgemäße Aufbewahrung, noch kümmerte man sich um die inhaltliche Auswertung. Die *Genisot* waren zum größten Teil nicht erfasst und nicht einsehbar, es gab keine Objekt- oder Inventarnummern und ihre Maßeinheit war schlicht »Karton« oder »Sack«.

Da eine *Genisa* jedoch eine Fülle von kulturgeschichtlicher Information besonders für jüdisches Leben zwischen dem 17. und dem 19. Jahrhundert birgt, wurde 1998 das Genisaprojekt am Jüdischen Kulturmuseum Veitshöchheim gegründet, um die *Genisa*-Funde aus fränkischen Synagogen komplett durchzusehen sowie das interessante Material zu archivieren und zu inventarisieren.

Mit der finanziellen Förderung durch die Landesstelle für die nichtstaatlichen Museen in Bayern, die Bezirke Ober- und Unterfranken und die Gemeinde Veitshöchheim wurde es möglich, die Ziele des Projekts bis heute umzusetzen. Mehrere wissenschaftliche Mitarbeiter waren bisher hierfür im Rahmen von Werkverträgen tätig. Zusätzlich arbeiteten Studenten der Universität Würzburg während eines Praktikums für das Projekt.

5. Die Inventarisierung

1. Alle zu bearbeitenden *Genisa*-Bestände eines Orts werden als Leihgabe an das Jüdische Kulturmuseum Veitshöchheim gebracht und zunächst komplett, Stück für Stück, gesichtet. Dabei wird zwischen Objekten unterschieden, die für eine weitere Bearbeitung geeignet sind, und solchen, die z. B. auf Grund ihres schlechten Erhaltungszustands nicht weiter betrachtet werden können. Diese Objekte erhalten auch keine Inventarnummer, sondern werden nur ihrer Anzahl nach erfasst. Da in der Regel der komplette Fundbestand einer *Genisa* vorliegt, ist nicht davon auszugehen, dass im Laufe der Zeit weitere Objekte hinzukommen.
2. Die inventarisierbaren Fundstücke werden in Sachgruppen, wie v. a. Sprache, Titel oder Material, unterteilt.
3. Danach werden sie beschrieben und näher bestimmt.
4. Jedes Objekt erhält eine Inventarnummer, die aus einem Buchstaben für den Fundort und einer fortlaufenden Nummer besteht. Im Inventarblatt sind folgende Kriterien angegeben, um das Objekt möglichst genau beschreiben zu können:
   Allgemeines: Inventarnummer, Standort, Fundort, Material, Maße, Umfang, Technik, Einband, Bindung, Erhaltungszustand, Foto vorhanden, Bearbeitungsdatum.
   Inhaltliches: Genre, Sprache, Verfasser Originalsprache, Verfasser Umschrift, Titelblatt, Titel Originalsprache, Titel Umschrift, Zusatz zum Titel/Untertitel, Zusatz zum Titel Originalsprache, Titelblattgestaltung, Inhalt/Beschreibung, Inhalt ausführlich, Glossierung, Spaltenzahl, Textillustrationen, Kolumnentitel Originalsprache, Kolumnentitel Umschrift.

Bibliografische Angaben: Bibliografische Einheiten, Erscheinungsjahr, Erscheinungsjahr jüdische Zeitrechnung, Erscheinungsort, Druckerei/Verlag, Drucker, Herausgeber, Benutzerspuren.
Sonstiges: Besonderheiten, Literaturnachweis/Bibliografie, Bearbeiter.

5. Die Ergebnisse werden in eine Datenbank nach einem einheitlichen Beschreibungsraster eingearbeitet. Es handelt sich um eine Access-Datenbank, die vom Genisaprojekt Veitshöchheim eigens für diese Art von Objekten erstellt wurde.
6. Nach Möglichkeit erfolgt eine Digitalisierung der Funde, um sie für eine Online-Veröffentlichung bereitzustellen.
7. Die Objekte werden in Veitshöchheim nach ihrer Erfassung für eine Lagerung in den Archiven der Eigentümer (Museen und Kommunen) vorbereitet und dementsprechend als Archivmaterial verpackt. Die sachgemäße Aufbewahrung ermöglicht einen verbesserten Zugang zu den Objekten (Abb. 3).

Über die Inventarisierung hinausgehende wissenschaftliche Arbeit ist nicht möglich. Auch konservatorische Maßnahmen werden vom Genisaprojekt Veitshöchheim nicht durchgeführt, in speziellen Fällen aber veranlasst. Die Datenbanken stehen allen Interessierten zur Verfügung. Nach Abschluss der Inventarisierungsarbeiten werden die Objekte an die Eigentümer zurückgegeben. Oft ist dann geplant, ausgewählte Stücke der jeweiligen *Genisa* in einer Ausstellung zu präsentieren. Hierfür sollten weitere angemessene konservatorische Maßnahmen durchgeführt werden.

6. Ausstellung »ABGELEGT«

Die Ergebnisse der bis dahin bearbeiteten in Unterfranken aufgefundenen *Genisot* wurden ab 2009 in der Ausstellung »ABGELEGT« präsentiert. Diese Ausstellung kann ausgeliehen werden.

7. Bergung von Genisot in situ

Einen Großteil der derzeit bekannten *Genisa*-Funde, der bei Aufräum-, Sanierungs-, Umbau- oder Abrissarbeiten entdeckt worden war, hatten Laien weitgehend undokumentiert geborgen. Einzig bei der Materialentnahme der 2007 auf dem Dachboden der ehemaligen Synagoge in

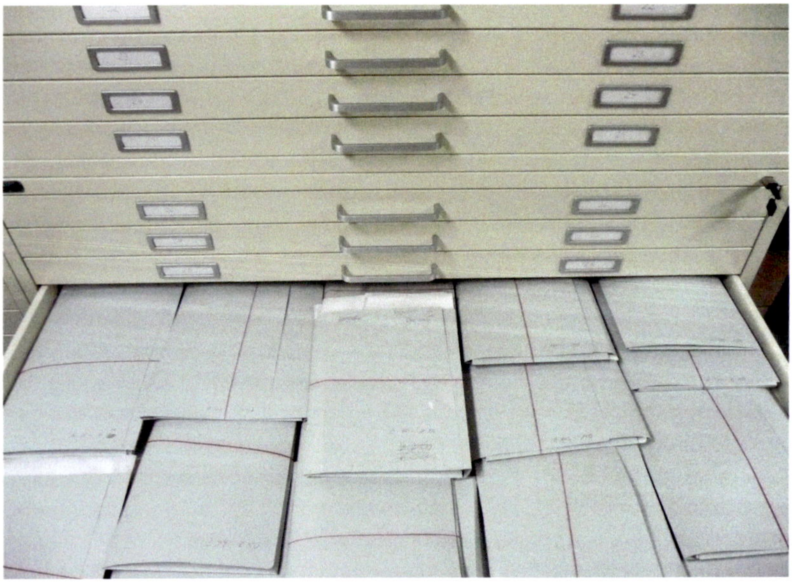

Abb. 3 Genisa-Funde aus Veitshöchheim, inventarisiert und verpackt

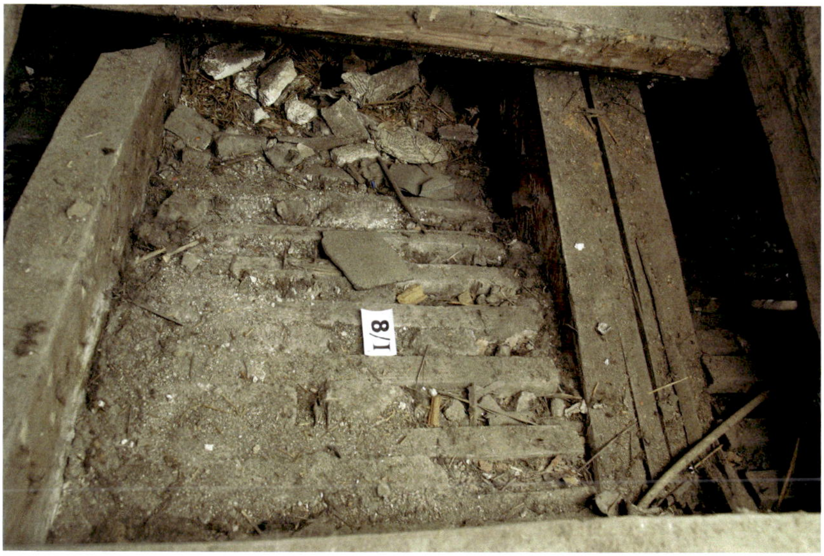

Abb. 4 Synagoge Maßbach, markierte Fundstelle (2015)

Wiesenbronn entdeckten *Genisa* sicherte der Besitzer des Gebäudes die Objekte sorgfältig getrennt nach ihrem entsprechenden Fundort in den Dachtraufen unter Angabe des jeweiligen Sparrenzwischenraumes, so dass zumindest die Lage der Funde belegt wurde. Seit 2009 konnte das Team aus Wissenschaftlerinnen des Genisaprojekts Veitshöchheim durch ihren Einsatz in den bis dato in situ verbliebenen *Genisot* von Aub, Bayreuth, Maßbach und Cronheim eingehende Kenntnisse und Übung in der dokumentierten Bergung derartiger Funde erlangen. Um auch in Zukunft häufiger eine dokumentierte Bergung von *Genisot* zu ermöglichen, sollten vor Beginn geplanter Arbeiten an ehemaligen, baulich nahezu unveränderten Synagogen und jüdischen Schul- respektive Wohnhäusern deren Dachböden untersucht werden. Das *Genisaprojekt Veitshöchheim* fungiert als Ansprechpartner bezüglich solcher Dachbodenuntersuchungen und der Bergung von *Genisot*.

Die Projektmitarbeiterinnen hatten die ausgesonderten Schriften und Ritualien unter den Dielenbrettern der Dachböden, in den Hohlräumen zwischen Dachhaut und Dachstuhl, im Traufbereich des Daches oder, zumeist bei tonnengewölbten Räumen, in den Hohlräumen über dem Synagogengewölbe verborgen gefunden. Aufgrund der durch die langjährige Lagerung verursachten starken Verschmutzung des Materials war dazu unbedingt Schutzkleidung (Schutzanzug, Staubschutzmaske und Handschuhe) anzulegen.

Die Bergung erfolgte nach wissenschaftlichen Kriterien. So wurde zunächst der Dachboden in Felder unterteilt, um die Artefakte auch nach ihrer Entnahme ihrem speziellen Fundort auf dem Dachboden zuordnen zu können. Oft boten sich die einzelnen Dachbalken des Dachstuhls als Feldbegrenzung an, so bei der Bergung der *Genisot* von Maßbach und Aub (Abb. 4). In der Synagoge der Israelitischen Kultusgemeinde Bayreuth, in der ein Hohlraum im Kopfbereich der Außenmauer an der Ost-, West-, Süd- und Nordseite als *Genisa* genutzt worden war, dienten die Zerr und Stichbalken als Feldbegrenzung.

Weil sich die Fundstücke innerhalb des Hohlraums teilweise in unterschiedlichen Schichten befanden, wurde auch die jeweilige vertikale Lage der Fundstücke dokumentiert. Die Anlage vertikaler Schichten erwies sich jedoch nur dann als hilfreich, wenn die Fundsituation dies erforderte, so bei entsprechender Tiefe der Felder.

In Maßbach dienten in West-Ost-Richtung die einzelnen Deckenbalken des Dachstuhls als Begrenzung, zusätzlich wurde jedes einzelne Feld in vier kleinere Felder in Süd-Nord-Richtung gegliedert. Felder, die durch die vorhandenen Deckenbalken nicht separiert werden konnten, wurden mittels Schnüren abgesteckt. Nach Einteilung der Felder wurden diese nummeriert. Die gewählte Bergungsmethode ermöglichte neben der Rekonstruktion der Lage auch die der quantitativen Verteilung der Funde auf dem Dachboden. Im Anschluss an die Einteilung wurden Breiten- und Längenmaße sowie bei Anlage vertikaler Schichten auch die der Höhenmaße des jeweiligen Feldes notiert. Die Fundsituation vor Entnahme des Materials wurde fotografisch festgehalten. Im nächsten Schritt wurde das oft bereits an der Oberfläche sichtbare, mit dem Staub des Dachbodens, mit Ziegel- und Mörtelresten, Stroh, Kleintierskelettresten, Holzstücken oder Fragmenten von Wespennestern vermengte Material vorsichtig vom Unrat befreit und getrennt nach Segmenten geborgen.

Zur Zwischenlagerung der Objekte boten sich mit den entsprechenden Feldnummern gekennzeichnete Pappkartons oder Ähnliches an (Abb. 5). Aus jedem Feld wurde der gesamte Inhalt, also auch der Schmutz, entfernt, um alle sich darin befindlichen Artefakte sichern zu können. Bei der Bergung der Maßbacher *Genisa* musste man, auf dem Dach des westlichen Nachbargebäudes stehend, an der Nordseite des Synagogendachs vom äußeren Dachende ausgehend vier Ziegelreihen in Richtung Dachfirst entfernen, um zu dem *Genisa*-Material zu gelangen, das im Laufe der Zeit in die Dachtraufen gerutscht oder von Tieren dorthin getragen worden war. Auch ließen oberflächlich sichtbare Papierfragmente an der Südseite eines Felds am Scheitelpunkt des nach Norden abfallenden Gewölbes Material in den Traufen vermuten. Wie bereits erwähnt, gehörten Dachtraufen zu den bevorzugten Ablageorten. Der den Feldern entnommene Bauschutt wurde im Anschluss an jede Bergung noch einmal nach Papierresten durchsucht. So konnten auch noch kleinste Fragmente sichergestellt und später der Bestattung in einem *Genisa*-Grab auf einem jüdischen Friedhof zugeführt werden.

Während davon auszugehen ist, dass die Gegenstände üblicherweise über einen Treppenaufgang zum Dachboden gebracht wurden, ist in Maßbach derzeit noch ungeklärt, wie das Material in die *Genisa* hinauf gelangte. Zunächst ging man noch davon aus, dass die Artefakte durch eine sich an der westlichen Giebelseite befindende quadratische Holzklappe eingeworfen wurden, da vor dem Umbau des Gebäudes in den 1940er-Jahren keine Treppe vorhanden war, die auf den Dachboden führte. Nach einer genaueren Untersuchung der Klappe stellte sich jedoch heraus, dass diese

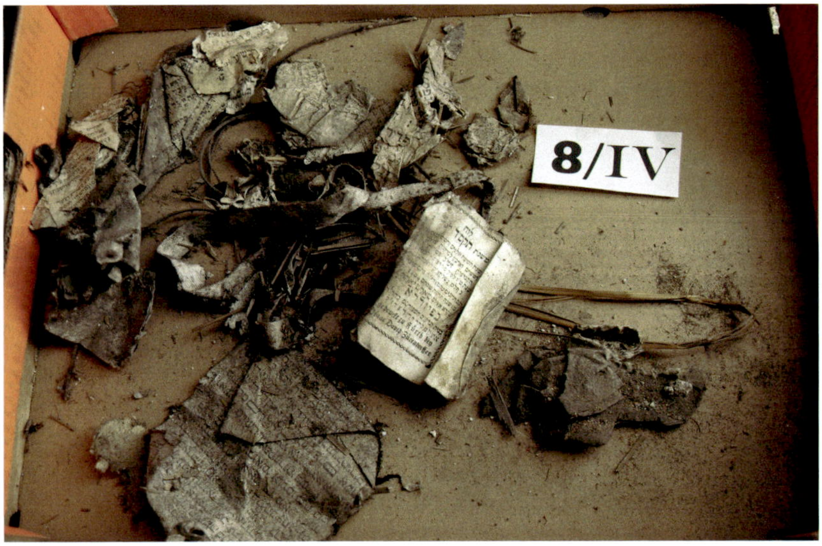

Abb. 5 Funde aus der Synagoge Maßbach nach Bergung (2015)

keine handgeschmiedeten Nägel besitzt und auch ihre metallenen Beschläge eher auf einen späteren Einbau schließen lassen. Bei einem Dachbodenfund aus der ehemaligen jüdischen Schule in Hirschaid handelt es sich wahrscheinlich um private Gegenstände aus dem Besitz der Familien Rau und Kahn, deren Familienoberhäupter beide als Lehrer an dieser Schule tätig waren.[6]

8. Was wird gefunden?

Den bisher im Rahmen des Genisaprojekts Veitshöchheim untersuchten *Genisot* ist eine inhaltlich sehr ähnliche Grundstruktur gemeinsam: Den Hauptbestandteil machen stets Gebetbücher und Bibeln in hebräischer und jiddischer Sprache aus der Zeit von der Mitte des 17. bis zur Mitte des 19. Jahrhunderts aus und nur ein verhältnismäßig kleiner Teil entfällt auf Druckwerke älteren oder jüngeren Datums, anderer Genres und Sprachen, auf Handschriften, Textilien und Ritualgegenstände sowie Dinge des alltäglichen Gebrauchs (Abb. 6). So kann auf den ersten Blick leicht der Eindruck entstehen, *Genisa*-Funde wären alle gleich und einer detaillierten Durchsicht nicht wert, doch die akribischen Identifizierungs- und Inventarisierungsarbeiten des Projekts ließen für nahezu jede *Genisa* individuelle Schwerpunkte und Besonderheiten des Inhalts hervortreten.

8.1. Gebetbücher und Bibeln

Schon die zunächst so einheitlich erscheinende Gebetsliteratur erweist sich bei genauer Betrachtung als sehr abwechslungsreich, denn neben zahl- und oft schmucklosen Alltagsgebetbüchern in verschiedenen Editionen finden sich auch viele Festtagsgebetbücher, darunter imposante Folianten für alle Feiertage des Jahres oder reich illustrierte Prachtausgaben für das *Pessach*-Fest. Unterschiedlichste Ausgaben von *Techinot* oder *Techines*, kleinen jüdischdeutschen, meist nur wenige hebräische Sätze enthaltenden Bitten an den »Herren des Universums« für jede erdenkliche Gelegenheit, die häufig speziell für Frauen, manchmal sogar von Frauen verfasst wurden, liefern uns heute ein Bild von den Sorgen und den Nöten der Frauen in jener Zeit. Andere eindrückliche zeitgeschichtliche Dokumente aus der Gebetsliteratur sind Gebete für den jeweiligen Landesfürsten oder nach speziellem örtlichen Ritus.

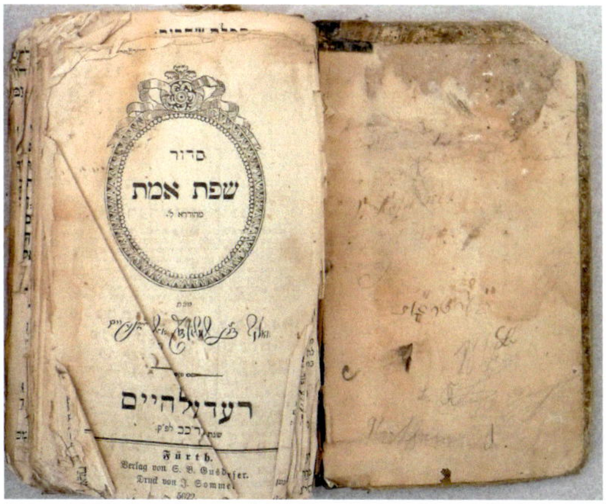

Abb. 6 Sidur Sefat Emet, gedruckt in Fürth 1862

Auch im Bereich der biblischen Literatur lassen sich neben massenhaft vertretenen hebräischen Standardausgaben im Quartformat mit Wochenabschnitten und Prophetenlesungen sowie einer einst überaus beliebten Bibelübersetzung ins Jüdischdeutsche, der sogenannten »Zenne Renne« des Jakob ben Isaak aus Janow, in jeder *Genisa* kleine Besonderheiten entdecken: winzige, dafür umso dickere Bibelausgaben, die im Gegensatz zu modernen Taschenbüchern tatsächlich bequem etwa in einer Manteltasche Platz finden konnten, oder verschiedene Polyglott-Bibeln mit bis zu sechs Sprachen sowie Ausgaben der mit hebräischen Buchstaben geschriebenen deutschen Bibelübersetzung des Moses Mendelssohn, der sich ganz im Geist der Aufklärung für eine Integration der jüdischen Bürger in die Gesellschaft einsetzte und seinen bis dahin nur des Westjiddischen und der hebräischen Buchstaben mächtigen Lesern das Vertrautwerden mit der hochdeutschen Sprache ermöglichen wollte. Des Weiteren findet sich eine abwechslungsreiche Ansammlung von Bibelparaphrasen, Bibelkommentaren und Bibelglossaren sowie hin und wieder sogar

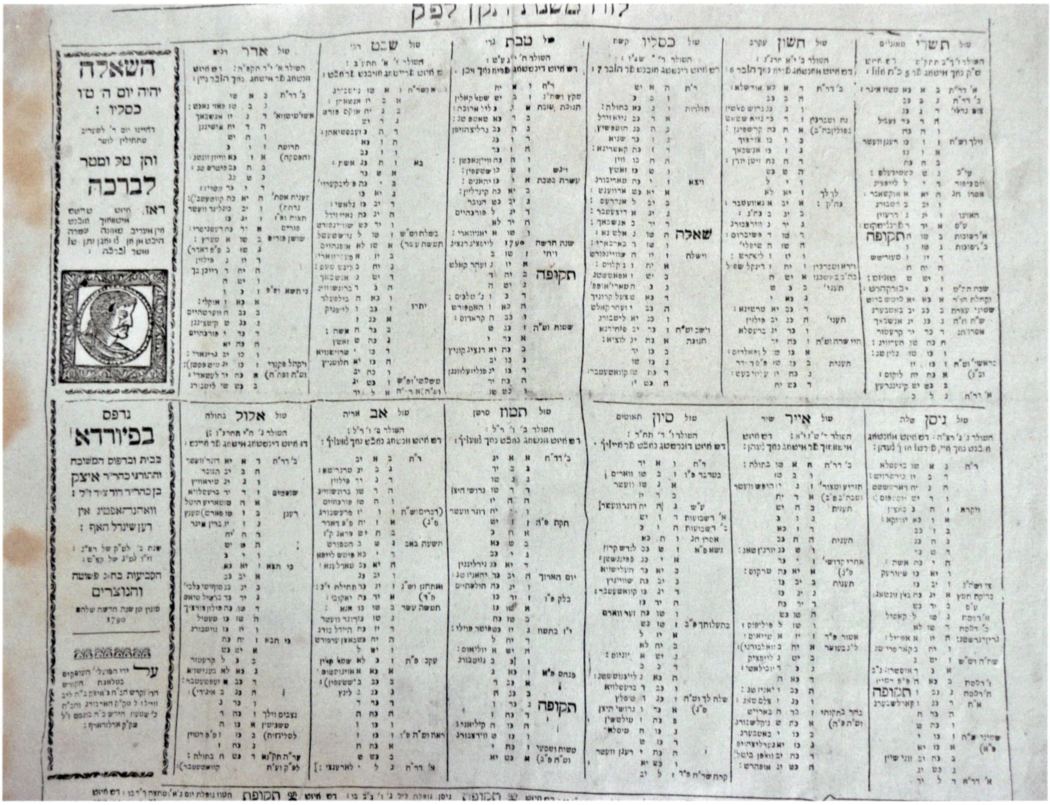

Abb. 7 Genisa Veitshöchheim, Wandkalender (gedruckt 1789 in Fürth)

ein *Tora*-Fragment. Solche Fragmente wurden offensichtlich in aller Regel doch auf einem Friedhof bestattet und verblieben daher nur selten in den *Genisot*.

8.2. Kalender

Sehr häufig anzutreffen und von großer Aussagekraft sind Kalender (Abb. 7). Im Judentum existiert eine eigene Zeitrechnung, die 3761 Jahre vor der christlichen Zählung beginnt und einem Lunisolarkalender folgt. Da sich die im Deutschland des 18. und 19. Jahrhunderts integrierten Juden im Alltag nach dem gregorianischen Kalender richten mussten, ihr religiöses Leben jedoch der jüdischen Zeitrechnung folgte, waren bei ihnen gedruckte Kalender in Gebrauch, die beide Zeitrechnungen nebeneinander darstellten. Diese Druckwerke, wahlweise als posterartige Variante für die Wand oder im handlichen Taschenformat ausgeführt, sind so angelegt, dass man jeweils auf einen Blick jüdisches und gregorianisches Datum vor sich hat und sowohl die jüdischen als auch die wichtigsten christlichen Feiertage entnehmen kann. Des Weiteren enthalten diese Kalender oft die Termine wichtiger Märkte und Messen, die Geburtstage bedeutender lebender Herrscher, astronomische Hinweise wie Mondphasen und Beginn der Jahreszeiten und nicht selten auch Wetterprognosen. In den Taschenausgaben werden mitunter monatliche kurze Abrisse zur jüdischen Geschichte sowie populärmedizinische Ratschläge wie Rezepte für einfache Heilmittel oder Aderlasstafeln abgedruckt. Ähnlich wie bei den Gebetbüchern gibt es auch unter den Kalendern Ausgaben, die zeitgeschichtliche Information vermitteln, so etwa Exemplare, die zusätzlich das Datum nach dem Julianischen Kalender enthalten oder solche, die dem französischen Revolutionskalender folgen. Die großen Wandkalender sind grundsätzlich seltener, zumeist mit wenigen Einzelexemplaren in den *Genisot* anzutreffen, Taschenkalender hingegen sind oft für viele Jahre, teilweise sogar lückenlos über sehr lange Zeiträume zu verzeichnen. Man darf vermuten, dass sich in solchen Fällen an ihnen der ungefähre Ablagezeitraum der jeweils zugehörigen *Genisa* ablesen lässt, denn im Gegensatz zu Büchern, die mit Sicherheit in aller Regel Jahrzehnte oder gar Jahrhunderte in Gebrauch waren, bis sie ausgesondert und auf den Synagogendachböden deponiert wurden, fanden die schon sehr rasch nutzlos werdenden Kalender wahrscheinlich zeitnah zum Ablauf ihrer Gültigkeitsdauer den Weg in die *Genisa*.

Neben diesen drei grundsätzlich stark vertretenen Genres lässt sich zumeist auch eine größere Anzahl von Fragmenten aus dem talmudischen und dem sich mit den rechtlichen Aspekten des Judentums befassenden halachischen Bereich entdecken.

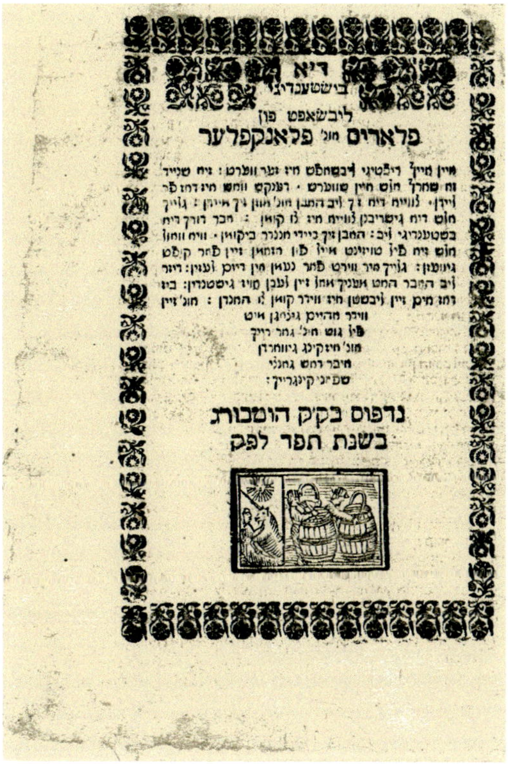
די
בישטענדיגי
ליבשאפט פון
פלאריס אונ' פלאנקפלער
נדפוס בק״ק הומבורג
בשנת התפר לפק

Abb. 8 Genisa Veitshöchheim, Die Geschichte von Floris und Blankefler (gedruckt in Homburg, 1724)

8.3. Literatur in jiddischer Sprache

Ganz besonderen Raum in einer *Genisa* nimmt die jiddische Literatur ein. Jiddisch, genauer das Westjiddische oder auch Jüdischdeutsche, war etwa bis zur Aufklärung die Verkehrssprache der mitteleuropäischen Juden, die sie neben ihrer jeweiligen Landessprache beherrschten. Es ist ein Konglomerat aus Wörtern mittelhochdeutscher, hebräischer und romanischer Herkunft, auf die eine ganz eigene Grammatik, wiederum mit Elementen aus dem Deutschen und dem Hebräischen, angewendet wird. Das Westjiddische war nicht nur gesprochene Sprache, sondern diente, mit hebräischen Schriftzeichen geschrieben, seit dem 16. Jahrhundert zunehmend auch als Literatursprache.

In den *Genisot* liegen teils altbekannte, oft aber auch wiederentdeckte oder gänzlich neue Beispiele für diese nahezu verlorene Sprache vor (Abb. 8). So etwa die Moralbücher umfassende Abteilung der *Mussar-Literatur*, die für das Alltagsleben wichtige Religionsgesetze vornehmlich solchen Lesern vermitteln sollte, die nicht gebildet genug waren, in hebräischer Sprache geschriebene und überdies inhaltlich zumeist hochkomplizierte religiöse Regelwerke zu verstehen. Nebenbei besaßen die mussarischen Werke oft auch einen gewissen Unterhaltungswert, womit die Autoren, fromme Gelehrte, verhindern wollten, dass sich die einfache Leserschaft profaner Unterhaltungsliteratur zuwandte. Im Jahr 1602 erschien mit dem »Sefer Brant-spigel« das erste alle Bereiche des täglichen Lebens umfassende Werk dieses Genres und erfreute sich sofort großer Beliebtheit. Doch da es sich in erster Linie mit den moralischen Ansprüchen an Frauen befasst und zudem über lange Passagen durch zahlreiche sehr anschauliche Beispiele die religiöse Strenge ein wenig in den Hintergrund tritt, dauerte es nicht lange, bis es einen scharfen Konkurrenten erhielt: das sich nicht hauptsächlich an Frauen, sondern an Leser beiderlei Geschlechts richtende und mit seiner strengeren Form großes Wohlwollen bei den religiösen Oberhäuptern erntende »Sefer Lev Tov« des Isaak ben Eliakim aus Posen. Heftige Kontroversen unter Gelehrten löste hingegen Isaak Aboavs »Menorat ha-Ma'or« aus, denn diese bereits im 14. Jahrhundert in Spanien entstandene Zusammenfassung moralischer und religiöser Grundlagen aus Bibel und *Talmud* werteten manche als so heilig, dass sie nicht durch die Übersetzung ins Jiddische für weniger gebildete Leser zugänglich gemacht werden sollte.

Die meisten Neuentdeckungen unter den Druckwerken in *Genisot* lassen sich im Bereich der jiddischen Erzählliteratur verzeichnen, insbesondere bei den originär nichtjüdischen Erzählungen in jiddischer Sprache. Ohne das Durchforschen der *Genisa*-Funde wäre wahrscheinlich nie offenbar geworden, wie zahlreich diese oft nur wenige Seiten umfassenden Heftchen einst waren, denn fast ausschließlich in den *Genisot* erhielten sich die als bibliotheksunwürdig eingestuften »Groschenromane« in größerem Umfang. Das gründet wohl zum einen auf dem Vorbehalt der Bibliotheken gegenüber trivialen Lesestoffen sowie auf der Ausgrenzung der jüdischdeutschen bzw. jiddischen Literatur aus dem Forschungsfeld der Germanistik und der europäischen Literaturwissenschaften, zum anderen darauf, dass »solche Bücher nicht blos ge- sondern auch zerlesen«[7] wurden.

Auf den Synagogendachböden erhielten sich genau diese zerlesenen Heftchen, und so kann das Genisaprojekt inzwischen auf ein Verzeichnis jiddischer Adaptionen nahezu aller berühmten Volksbücher wie etwa »Kaiser Oktavian«, »Geschichten aus 1001 Nacht«, »Schöne Melusine«[8] oder »Eulenspiegel« blicken sowie auf zahlreiche bisher unbekannte Erzählungen, die ein ganz nach Belieben ihres Verfassers zusammengefügtes Konglomerat aus Werken der Weltliteratur wie Märchen, höfischen Romanen oder Volksbüchern sind und deren Lektüre und Untersuchung viele Überraschungen bergen.

8.4. Geschichte und Mystik

Man strebte in den jüdischen Landgemeinden jedoch nicht nur nach religiösem Wissen und Unterhaltung, sondern auch nach weltlicher Bildung, wie etwa an Fragmenten geschichtlicher Werke unter den *Genisa*-Fundstücken zu erkennen ist. Manche davon, so das sowohl auf Hebräisch als auch in seiner jiddischen Übersetzung vorhandene »Sefer Josippon«, eine Nacherzählung des »De Bello Judaico« von Flavius Josephus, beschränken sich zwar weitestgehend auf jüdische Geschichte, doch andere, wie das »Semach Dovid« des David Gans, bieten darüber hinaus umfangreiche Information zur allgemeinen Geschichte. Der 1541 geborene David Gans lernte bei verschiedenen bedeutenden Rabbinern und wandte sich schließlich besonders der Mathematik und der Astronomie zu, kam in Kontakt mit Johannes Kepler und Tycho Brahe und arbeitete mit ihnen zusammen. Während seine naturwissenschaftlichen Bücher nur wenig Bekanntheit erlangten, erreichte sein »Semach Dovid« eine gewisse Berühmtheit und wurde aus dem Hebräischen nicht nur ins Jiddische, sondern auszugsweise auch ins Lateinische übersetzt.

Davon, dass in den Gemeinden neben religiöser Unterweisung, Wissenschaft und Unterhaltung auch noch Platz für ein wenig Mystik war, zeugen zahlreiche Kindbettzettel in den *Genisot*. Da das medizinische Wissen der Menschen lange Zeit nicht ausreichte, um die wahren Ursachen für hohe Säuglingssterblichkeit und den Tod der Frauen im Wochenbett zu erkennen, sah das Volk darin eine Strafe Gottes oder das Werk böser Geister. Im jüdischen Volksglauben gab man der Dämonin Lilit, der ersten Frau Adams, die Schuld für diese zahlreichen Todesfälle. Zum Schutz der Neugeborenen und der Wöchnerinnen vor Lilit wurden Amulette in hebräischer und jiddischer Sprache angefertigt und über das Bett der Wöchnerin gehängt. Sie erfreuten sich solcher Beliebtheit, dass es sie nicht nur in handschriftlicher Form gab, sondern dass sie sogar als Drucke produziert wurden. In manchen *Genisot* sind zusätzlich zu den Kindbettzetteln auch Fragmente mystischer Bücher zu entdecken. Ganz besonders auffallend war der Bestand in der Bayreuther *Genisa*: fünf Buchtitel aus dem mystischen Themenfeld, acht Kindbettzettel und zwei handschriftliche Fragmente mit ausführlichen medizinisch-kabbalistischen Ratschlägen.

8.5. Anderssprachige Fundstücke

Neben diversen Beispielen aus weiteren Bereichen der jüdischen Literatur sowohl in Hebräisch als auch in Jiddisch enthalten die allermeisten *Genisot* Fragmente in deutscher Sprache, darunter vor allem Lehrbücher aller Art sowie Zeitungen, aber auch christliche Literatur und Bücher aus vielen anderen Themengebieten. Häufig sind die lateinische und die aramäische Sprache vertreten und gelegentlich finden sich darüber hinaus griechische, französische oder englische Textzeugnisse oder solche in besonderen Sprachen wie eine polyglotte Bibel in Chaldäisch, Syrisch und Arabisch.

8.6. Alltagsdokumente

Zu alledem stößt man in den *Genisot* immer wieder auf unerwartete Dinge: Offensichtlich hat man auch manches aus persönlichen Gründen aufbewahrt oder man wollte sichergehen, nichts Heiliges versehentlich zu vernichten. Neben Zeitungen, Schulbüchern und Alltagsgegenständen wie Schuhen und Spielkarten wurden häufig profane Schriftstücke abgelegt: Rechnungen und Quittungen, private Briefe an Freunde oder Verwandte, Geschäftsbriefe mit Belegen für den Handel mit Wein, Getreide, Rohhäuten, Gewürzen und Spezereien, Berufliches (Arbeitsvertrag für einen Kantor, Tagebuch eines Beschneiders), Schuldnerlisten, Warenlisten, Inventarlisten, Spendenbescheinigungen, medizinische Rezepte, Schreibübungen, Abschriften, Vokabellisten, Strafarbeiten und auch Einkaufszettel (Abb. 9 und 10). Gerade diese singulären und oft sehr individuellen Zeugnisse stellen die eigentlichen Sensationen dar und erlauben bisher nicht mögliche Einblicke in das Alltagsleben einer jüdischen Gemeinde. Die bekannten und erhaltenen Quellen in den Archiven dagegen beziehen sich überwiegend auf das Verhältnis zwischen der christlichen Obrigkeit und der jüdischen Minderheit und sind daher in ihren Aussagen einseitig.

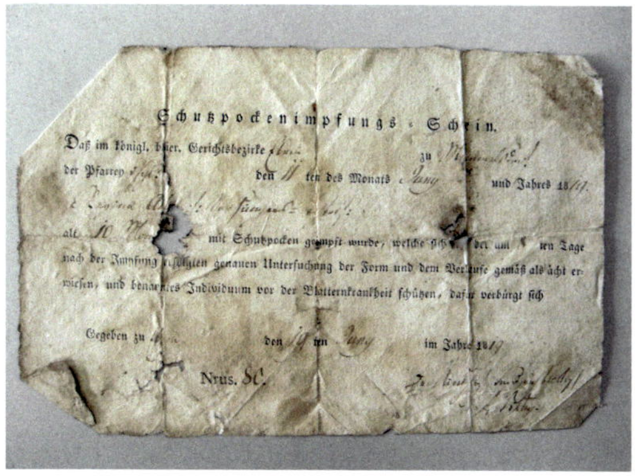

Abb. 9 Genisa Memmelsdorf, Schutzpocken-Impfschein vom 19. Juni 1819

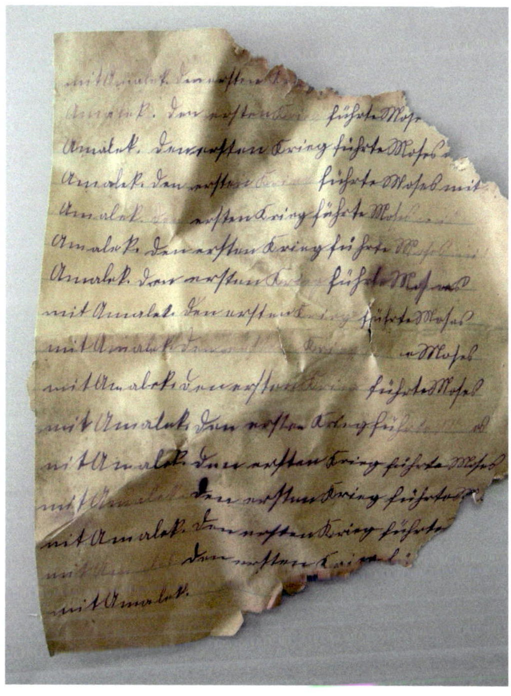

Abb. 10 Genisa Altenschönbach, Strafarbeit

8.7. Alter und Herkunft

Stammen auch die meisten *Genisa*-Fundstücke aus dem Zeitabschnitt von der Mitte des 17. bis zur Mitte des 19. Jahrhunderts, so sind doch in der einen oder anderen *Genisa* erheblich jüngere oder ältere Artefakte zu verzeichnen. Sicher datieren lassen sich in aller Regel nur Druckwerke, bei Handschriften, Textilien oder anderen Gegenständen gelingt dies dagegen nur, wenn die Fundstücke mit einer Jahreszahl versehen sind, wie es etwa bei Briefen oder *Tora-Wimpeln* vorkommt. Der bisher älteste eindeutig identifizierte Druck ist eine lateinische Inkunabel von 1488 aus der Veitshöchheimer *Genisa*, die jüngsten gedruckten Fundstücke stammen aus dem 20. Jahrhundert und sind zum Teil wohl erst nach der sakralen Nutzung der Gebäude auf die Dachböden gelangt.

Die über 40 verzeichneten Herkunftsorte der in den *Genisot* gefundenen Bücher erstrecken sich von den Niederlanden bis auf das Gebiet der heutigen Ukraine sowie von Norddeutschland bis nach Italien und liefern damit einen eindrucksvollen Querschnitt durch die Geschichte des hebräischen Buchdrucks. Nach ersten bedeutenden hebräischen Druckereien in Venedig, Prag, Krakau, Lublin, Amsterdam und Basel begannen im Verlauf des 16. Jahrhunderts auch in deutschen Städten wie etwa in Augsburg, Freiburg, Isny oder Konstanz hebräische Offizinen Bücher zu drucken. Im Anschluss an den Dreißigjährigen Krieg nahm das jüdische Druck- und Verlagswesen einen qualitativen und quantitativen Aufschwung. Einige Territorialherren erteilten jüdischen Buchdruckern Privilegien zur Eröffnung eigener Druckereien, so 1669 in Sulzbach und 1798 in Rödelheim. Da es Juden in Frankfurt am Main bis zur Emanzipation untersagt war, eigene Druckwerkstätten zu gründen, mussten sie entweder hebräische Drucke in christlichen Druckereien herstellen lassen oder in den Umkreis nach Offenbach, Homburg und Rödelheim ausweichen. Im mittelfränkischen Wilhermsdorf gab es seit 1670 mehrere hebräische Druckereien und im nahen Fürth folgte 1691 die erste hebräische Offizin. In der sich anschließenden knapp zweihundertjährigen Geschichte des jüdischen Buchdrucks in Fürth erschienen über tausend Titel. Ein Teil der hebräischen Druckereien in Deutschland existierte bis zu ihrer gewaltsamen Auflösung in den 1930er-Jahren des 20. Jahrhunderts.

Mitunter war die Ortsangabe auf einem Titelblatt darauf angelegt, dem Käufer vorzutäuschen, bei dem Werk handle es sich um den Druck aus einer berühmten Offizin. Der renommierte Druckort wurde dann mit großen, der tatsächliche aber mit kleinen Buchstaben oder oft auch gar nicht angegeben.

Die ältesten hebräischen Drucke der in Veitshöchheim inventarisierten *Genisot* stammen aus dem frühen 16. Jahrhundert, wie eine *Talmud*-Ausgabe von 1521 aus Venedig oder das als erstes jiddisches Druckwerk geltende Bibelglossar »Mirkevet ha-Misne« aus Krakau im Jahr 1534. Einige dieser sehr alten Fundstücke wurden auch in Prag, Basel, Augsburg oder Amsterdam gedruckt. Aus Sulzbach kommen einige Drucke vom Ende des 17., vor allem jedoch solche des 18. Jahrhunderts[9], während die Produktionen der hebräischen Druckereien von Fürth und Rödelheim hauptsächlich aus dem 18. und 19. Jahrhundert datieren.

8.8. Gegenstände

Gegenüber der großen Menge von alten Büchern und sonstigen Papieren sind andersartige Gegenstände in *Genisot* in deutlich kleinerer Zahl vertreten. Am häufigsten finden sich *Tefillin* und die ursprünglich dazugehörigen Lederkapseln. Auch die einst in diesen Kapseln enthaltenen zusammengerollten Pergamentstreifen mit Bibeltexten sowie die ähnlichen Pergamentblätter aus *Mesusa*-Kapseln sind immer wieder zu entdecken. Des Weiteren erhielten sich unzählige *Lulav-Ringe*, mit denen der Feststrauß beim Laubhüttenfest zusammengebunden war.

Bei den gefundenen Textilien handelt es sich vorrangig um zerschlissene *Tallitot* in verschiedenen Größen, Farben und Materialien sowie diverse Schaufäden, sogenannte *Zizit*, von den vier Enden dieser Gebetsmäntel. Ein *Tallit* wurde aus weißem Baumwollstoff, gelegentlich aber auch aus bunten oder farbigen Stoffresten genäht. Daneben gibt es

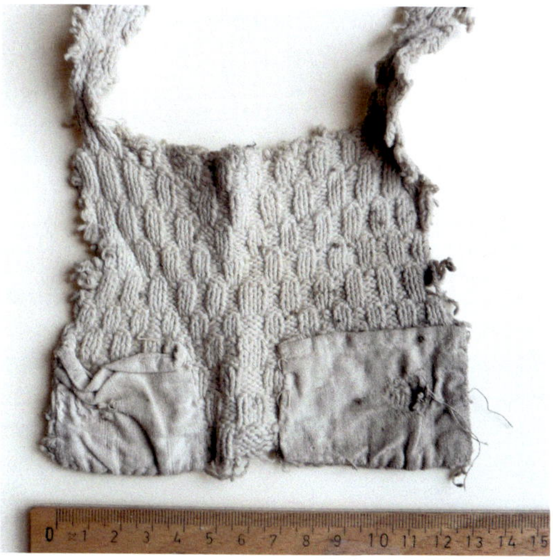

Abb. 11 Genisa Mönchsroth, gestrickter Tallit

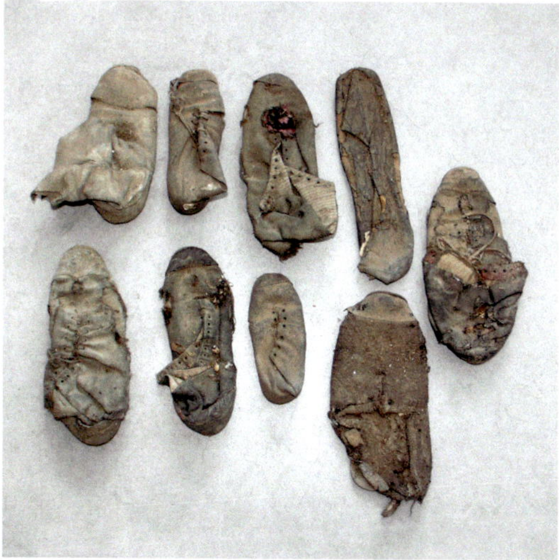

Abb. 12 Genisa Altenschönbach, Schuhe verschiedener Größen

sogar gestrickte oder gehäkelte *Tallitot*, die für Kinder angefertigt wurden (Abb. 11).

Gelegentlich ließen sich auch Hauben- oder Mützenreste und Perückenunterfütterungen bergen. Textilien mit besonders hohem Informationswert sind *Tora-Wimpel*, die in unterschiedlicher Anzahl zum Bestand fast jeder *Genisa* gehören. Diese 3,5 bis 4 Meter langen bestickten Stoffbänder wurden aus den Beschneidungswindeln angefertigt, tragen das Geburtsdatum, den Vornamen, den Vatersnamen des Kindes und Segenswünsche wie: »Möge Gott ihn heranwachsen lassen für die *Tora*, für seine Heirat und für gute Taten.«

Immer wieder lagern in den *Genisot* auch Schuhe. Möglicherweise gehörten sie Verstorbenen, deren Schuhe man nach dem Tod nicht mehr weiterverwendete. (Abb. 12) Metallobjekte wie etwa Leuchter wurden offensichtlich nicht abgelegt.

Durch die Arbeit des Genisaprojekts ist es inzwischen möglich geworden, die *Genisa*-Funde aus den verschiedenen Fundorten als historisches Quellenmaterial verfügbar zu machen. Wurden vorher nur ausgewählte Einzelstücke für allgemeine Fragen betrachtet, so kann jetzt ein umfangreicher Quellenbestand herangezogen werden, der sich nicht alleine auf jüdisches Leben bezieht, sondern auch für die Erforschung der Regionalgeschichte von Bedeutung ist.

Kontakt:

Genisaprojekt Veitshöchheim
Dr. Martina Edelmann
Erwin-Vornberger-Platz
97209 Veitshöchheim
Tel. 0931/9802 754
E-Mail: kultur@veitshoechheim.de

Anmerkungen

1 So in zahlreichen Landgemeinden Bayerns und Baden-Württembergs, wie beispielsweise Altenkunstadt (Ofr.), Aschbach (Ofr.), Aub (Ufr.), Dormitz (Ofr.), Ermreuth (Ofr.), Lichtenfels (Ofr.), Reckendorf (Ofr.), Altenschönbach (Ufr.), Hüttenheim (Ufr.), Maßbach (Ufr.), Memmelsdorf (Ufr.), Urspringen (Ufr.), Veitshöchheim (Ufr.), Wiesenbronn (Ufr.). Die Bayreuther Genisa (Ofr.) hingegen stellt den Fund einer städtischen Gemeinde dar. Aus dem zeitlichen Rahmen fällt die bereits 1952 entdeckte *Genisa* in der ehemaligen Synagoge im südlich von Würzburg gelegenen Goßmannsdorf (Ufr.).

2 JHWH = Jod (י), He (ה), Waw (ו), He (ה).

3 Hüttenmeister 1997, 207 ff.; Kukatzki 1989, 195–226; Wiesemann 1992.

4 Allgemein zur *Genisa* Veitshöchheim: Süß 1987, 79 f.; Timm 1988; Wiesemann 1992; Weber/Friedlander 1997; Przybilski 2001, 233 f.; Edelmann: 2005. 147–150. Singer 2006/07, 18 f.; Edelmann 2009, 199–208; Denz/Rudolf 2015.

5 Aktuelle Überblicke über Grundzüge der *Genisa*-Forschung: Lehnhardt, 2016, 173 ff.; Denz/Rudolf 2017.

6 Das Gebäude Nürnberger Straße 12 diente der jüdischen Gemeinde Hirschaid zwischen 1883 und wahrscheinlich 1938 als Schulhaus. Als Lehrer waren von 1883 bis 1924 Abraham Rau, von 1924 bis 1938 David Kahn tätig. Vgl. Panzer 2005, 111–113.

7 Steinschneider 1872, 1.

8 Vgl. Singer-Brehm 2015, 85–93.

9 Vgl. Singer 2013 b, 193 ff.

Provenienzforschung und Restitution von jüdischen Ritualgeräten

Christine Bach / Carolin Lange

In ihrem vertraulichen Abschlussbericht für die Jewish Cultural Reconstruction schreibt Hannah Arendt am 12. April 1950, sie sei nach Deutschland gereist, um eine Aufstellung von jüdischen Archiven und Ritualgeräten anzufertigen, weil davon auszugehen sei, »that Nazi-confiscated Jewish cultural property must have found its way into German libraries, museums and archives«. Es sei unmöglich vorherzusagen, wie viele Objekte sich würden finden lassen, die Lage sei einfach zu verworren und unüberschaubar. Allerdings vermutete Arendt, dass man in Museen mehr aufspüren werde als anderswo: »it seems as though [...] more ceremonial objects were saved than books, largely because the German-Jewish book collections were more strictly centralized in Berlin while synagogue silver and archival material more frequently found their way into local institutions.«[1]

Und Arendt hatte Recht: Bis heute finden sich in vielen bayerischen Museen unabhängig von ihrer Größe jüdische Ritualgeräte aller Art: *Tora-Schilder*, *-kronen* und *-zeiger*, *Schabbat-Lampen* oder Synagogen-Leuchter, *Tora-Rollen* und *Seder-Teller*. Ihr konservatorischer Zustand ist mitunter heikel, sie sind zerbrochen oder gerissen, manche haben auch Luftangriffe der Alliierten nur knapp überlebt, tragen heute noch Brandspuren und sind verschmolzen. Manchmal sind die Objekte Teil der Dauerausstellung, häufiger aber fristen sie seit unbestimmter Zeit ein Schattendasein in den Depots der Häuser. In den meisten Fällen ist nichts über die Herkunft der Dinge bekannt und in vielen Fällen wurden sie entweder überhaupt nicht oder erst Jahrzehnte nach ihrem Eingang in die Sammlung des Museums inventarisiert und dokumentiert.

Selbstverständlich besitzen nicht alle Judaica in bayerischen Museen zwangsläufig eine verdächtige Provenienz: Die Häuser übernahmen auch vor 1933 Gegenstände aus Gemeinde- oder Privatbesitz. Entweder handelte es sich dabei um Dauerleihgaben – wie z.B. im Heimatmuseum Schnaittach, dem die Jüdische Gemeinde im Sommer 1932 »Geräte für die Mazzenherstellung«[2] überlassen hatte – oder um private Schenkungen von Familien. Nach Kriegsende tauchten im Handel und auch auf dem Schwarzmarkt Objekte auf, deren Provenienz genauso unklar war wie die derjenigen, die zwischen 1933 und 1945 in die bayerischen Museen kamen. Die Pogromnacht im November 1938 ist hierbei wahrscheinlich der Dreh- und Angelpunkt.

1. Pogromnacht 1938

Jüdische Ritualgeräte waren dabei nicht das eigentliche Ziel bei den Plünderungen der Synagogen. Vorrangig sollte nach dem Befehl Reinhard Heydrichs, Chef des Sicherheitsdienstes der SS, das vorhandene Archivmaterial beschlagnahmt werden, damit es nicht zerstört würde. Denn die Nationalsozialisten interessierten sich besonders für die Matrikel der jüdischen Gemeinden – die Geburts-, Sterbe- oder Trauregister –, die als genealogische Belege benutzt wurden. Vielerorts wurden die Ritualgeräte der Gemeinden aber mit beschlagnahmt, wobei unklar ist, ob dies gezielt oder eher zufällig geschah. Darüber hinaus wurden Privatwohnungen und Häuser durchsucht und zum Teil geplündert; auch hier mögen Ritualgeräte beschlagnahmt worden sein. Der Sicherheitsdienst (SD) gab die Unterlagen und Gegenstände an die bayerischen Staatsarchive ab, um sie zu ordnen und auszuwerten. Für die Judaica aber hatte man keine richtige Verwendung und betrachtete sie als eine Art Nebenprodukt und als »Fremdkörper«, den man loswerden wollte. In den Archiven, heißt es in den Korrespondenzen, nähmen sie nur unnötig Platz weg. Der Generaldirektor der Staatlichen Archive in Bayern schrieb am 20. April 1940 an die Staatsarchive und die Abteilung Kreisarchiv:

»Bei der am 9. November erfolgten Aktion gegen die Juden wurden in den meisten Orten auch jüdische Kultgeräte beschlagnahmt und vom SD zusammen mit dem Buch- und Schriftgut auch einzelnen Archiven zur Verwahrung übermittelt. Diese Gegenstände sind Fremdkörper in den Archiven, weshalb ich sie beabsichtige [...] abzustoßen«.[3]

Es gibt verschiedene Möglichkeiten, was dann mit den jüdischen Ritualgeräten passierte: Einige wurden offenbar für die sogenannte und seit dem Ersten Weltkrieg bestehende »Metallspende des deutschen Volkes« eingeschmolzen, wie es die Generaldirektion im selben Schreiben vom 20. April vorschlägt.[4] Bücher, die für unwichtig gehalten wurden, sollten demnach eingestampft und Akten, die nicht mehr benötigt wurden, lokalen Altmaterialhändlern übergeben werden.[5] Einige jüdische Gemeinden hatten außerdem erfolglos versucht, ihre Archive und *Tora-Rollen* zu verstecken (Abb. 1) oder die beschlagnahmten Objekte zurückzubekommen. Der Kantor der Regensburger Jüdischen Gemeinde, Jakob Levkowitz, wandte sich beispielsweise im Frühjahr 1939 an das Staatsarchiv Amberg und bat um eine der beschlagnahmten *Tora-Rollen*, die er mit ins Exil nehmen wollte. Nach monatelangen Diskussionen und nachdem es anfänglich so aussah, als würde seiner Bitte nachgekommen, entschied der Sicherheitsdienst schließlich am 23. Juni 1939, dass gegen die Rückgabe »Bedenken« bestünden, »da hiesigen Erachtens zur Vorbereitung der Auswanderung keine Thorarollen benötigt werden«.[6]

Es ist zum derzeitigen Forschungsstand unmöglich auszumachen, wie viele Judaica vernichtet (eingeschmolzen oder eingestampft) wurden und wie viele in die bayerischen Museen gekommen sind. Offensichtlich jedoch blieb ein großer Teil der jüdischen Ritualobjekte – darunter Textilien, Kupfer-, Messing- oder Silbergegenstände, aber auch *Tora-Rollen* – erhalten und wurde an diverse bayerische Museen verteilt. Womöglich konnten sich die Museen auch aus den Beständen in den Staatsarchiven bedienen oder Ansprüche anmelden: Gottfried Stammler, der das Heimatmuseum Schnaittach ehrenamtlich leitete, beschaffte sich anscheinend auf eigene Faust Ritualgeräte aus der Umgebung und nahm mit Zustimmung des Bayerischen Landesamtes für Denkmalpflege auch etliche Objekte aus dem Staatsarchiv Würzburg entgegen.[7] Das Mainfränkische Museum in Würzburg dagegen gab im Sommer 1942 zu verstehen, dass es »durch Abgabe seitens des Staatsarchivs bereits eingedeckt« sei; »es verzichtet auf weitere Übernahmen«.[8] Interessanterweise scheinen v. a. Häuser mit regionalem und lokalem Bezug jüdische Ritualgeräte übernommen zu haben. Viele Judaica verblieben damit in ihrer ursprünglichen Heimat. Angesichts der Tatsache, dass Juden nach 1933 offiziell immer aggressiver als »Fremdkörper« betrachtet und attackiert wurden, ist dies erstaunlich.

Die Rolle der Museen war nicht zwangsläufig passiv. Die Ritualgegenstände wurden nicht nur von den Staatsarchiven an sie abgegeben, sondern es ist auch möglich, dass Museumsdirektoren während oder im Anschluss an die Pogromnacht Objekte in den Besitz des Museums gebracht haben. Überhaupt sind die Rolle und die Haltung der Museumsleitungen interessant und ausgesprochen ambivalent: Hatten sie die Judaica zum Teil während der Plünderungen im November 1938 an sich genommen, um sie zu rauben oder sie zu retten? Wollten sie Schlimmeres verhindern oder schlicht von der günstigen Gelegenheit profitieren, sich in den Besitz von Kunsthandwerk mit lokalem Bezug zu bringen? Die Frage nach dem »Retten« oder »Rauben« treibt die Zeitgenossen besonders nach Kriegsende um. In einigen Spruchkammerverfahren rechtfertigten sich Museumsleitungen damit, dass sie sich nicht am Abend des 9. November vor der brennenden Synagoge eingefunden hätten, sondern am Morgen des 10. November. Zwölf Stunden entschei-

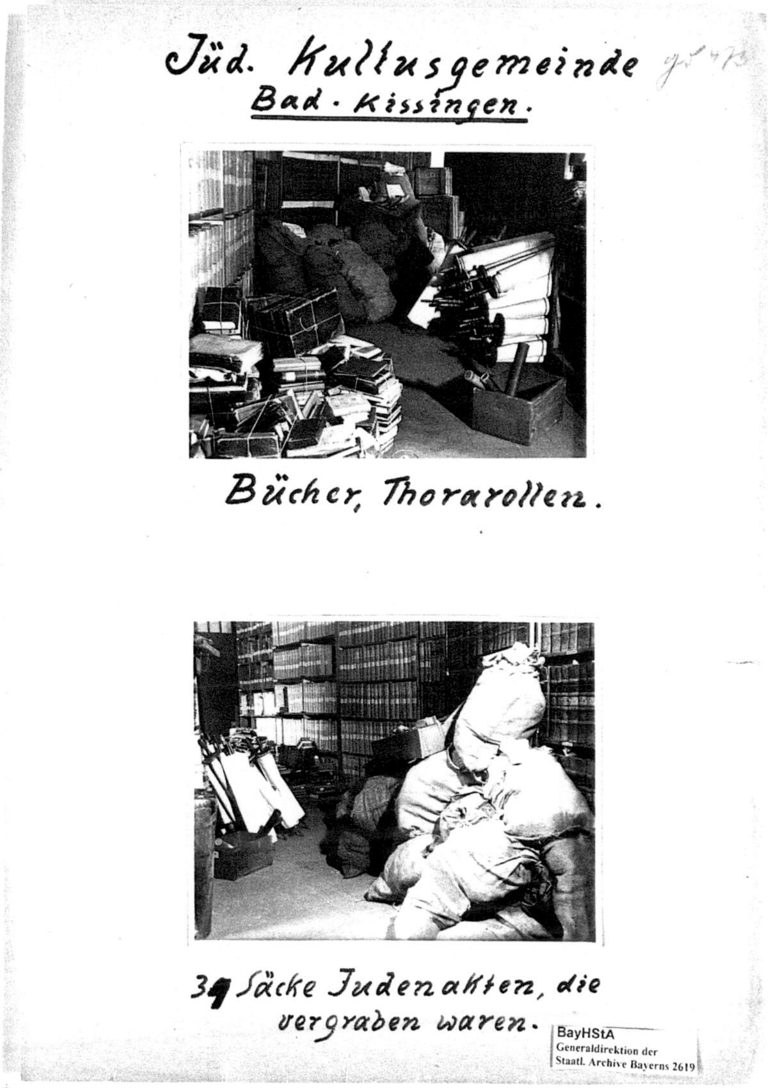

Abb. 1 »31 Säcke Judenakten, die vergraben waren«, Aufnahme aus Bad Kissingen, Fotograf unbekannt. Hauptstaatsarchiv München, Generaldirektion der Staatlichen Archive Bayerns, 2619, Bl.53

den dann darüber, ob sie profitiert oder – ihrer Meinung nach – politischen Widerstand geleistet hatten. Es wird nach Kriegsende auch argumentiert, dass die Objekte in den Museen bis zur Rückkehr der rechtmäßigen Eigentümer »verwahrt« werden sollten. So schrieb das Landesamt für Denkmalpflege am 31. Juli 1946 an die amerikanische Militärregierung, dass bereits 1940 klar gewesen sei, »daß unserem Amt kein Verfügungsrecht über diesen Besitz als solchen zustehe. […] Unsere Absicht, die natürlich schriftlich nicht deutlich ausgesprochen werden konnte, war es, diesen jüdischen Kultbesitz zu gegebener Zeit den rechtmäßigen Eigentümern zurückzuerstatten. Daß dieser Zeitpunkt einmal kommen würde, stand für den Direktor des Amtes […] fest.«[9] Hannah Arendt traute diesem Rettungsnarrativ überhaupt nicht und schrieb in ihrem 15. Field Report, dass diejenigen Museen »into which ceremonial objects after 1938 may have been ›saved‹«[10] genau untersucht werden müssten. Möglicherweise waren sich die Museen nach Kriegsende selbst nicht mehr sicher, aus welchen Beweggründen die Objekte in ihre Sammlungen übernommen wurden: Hatten sie sie »zugewiesen« bekommen, »aufbewahrt« und »sichergestellt« oder nahm man den exklusiven Zugang dazu als selbstverständlich an? Hatten sie die Objekte nicht inventarisiert, weil sie sich selbst nie als rechtmäßige Eigentümer betrachteten oder weil sie es nicht für nötig gehalten hatten, dass man über diese Objekte irgendwann würde Rechenschaft ablegen müssen? Nach dem Krieg jedenfalls betonen die allermeisten das erste Argument mit Nachdruck. Zum Teil wehrten sich die Museen – wie das Heimatmuseum Schnaittach – nach 1945 auch heftig dagegen, die Objekte an jemand anderen als die ursprünglichen Eigentümer – Privatpersonen oder Gemeinden – zurückzugeben.

Der Umgang mit Judaica ist auch heute noch alles andere als einfach oder geklärt. Dies gilt besonders für Restitutionen. Gleichzeitig gibt es aber auch besondere Recherchemöglichkeiten und -ressourcen, die der »konventionellen« Provenienzforschung nicht zur Verfügung stehen.

2. Schwierigkeiten bei der Restitution

Einer der Gründe, warum sich die Restitution von Judaica oftmals schwierig gestaltet, hängt u.a. damit zusammen, dass diese häufig in Serie hergestellt wurden – z. B. von WMF. Mehrere Familien konnten also über dasselbe Modell verfügen, was die Provenienzrecherche immer erschwert. Darüber hinaus befand sich in Synagogen sowohl Gemeinde- als auch Privateigentum. Gerade in Bayern gab es hier offensichtlich viele Gegenstände aus Privatbesitz, und fast jede Familie besaß das eine oder andere Ritualgerät. Damit ist während des Pogroms 1938 nicht nur Gemeinde-, sondern auch Privateigentum beschlagnahmt und widerrechtlich entzogen worden. In den Entschädigungsgesetzen der Nachkriegszeit war jedoch nur der Umgang mit Privateigentum geregelt. Für die jüdischen Gemeinden gab es nach dem Zweiten Weltkrieg keinen offiziellen Rechtsnachfolger. Die Jewish Restitution Successor Organization (JRSO), die 1948 in New York gegründet wurde, war nur für erbenloses Vermögen in der amerikanischen Besatzungszone zuständig, während sich in der britischen Besatzungszone die Jewish Trust Corporation darum kümmerte. Ehemaliges Gemeindeeigentum befand sich daher immer in einer rechtlichen Grauzone. Nach Ablauf aller gesetzlichen Fristen sind die Judaica damit – streng rechtswissenschaftlich betrachtet – heute rechtmäßiges Eigentum der jeweiligen Museen. Die Sensibilität gegenüber jüdischen Ritualgeräten ist in den vergangenen Jahren allerdings gestiegen. Während die Washingtoner Erklärung (1998) sich nicht explizit mit jüdischen Ritualgeräten beschäftigt, spricht die zehn Jahre später verabschiedete Theresienstädter Erklärung (2009) Judaica explizit an und plädiert für eine internationale Registrierung – besonders von *Tora-Rollen* – sowie eine Restituierung an die (Erben der) Voreigentümer.[11] Auch die Claims Conference hat 2009 einen über 400 Druckseiten starken Katalog geraubter Judaica erstellt, der die bekannten internationalen Bestände und Forschungserkenntnisse auflistet; der Katalog wurde zuletzt 2016 erweitert.[12] Die Claims Conference verweist außerdem v.a. auf die symbolische Bedeutung der Rückgabe, denn Judaica seien »zugleich ein sichtbarer Beitrag zur Geschichte der Schoah und des Gedenkens an sie.«[13] Im Vergleich zu Meisterwerken der bildenden Kunst haben jüdische Ritualgeräte zwar einen viel geringeren materiellen Wert, ihr kultureller oder symbolischer Wert dagegen ist kaum zu überschätzen. Dies gilt besonders für *Tora-Rollen*, deren Bedeutung für die jüdischen Gemeinden Lion Feuchtwanger in »Jud Süß« (1925) folgendermaßen beschrieb: »Sie hatten keinen Staat, der sie zusammenhielt, kein Land, keine Erde, keinen König, keine gemeinsame Lebensform. Wenn sie dennoch eins waren, mehr eins als alle anderen Völker der Welt, so war es das Buch, das sie zusammenschweißte. [...] Sie hatten das Buch mit sich geschleppt durch zwei Jahrtausende. Es war ihr Volk, Staat, Heimat, Erbteil und Besitz.«[14]

An vier kurzen Beispielen sollen im Folgenden die Besonderheiten und Schwierigkeiten der Restitution von jüdischen Ritualgeräten dargestellt werden.

3. Das Tora-Schild von Gunzenhausen

1990 wurden in Fürth von einer Privatperson mehrere jüdische Ritualgeräte beim Kuratorium zur Errichtung eines jüdischen Museums abgegeben mit dem Hinweis, dass der Schwiegervater die Objekte »Anfang der dreißiger Jahre als Privatmann übereignet erhalten« habe.[15] Das *Tora-Schild*, das sich unter den Objekten befand, wurde zu Beginn des 18. Jahrhunderts in Nürnberg hergestellt. Es hat zahlreiche Applikationen aus Silber, darunter Einhörner, Löwen und einen Adler, die auf der flachen Grundplatte angebracht sind. Als das Objekt restauriert wurde, fand man hinter einem der beiden Einhörner einen kleinen Zettel mit der Aufschrift: »hineingelegt a. 3. Okt. 1901 / 21. Tischri 5662 als Hier Sali Haas Schiur hatte. Gerolzhofen 3. Okt. 1901 abends 7 Uhr – Julius Godlowsky«.[16]

Eines der wichtigsten Hilfsinstrumente bei der Provenienzrecherche und der möglichen Restitution von *Judaica* ist die vom Münchner Kunsthistoriker Theodor Harburger (1887–1949) angefertigte detaillierte Dokumentation jüdischer Ritualgeräte in bayerischen Gemeinden, die er zwischen 1926 und 1932 für den Verband Bayerischer Israelitischer Gemeinden (VBIG) anfertigte. Er verzeichnete darin u. a. jüdische Kunstobjekte, aber auch Friedhöfe, bayerische Synagogen und deren Innenausstattung. Die Dokumentation besteht aus etwa 800 Fotografien und Karteikarten sowie etlichen handschriftlichen Notizen; Harburgers Nachlass befindet sich heute in den Central Archives for the History of the Jewish People in Jerusalem. 1998 wurden sie vom Jüdischen Museum Franken gemeinsam mit den Central Archives in drei Bänden herausgegeben.

Mit Hilfe dieser Unterlagen konnte das *Tora-Schild* eindeutig identifiziert und den rechtmäßigen Erben zurückerstattet werden: Harburger hatte bei seinem Besuch in Gunzenhausen im Juni 1927 das Schild fotografiert und sich dazu notiert: »Privatbesitz des Herrn Sigmund Dottenheimer«. Sigmund Dottenheimer heiratete 1913 Frieda Reinhardt aus Gerolzhofen und das *Tora-Schild* könnte ein Teil ihrer Mitgift gewesen sein. Das Ehepaar wohnte nach der Eheschließung in Gunzenhausen, hatte vier Kinder, von denen nur ein Sohn, Fred Joel Dottheim, das Dritte Reich überlebte, weil er 1937 in die USA emigrieren konnte. Dort hatte er auch seinen Namen in Dottheim geändert. 1952 beschrieb er das Objekt für die Jewish Restitution Successor Organisation folgendermaßen: »Meine Eltern selbst waren die Eigentuemer eines aussergewoehnlich wertvollen Gehaenges, welches mit Brillanten und Rubinen reich besetzt war!«[19] Die Brillanten und Rubine waren in der Realität nur bunte Glassteine, aber die allgemeine Beschreibung stimmte, sodass das Schild 2001 an die in den USA lebenden Nachkommen Fred Joel Dottheims offiziell restituiert und gleichzeitig ein Dauerleihvertrag zugunsten des Museums mit ihnen abgeschlossen werden konnte.

4. Das Fragment einer Tora-Rolle von Straubing

Sehr viel schwieriger ist der Fund im Straubinger Gäubodenmuseum zuzuordnen. Dort befindet sich eine *Tora-Rolle*, von der das Museum nicht weiß, wann und unter welchen Umständen sie in die Bestände des Hauses gekommen ist. Das Pergament ist ca. 30 cm hoch und ausgerollt etwas mehr als acht Meter lang. Das Pergament besteht aus 20 Lagen, die insgesamt 69 Textkolumnen enthalten. Elf der Lagen weisen jeweils drei Textkolumnen auf, die restlichen neun enthalten jeweils vier. Die *Tora-Rolle* ist nicht vollständig erhalten; etwa die Hälfte des Textes fehlt. Das Fragment beginnt mit Kapitel 3 Vers 23 des fünften Buch Moses. Das Pergament ist außerdem falsch herum auf den Stab gewickelt, man liest den Text also von hinten nach vorne. Der Anfang der Schriftrolle ist noch verklebt, daher fehlt die Einsicht vom Anfang des ersten Buches bis zum Kapitel 20, Vers 2 des zweiten Buch Moses (Anfang der zehn Gebote). Die meisten Textstellen sind kaum zu entziffern, manche sind völlig unleserlich. (Abb. 2) Der konservatorische Zustand ist fragil, das Pergament brüchig und verzogen, womöglich von Schädlingen befallen, und die Kolumnen des Textes sind so klein beschrieben, dass die Rolle kaum im Gottes-

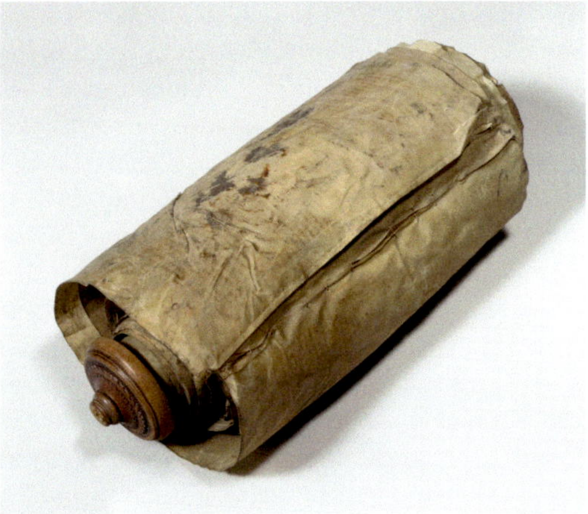

Abb. 2 Fragment einer Tora-Rolle, Pergament und Holz, Hersteller und Herkunft unbekannt. Gäubodenmuseum Straubing, ohne Inv. Nr.

dienst in der Synagoge zu gebrauchen gewesen ist. Es handelt sich offenbar um Privatbesitz. Das Objekt ist einzigartig, nicht nur die Doppelreihen der Schrift, sondern auch das kleine Format sowie einige handschriftliche Bemerkungen außerhalb der Textkolumnen (etwas, was bei *Tora-Rollen* aus religiöser Sicht nicht erlaubt ist). Die Schrift ist verblasst, fast ausgelöscht. Die Tinte ist zu großen Teilen abgeplatzt, zurückgeblieben sind nur schwache, rötlich-braune Schriftzüge im Pergament. Zwei Blätter sind vermutlich auch von einer anderen Hand geschrieben. Darüber hinaus weist der Text Überarbeitungen und Verbesserungen auf, die mit einer dunkleren Tinte angefertigt wurden (Abb. 3). Es ist deshalb schwierig, die Provenienz genauer festzulegen. Es wurden mehrere nationale und internationale Hebraica-Experten befragt, von denen manche das Objekt selber, andere nur Fotografien sehen konnten. Die Thesen unterscheiden sich daher deutlich von einander: Während einige die *Tora-Rolle* im 17., 18., oder 19. Jahrhundert verorten, argumentieren andere für eine spätmittelalterliche Entstehungszeit. Als Herkunftsorte sind Polen oder Deutschland denkbar.[21] Unklar ist auch, wie die *Tora-Rolle* ins Gäubodenmuseum kam. Während der Pogromnacht wurden auch in Straubing Archivgut und *Tora-Rollen* konfisziert; zwei konnten offensichtlich 1939 von einem jüdischen Gemeindemitglied in die USA mitgenommen werden.[22] Falls das Gäubodenmuseum die aufgefundene *Tora-Rolle* im Zuge der Pogromnacht erhalten haben sollte, so fehlen dafür Hinweise oder Belege. Es ist auch denkbar – zumal angesichts der möglichen polnischen Provenienz –, dass sie von einem Wehrmachtssoldaten aus dem besetzten Polen, Weißrussland oder Russland mitgebracht wurde und auf verschlungenen Wegen in das Museum kam. Wenn man die Entstehungszeit im Spätmittelalter ansiedelt, könnte es sich auch um ein Objekt handeln, das 1519 – anlässlich des Pogroms gegen die Regensburger Juden – von dort nach Straubing gelangt sein könnte. Die *Tora-Rolle* wird im Laufe des Jahres 2017 restauriert bzw. konserviert; vielleicht lassen sich in der Folge weitere Hinweise auf ihre Provenienz finden.[23]

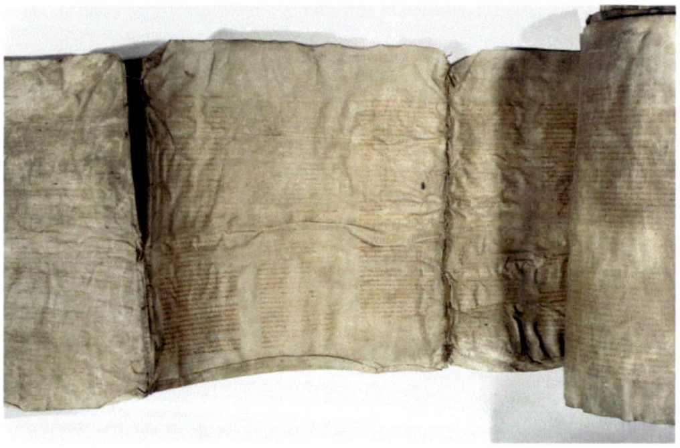

Abb. 3 Fragment einer Tora-Rolle, Pergament und Holz, Hersteller und Herkunft unbekannt. Gäubodenmuseum Straubing, ohne Inv. Nr.

5. Die Judaica von Feuchtwangen

Ein ähnlicher Fall findet sich im Fränkischen Museum Feuchtwangen. Neben Ausstellungsbereichen zu regionalen Fayencemanufakturen, Hafnerwaren und Zinnobjekten zeigen Schauräume unterschiedliche Facetten der landbürgerlichen Einrichtungskultur. Im Besitz des Museums befinden sich darüber hinaus drei jüdische Ritualobjekte, zu deren Herkunft keinerlei Informationen vorliegen. Es handelt sich um zwei unvollständige *Schabbat-*

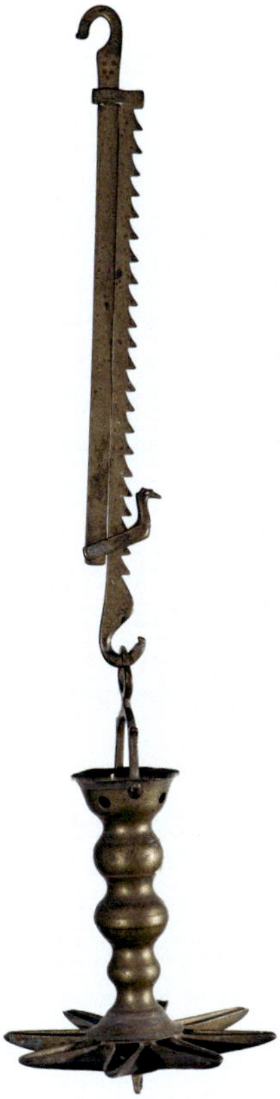

Abb. 4 Schabbat-Lampe, Messing, beschädigt, Nürnberg, 18./19. Jh. Fränkisches Museum Feuchtwangen, Inv. Nr. 05511

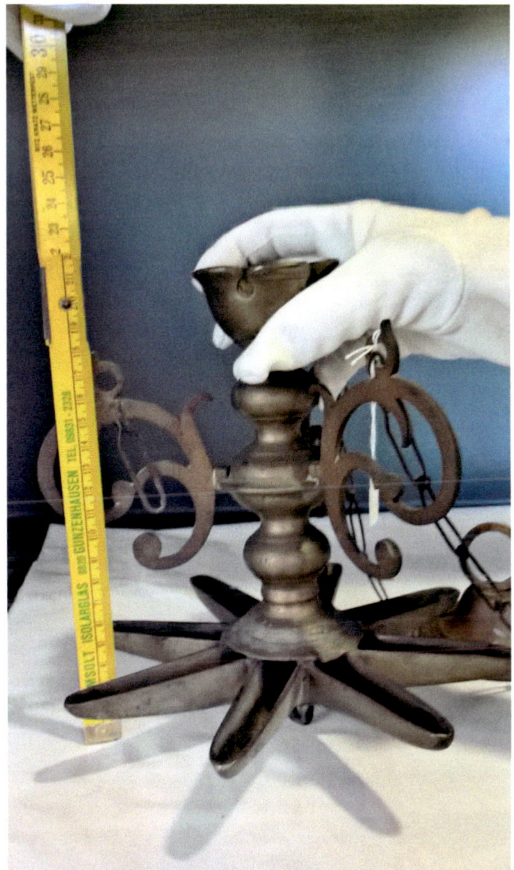

Abb. 5 Schabbat-Lampe, Messing, beschädigt, Nürnberg, 18./19. Jh. Fränkisches Museum Feuchtwangen, Inv. Nr. 05512

Lampen aus Messing (Abb. 4 und 5), Nürnberger Rotgießerarbeiten aus dem ausgehenden 18. oder dem 19. Jahrhundert und einen *Chanukka-Leuchter* aus Zinn (Abb. 6), den der Zinngießer Johann Michael Messier nach 1815 in Gunzenhausen herstellte. Laut Aussage eines ehemaligen Museumsmitarbeiters lagerten die Stücke bereits 1970 uninventarisiert im Depot.[24] Die beiden Lampen haben keinen besonders hohen materiellen Wert – Stücke wie diese gab es in großer Zahl. Was sie interessant macht, ist ihre Biografie. Man sieht den *Schabbat-Lampen* ihre bewegte Vergangenheit an: Es fehlen die Tropfschalen und Teile der Aufhängungen sind abgerissen oder verloren. Wer nutzte sie und den *Chanukka-Leuchter* einst für religiöse Bräuche? Warum sind sie beschädigt? Und wer brachte sie ins Fränkische Museum?

Der Museumsanbau aus den 1960er-Jahren befindet sich auf dem Grundstück der ehemaligen Synagoge Feuchtwangens. Bis vermutlich Anfang 1938 wurden hier Gottesdienste und Schulunterricht abgehalten.[25] Bereits vor November 1938 waren die Juden Feuchtwangens zahllosen Schikanen ausgesetzt: Sie wurden diffamiert, körperlich angegriffen, wahllos inhaftiert und ihre Wohnungen wurden geplündert.[26] Nachdem der letzte jüdische Einwohner die Stadt verlassen hatte, wurde die Synagoge in der Pogromnacht von SS-Män-

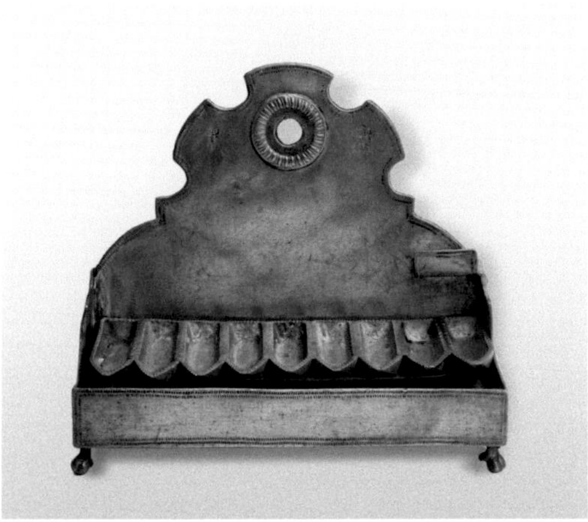

Abb. 6 Chanukka-Leuchter, Zinn, Hersteller: Johann Michael Messier, Gunzenhausen nach 1815. Fränkisches Museum Feuchtwangen, Inv. Nr. 01231

nern des parteitreuen Bürgermeisters Karl Ludwig (1895–1970) niedergebrannt. Der Verein für Volkskunst und Volkskunde erwarb daraufhin im Frühjahr 1939 das Grundstück, auf dem nach dem Krieg der Museumsanbau errichtet wurde. Die Gegenstände, die sich vor November 1938 im Besitz der Gemeinde befanden, sind bekannt und in einem Inventarbuch dokumentiert worden. Der israelitische Lehrer Simon Brückheimer (1889–1950) erforschte bereits seit Jahren das Landjudentum Bayerns, als er vom Verband der Bayerischen Israelitischen Gemeinden (VBIG) den Auftrag bekam, das Archivgut der Gemeinden zu inventarisieren. Die Inventarisierung der wichtigen Akten und Urkunden begann 1933. Bereits 1934 führte er nicht nur die Anzahl der Aktenbündel, Protokollbücher, Rechnungsbelege und Stammrollen auf, sondern ergänzte sein Inventar vereinzelt um Angaben zu Ritualgegenständen der Gemeinden. Auch zur Synagoge in Feuchtwangen werden für diesen Zeitpunkt einige Judaica genannt, der *Chanukka-Leuchter* und die *Schabbat-Lampen* befanden sich jedoch nicht darunter.[27] *Schabbat-Lampen* und *Chanukka-Leuchter* dieser Art wurden zumeist in privaten Haushalten genutzt, was die Entwendung aus einer Feuchtwanger Wohnung mehr als wahrscheinlich macht. Dennoch könnten die frühen massiven Übergriffe auf die Juden Feuchtwangens für einen Raub sprechen, der bereits vor Brückheimers Aufzeichnungen stattfand. Somit ist nicht auszuschließen, dass die Objekte vor 1934 womöglich doch in der Synagoge aufbewahrt wurden. Ob sie tatsächlich das Eigentum einer oder mehrerer Familien aus Feuchtwangen waren, wann und durch wen sie in Museumsbesitz übergingen, wird sich nur schwer nachvollziehen lassen. Das Fränkische Museum Feuchtwangen hat die drei Objekte in der Lost Art-Datenbank (Träger Stiftung Deutsches Zentrum Kulturgutverluste) als Fund gemeldet.

6. Der Tora-Schmuck von Kempten

Ganz anders verhält es sich mit einem Objektensemble, das in das ehemalige Allgäuer Heimatmuseum gelangte und sich seit Ende 1989 als Leihgabe im Jüdischen Kulturmuseum Augsburg-Schwaben befindet. In einem hölzernen Koffer wird silberner *Tora-Schmuck* aufbewahrt (Abb. 7). Neben einem Paar *Tora-Aufsätzen* enthält die Kiste einen *Tora-Zeiger* und ein *Tora-Schild*. Ursprünglich nicht als Ensemble hergestellt, sind die Objekte spätestens Ende des 19. Jahrhunderts zusammengeführt und seither gemeinsam verwahrt worden.[28] Die Provenienz der Ritualgeräte ist geklärt: Die Israelitische Kultusgemeinde Kempten nutzte die Ritualgegenstände in ihrem Betsaal, der sich im Stadtzentrum befand.[29] Da der Gottesdienstraum nur angemietet war und man auf einen eventuellen Umzug vorbereitet sein wollte, könnte der Koffer der Gemeinde als einfaches Transportmittel gedient haben. Während des Novemberpogroms wurden die Räumlichkeiten der Kemptener Gemeinde nicht vernichtet. Am 21. Februar 1939 trat die »Dritte Anordnung aufgrund der Verordnung über die Anmeldung des Vermögens von Juden« in Kraft, nach der alle Juden ihre Edelmetalle, Edelsteine und Perlen innerhalb von zwei Wochen abzuliefern hatten.[30] Auch der silberne *Tora-Schmuck* der Kemptener Gemeinde musste vom Vorstand Sigmund Ullmann (1854–1942) beim Pfandleihamt der Stadt abgeliefert werden. Vom Mitarbeiter der Leihanstalt auf einen Wert von 28,52 RM bemessen,

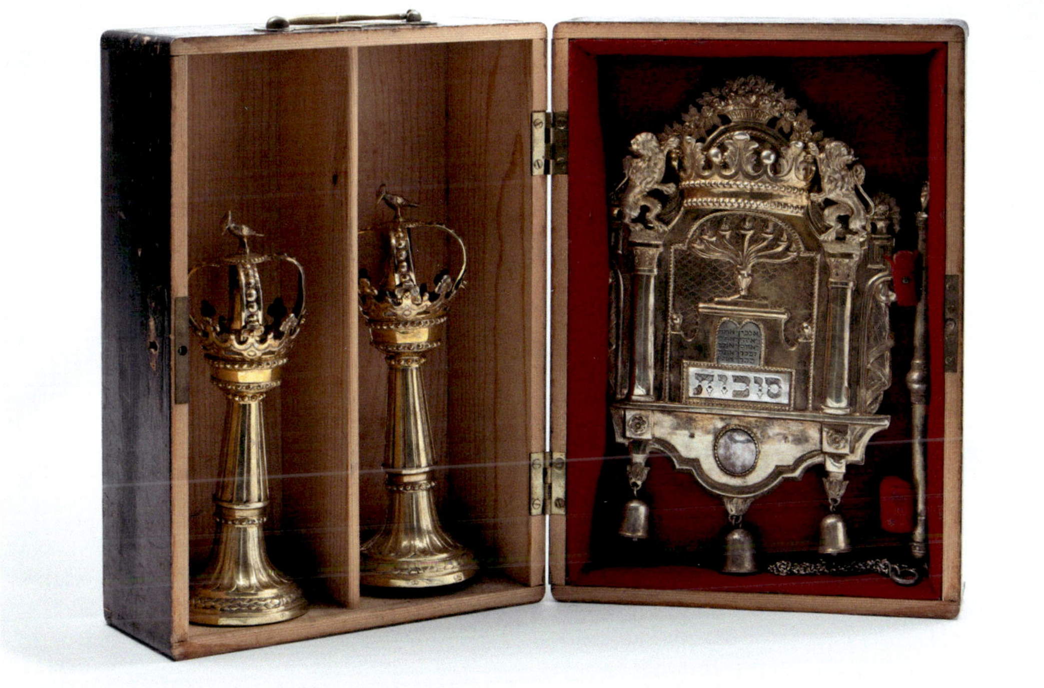

Abb. 7 Koffer mit Tora-Schmuck, Kiefernholz, süddeutsch 19. Jh., enthält ein Tora-Schild (Balthasar Friedrich Stenglin, Augsburg, vor 1816), ein Paar Tora-Aufsätze (Franz Anton Gutwein, Augsburg, 1801) und einen Tora-Zeiger (Balthasar Friedrich Stenglin, Augsburg, vor 1816). Jüdisches Kulturmuseum Augsburg-Schwaben, Inv. Nr. JKM 2004.256-258 (Dauerleihgabe der Museen der Stadt Kempten)

kaufte ihn der Oberbürgermeister kurz darauf für 42,52 RM an.[31] Der Journalist Ralf Lienert weist in einer Publikation von 1998 auf eine Vereinbarung zwischen Gemeindevorstand und Oberbürgermeister hin. Demnach sollte der Oberbürgermeister den *Tora-Schmuck* für das Museum erwerben, um ihn vor einem Raub durch die Nationalsozialisten zu retten.[32] Der Überlebende Bruno Kohn äußerte sich in einem Brief an den Landesverband der Bayerischen Israelitischen Gemeinden, dass er »[…] aus schriftlichen wie auch mündlichen Äußerungen des damaligen Oberbürgermeisters Dr. Otto Merkt (inzwischen verstorben) [weiß], dass dieser […] wenigstens eine Thorarolle in seinem Amtszimmer versteckt und dieselbe […] dem Allgäuer Heimatmuseum Kempten […] übergeben habe«[33]. Merkt selbst, der am 26. Juli 1942 abgesetzt wurde, äußerte sich Ende 1948 in einem Schreiben an den Stadtkreis sehr konkret: »Ich hatte ja auch die israelitischen Kultusgeräte, die er [Sigmund Ullmann] mir brachte, in meinem Arbeitszimmer aufbewahrt, um sie der Beschlagnahme durch die Gestapo zu entziehen«[34]. Es ist anzunehmen, dass Merkt den *Tora-Schmuck* erst nach seiner erneuten Amtszeit, von Mai bis Juli 1945, in das Allgäuer Heimatmuseum überführte.[35] Wo die Stücke zwischen 1942 und 1945 verwahrt wurden, konnte bisher nicht geklärt werden. Ein Inventarblatt der Kemptener Museen aus dem Jahr 1999 gibt den 1. März 1939 als Zugangsdatum an.[36] Es bleibt festzustellen, wann und durch wen das Judaicum tatsächlich Eingang in den Kemptener Museumsbestand fand.

Die Anzahl und Vielfältigkeit der Ritualgeräte, die in den deutschen Museen lagern und eine verdächtige Provenienz haben, sind weitestgehend unterschätzt oder bisher unerforscht geblieben. Anhand der Vielzahl der orts- und regionalgeschichtlichen Museen lässt sich aber die Menge der unentdeckten Judaica erahnen. Die Erwerbungsart, der Erwerbungszeitraum und die Vorbesitzer variieren dabei in gleichem Maße. Die Geschichte eines Museums und die Biografie seiner Objekte sind in jedem Fall so speziell, dass sich zahlreiche Besonderheiten und Schwierigkeiten bei einem möglicherweise notwendigen Restitutionsverfahren ergeben. Der Fall des Gunzenhausener *Tora-Schilds* zeigt, welche Zufallsfunde Provenienzrecherchen beeinflussen und welche Hilfsmittel bei der Erforschung von Objektbiografien angewendet werden können. Das Fürther Museum orientierte sich dabei beispielhaft an den in der Washingtoner Erklärung (1998) empfohlenen »fairen und gerechten Lösungen« und einigte sich einvernehmlich mit den Erben. Die rechtmäßigen Eigentümer von Museumsstücken und auch von jüdischen Ritualgeräten können zum Teil nicht identifiziert werden, da ganze Familie ausgelöscht oder Erben bereits verstorben sind. Sind Privatpersonen nicht mehr zu ermitteln oder Gemeinschaften – wie z. B. Kultusgemeinden – aufgelöst worden, ist der Rechtsnachfolger das Museum, in dem sich das Objekt befindet. Grundsätzlich muss in einem Restitutionsverfahren also zwangsläufig zwischen Privat- und Gemeinschaftseigentum unterschieden werden. Die Judaica ehemaliger Gemeinden sind in den vergangenen Rückerstattungsverfahren nie oder nur selten bearbeitet worden, da in der direkten Nachkriegszeit kein offizieller Rechtsnachfolger bestimmt wurde. Als Sonderfall wurden sie entweder – und hier auch nur solche, die unbeschädigt oder noch brauchbar waren – neugegründeten Gemeinden innerhalb Deutschlands, Israels und der USA zugewiesen, wofür sich Hannah Arendt und Gershom Scholem einsetzten. Diejenigen, die in den deutschen Museen verblieben, wurden mitunter in die Dauerausstellungen integriert, häufiger jedoch werden sie in nicht öffentlich zugänglichen Depots verwahrt. Bis heute ist nicht klar definiert, wie mit Judaica umzugehen ist, die einer Gemeinschaft und somit mehreren Personen dienten.

Anmerkungen

1 Arendt, Hannah: Abschlußbericht, 12. April 1950, in: Arendt / Scholem 2010, 525–533, hier: 525.
2 Schreiben der Jüdischen Gemeinde Schnaittach vom 5. Juni 1932, Heimatmuseum Schnaittach, Ordner Landesamt für Denkmalpflege 1923–1945.
3 Schreiben der Generaldirektion der staatlichen Archive Bayerns an die Staatsarchive und Abteilung Kreisarchiv vom 20. April 1940, BayHStA GDion 2619.
4 Schreiben der Generaldirektion der staatlichen Archive Bayerns an die Staatsarchive und Abteilung Kreisarchiv vom 20. April 1940, BayHStA GDion 2619.
5 Schreiben des Staatsarchivs Nürnberg an die Generaldirektion der staatlichen Archive Bayerns vom 12. Dezember 1938 [Abschrift eines Schreibens vom 8. Dezember 1938, bezieht sich auf einen Bericht der Rathausverwaltung Feuchtwangen].
6 Schreiben des Sicherheitsdienstes SS (SS-Oberabschnitt Süd) an die Generaldirektion der staatlichen Archive Bayerns vom 23. Juni 1939.
7 Schreiben Georg Lills [Direktor des Bayerischen Landesamtes für Denkmalpflege] an die Militärregierung für Bayern vom 31. Juli 1946. National Archives and Records Administration, Ardelia Hall Collection, Records Relating to the Status of Monuments, Museums, and Archives; Cultural Institutions Correspondence Landkreis Mainz-Landkreis Wunsiedel, 107.
8 Schreiben des Staatsarchivs Würzburg an die Generaldirektion der staatlichen Archive Bayerns vom 19. Juni 1942, BayHStA GDion 2619.
9 Schreiben Georg Lills [Direktor des Bayerischen Landesamtes für Denkmalpflege] an die Militärregierung für Bayern vom 31. Juli 1946. National Archives and Records Administration, Ardelia Hall Collection, Records Relating to the Status of Monuments, Museums, and Archives; Cultural Institutions Correspondence Landkreis Mainz-Landkreis Wunsiedel, 107.
10 Arendt,Hannah: Field Report Nr. 15, 10. Februar 1950, in: Arendt / Scholem 2010, 495–507, hier: 501.
11 Die Theresienstädter Erklärung ist einsehbar unter: www.lostart.de/Content/02_Aktuelles/2009/09-11-23%20Theresienst%C3%A4dter%20 Erkl%C3%A4rung%20DE.pdf?__blob=publicationFile&v=10 [zuletzt aufgerufen am 1. März 2017].
12 Als PDF-Dokument zugänglich unter: http://art.claimscon.org/wp-content/uploads/2013/09/Descriptive-Catalogue-of-Looted-Judaica-3-February-2016.pdf [zuletzt aufgerufen am 1. März 2017].
13 Website der Claims Conference www.claimscon.de/unsere-taetigkeit/verhandlungen/geraubte-kunst-und-kulturgueter/judaica.html [zuletzt aufgerufen am 1. März 2017].
14 Lion Feuchtwanger, Jud Süß, 5. Auflage Berlin 2007, 209 f. [zuerst erschienen 1925].
15 Aktenvermerk, zit. nach Purin 2007, 419.

16 Zitiert nach Purin 2007, 420.
17 Harburger 1998 Bd.2, 232.
18 Vgl. Purin 2007, 420.
19 Schreiben Joel Dottenheimers vom 19. September 1952, Central Archives for the Jewish People, Jerusalem, JRSO Bayern 131 (Gunzenhausen), Bl. 19.
20 Vgl. Purin 2007, 423.
21 Wir danken Herrn Dr. Ittai Joseph Tamari, Leiter des Zentralarchivs zur Erforschung der Geschichte der Juden in Deutschland in Heidelberg, und Herrn Prof. Dr. Stefan Wimmer, Fachreferent Hebraica, Jiddisch, Alter Orient, Ägyptologie der Bayerischen Staatsbibliothek.
22 Vgl. Bergmann, Wolfgang: Spurensuche. Das Geheimnis der Thora von Straubing. Dokumentarfilm, ausgestrahlt vom Bayerischen Rundfunk am 10. März 1991.
23 Das Restaurierungskonzept wurde im Juli 2017 dankenswerterweise vom Institut für Bestandserhaltung und Restaurierung der Bayerischen Staatsbibliothek erstellt.
24 Gespräch mit dem ehemaligen Kustos Fritz Karg, der 1970 in den Dienst trat.
25 Vgl. Kraus 2010, 245–246.
26 Vgl. Kraus 2010, 244–245; vgl. Bayerischer Grenzbote vom 6.3.1933.
27 Vgl. Yad Vashem Archives, S. Brueckheimer Collection about the November Progrom 1938 in Germany («Kristallnacht«), O.42_3_3549625; vgl. Kraus 2010, 245.
28 Vgl. Deneke 1988, 58.
29 Vgl. Schönhagen 2014, 129.
30 Reichsgesetzblatt, Jahrgang 1939, Teil 1, 21. Februar 1939.
31 Vgl. Stadtarchiv Kempten, Gold & Silber Ablieferung der Juden, Akt 063.5 B; wir danken dem Leiter des Stadtarchivs Kempten, Dr. Franz-Rasso Böck, für seine freundliche Auskunft zum tatsächlichen Ankaufswert.
32 Lienert 1998, 69.
33 Kraus 2007, 490.
34 Vgl. Stadtarchiv Kempten, Nachlass Sigmund Ullmann 1942–1952, Haus Immenstädterstr. 20, Akt 914.1.3.
35 Wir danken dem Leiter des Stadtarchivs Kempten, Dr. Franz-Rasso Böck, für seine freundliche Auskunft.
36 Wir danken der Leiterin der Museen der Stadt Kempten, Frau Dr. Christine Müller-Horn, für ihre freundliche Auskunft.

Anhang

Bibliografie

Arendt/Scholem 2010
Arendt, Hann/Scholem, Gerschom: Der Briefwechsel, Hg. von Luise Knott unter Mitarbeit von David Heredia, Frankfurt a. M. 2010.

Baer-Schneider 2009
Baer-Schneider, Claudia: Was kann man mit einer ehemaligen Synagoge anfangen? – Drei Beispiele im Rhein-Neckar-Kreis. Die ehemaligen Synagogen in Ehrstädt, Rohrbach und Steinsfurt (Stadt Sinsheim), in: Denkmalpflege in Baden-Württemberg 2 (2009), 100–105.

Bald 1993
Bald, Herbert (Hrsg.): Das Projekt Synagoge Urspringen, Würzburg 1993.

Bauch 1994
Bauch, Hubert: Die Synagoge in Floß, in: Denkmäler Jüdischer Kultur in Bayern (= Arbeitshefte des Bayerischen Landesamtes für Denkmalpflege 43), München 1994, 45–46.

Baumgärtel 1981
Baumgärtel, Otto: Lamp' herunter, Sorg' hinauf! Sabbatlampen und Chanukkaleuchter aus Nürnberger Rotschmiedewerkstätten, in: Kunst und Antiquitäten, H. 4 (1981), 38–46.

Berger/Rosenbaum 2004
Berger, Maurice/Rosenbaum, Joan: Masterworks of The Jewish Museum, New York 2004.

Binswangen 1996
Landkreis Dillingen/Donau (Hrsg.), Alte Synagoge Binswangen. Eine Gedenkschrift, Wertingen 1996.

Blumberg 2001
Blumberg, Adi: Hanging Sabbath Lamps, Jerusalem 2001.

Bongartz 2003
Bongartz, Norbert: Synagogen als Gegenstand der Denkmalpflege, in: Denkmalpflege in Baden-Württemberg 1 (2003), 121–124.

Boosen 2001
Boosen, Monika, u. a.: Shavua tov! – Eine gute Woche! Jüdische Türme aus Schwäbisch Gmünd, Aust. Kat., Museum im Prediger, Schwäbisch Gmünd 2001.

Böttger 1994
Böttger, Peter: Die Augsburger Synagoge in der Halderstraße – Der Bau und seine Wiederherstellung, in: Denkmäler jüdischer Kultur in Bayern (= Arbeitshefte des Bayerischen Landesamtes für Denkmalpflege 43), München 1994, 75–85.

Braun 1994
Braun, Joachim: Biblische Musikinstrumente, in: Finscher, Ludwig (Hrsg.): Die Musik in Geschichte und Gegenwart 1, Kassel 1994, Sp. 1503–1537, hier Sp. 1523–1525.

Braunstein 2004
Braunstein, Susan: Five Centuries of Hanukkah Lamps from the Jewish Museum. A Catalog Raisonné, New York 2004.

Burman 2006
Burman, Ricky u. a.: Treasures of Jewish Heritage. The Jewish Museum London, London 2006.

Buttenwiesen 2009
Jüdisches Buttenwiesen. Einladung zu einem Rundgang, Haigerloch 2009.

Cermanová/Scheibová 2005
Cermanová, Iveta/Scheibová, Michaela: Hebrew Abbreviations. Results of Epigraphic Research into the Textile Collection of the Jewish Museum in Prague, Prag 2005.

Cohen-Grossman 1989
Cohen Grossman, Grace: A Temple Treasury. The Judaica Collection of Congregation Emanu-El of the City of New York, New York 1989.

Daxelmüller 1988
Daxelmüller, Christoph: Jüdische Kultur in Franken, Würzburg 1988.

Deneke 1988
Deneke, Bernward (Hrsg.): Siehe der Stein schreit aus der Mauer. Geschichte und Kultur der Juden in Bayern, Ausstellungskatalog Germanisches Nationalmuseum, Nürnberg 1988.

Denz 2015
Denz, Rebekka: Die »Judenschul« im Dorf. Vom Umgang mit Spuren jüdischen Lebens in Unterfranken, in: »Wer kann den Judentempel brauchen?« Synagogen in Mitteleuropa nach 1945. Juden in Mitteleuropa Ausgabe 201, hg. vom Institut für jüdische Geschichte Österreichs, 56–62.

Denz/Rudolf 2015
Denz, Rebekka/Rudolf, Gabi (Hrsg.): Genisa-Blätter, Potsdam 2015.

Denz/Rudolf 2017
Denz, Rebekka/Rudolf, Gabi (Hrsg): Genisa-Blätter II, Potsdam 2017.

Edelmann 1999
Edelmann, Martina: Jüdisches Kulturmuseum Veitshöchheim. Schauplätze, Spuren, Exponate, Haigerloch 1999.

Edelmann 2005
Edelmann, Martina: Die Genisa der Synagoge von Veitshöchheim, in: Ericsson, Ingolf/Atzbach, Rainer: Depotfunde aus Gebäuden in Zentraleuropa. Concealed Finds from Buildings in Central Europe. Bamberger Kolloquien zur Archäologie des Mittelalters und der Neuzeit 1 (zugleich: Archäologische Quellen zum Mittelalter 2), Berlin 2005, 147–150.

Edelmann 2009
Edelmann, Martina: Geschichte vom Dachboden, in: Simon, Erika / Weiß, Carina (Hrsg.): Folia in memoriam Ruth Lindner. Collecta, Dettelbach 2009, 199–208.

Eis 1981
Eis, Ruth: A Silver Hevra Quaddisha Cup at the Judah L. Magnes Museum, in: Journal of Jewish Art 8 (1981), 83–85.

Eisenstein 2016
Eisenstein, Daniela: Jüdische Museen in historischen Häusern am Beispiel des Jüdischen Museums Franken in Schnaittach, in: Schönhagen, Benigna (Hrsg.), Wiederhergestellte Synagogen. Raum – Geschichte – Wandel durch Erinnerung, Berlin 2016, 62–71.

Ermreuth 1994
Zweckverband Synagoge Ermreuth (Hrsg.): Synagoge Ermreuth. Festschrift zur Einweihung und Eröffnung der wiederhergestellten Synagoge Ermreuth am 19. Juni 1994, Neunkirchen am Brand 1994.

Feuchtwanger-Sarig 2004
Feuchtwanger-Sarig, Naomi: Chanting to the Hand: Some Preliminary Observation on the Orign of the Torah Pointer, in: Studia Rosenthaliana 37 (2004), 3–36.

Fishof/Raccah-Djivre 1985
Fishof, Iris/Raccah-Djivre, Daisy: From the Secular to the Sacred: Everyday Objects in Jewish Ritual Use, The Israel Museum, Jerusalem 1985.

Fleckenstein / Lewinsky 2011
Fleckenstein, Jutta/Lewinsky, Tamar (Hrsg.): Juden 45/90: Von ganz weit weg. Überlebende aus Osteuropa, Ausstellungskatalog Jüdisches Museum München, Berlin 2011.

Franzheim 1980
Franzheim, Liesel: Judaica. Kölnisches Stadtmuseum 1, Köln 1980.

Friedlander 2004
Friedlander, Michl S.: Tradition as Commodity: The Production of Jewish Ceremonial Objects in Hanau am Main, in: Studia Rosenthaliana 37 (2004), 163–191.

Grafman 1996
Grafman, Rafi: Crowning Glory. Silver Torah Ornaments of the Jewish Museum New York, New York 1996.

Grafman 1999
Grafman, Rafi (Hrsg.): A Mirrow of Jewish Life. A Selection from The Moldovan Family Collection, Ausstellungskatalog, The Cymbalista Synagogue and Heritage Center, Tel Aviv 1999.

Grellert 2004
Grellert, Marc: The Potential of New Media for Acts of Remembrance, in: Synagogues in Germany. A Virtual Reconstruction, Darmstadt 2004, 28–29.

Groiss-Lau 1995
Groiss-Lau, Eva: Jüdisches Kulturgut auf dem Land. Synagogen, Realien und Tauchbäder in Oberfranken, München 1995.

Grübel 2006
Grübel, Monika: Schnellkurs Judentum, Köln [7]2006.

Gutmann 1987
Gutmann, Joseph: The Jewish Life Cycle (= Iconography of Religions XXIII), Leiden 1987.

Haas 2007
Haas, Hans-Christof: Die Synagoge in Reckendorf – Ergebnisse der bauhistorischen Forschung, in: Waschka, Adelheid: Reckendorf. Kultur und Kultus in einer fränkischen Landgemeinde, Reckendorf 2007, 419–444.

Haas 2013
Haas, Hans-Christof: Die ehemalige Obernbreiter Synagoge. Zu Baugeschichte und Baugestalt einer spätbarocken Landsynagoge in Unterfranken, in: Träger- und Förderverein ehemalige Synagoge Obernbreit e.V (Hrsg.): Die ehemalige Synagoge Obernbreit – ein Ort des Erinnerns und der Begegnung, Obernbreit 2013, 9–16 und Haas, Hans-Christof: Träger- und Förderverein ehemalige Synagoge Obernbreit e.V. (Hrsg.): Das Restaurierungskonzept der ehemaligen Synagoge, in: Die ehemalige Synagoge Obernbreit – ein Ort des Erinnerns und der Begegnung, Obernbreit 2013, 30–33.

Hainsfarth 2016
Freundeskreis der Synagoge Herinsfurth e.V. (Hrsg.): Festschrift Ehemalige Synagoge Hainsfarth. 20 Jahre Wiederinstandsetzung 1996–2016, Hainsfarth 2016.

Harburger, Notizen
Notizen von Theodor Harburger zur Inventarisation jüdischer Kunst- und Kulturdenkmäler in Bayern, Central Archives for the History of the Jewish People, Jerusalem, P160/3.

Harburger 1998
Harburger, Theodor: Die Inventarisation jüdischer Kunst- und Kulturdenkmäler in Bayern, 3 Bde., hg. von den Central Archives of the History of the Jewish People und dem Jüdischen Museum Franken, Fürth/Jerusalem 1998.

Harlander/Purin 2016
Harlander, Lilian/Purin, Bernhard (Hrsg.): Bier ist der Wein dieses Landes. Jüdische Braugeschichten, Ausstellungskatalog, Jüdisches Museum München, München 2006.

Hazan 2016
Hazan, Souzana: Überlegungen zur Nutzung der ehemaligen Synagoge Kriegshaber, in: Schönhagen, Benigna (Hrsg.): Wiederhergestellte Synagogen. Raum – Geschichte – Wandel durch Erinnerung, Berlin 2016, 114–121.

Hazan/Schönhagen 2016
Hazan, Souzana/Schönhagen, Benigna (Hrsg.): Das jüdische Kriegshaber, Lindenberg 2016.

Heimann-Jelinek/Purin 2013
Heimann-Jelinek, Felicitas/Purin, Bernhard (Hrsg.): Alles hat seine Zeit. Rituale gegen das Vergessen, Ausstellungskatalog Jüdisches Museum München, Heidelberg 2013.

Heimann-Jelinek 2004
Heimann-Jelinek, Felicitas: Judaica: An Interface between Jewish and Non-Jewish Culture in Europe, in: Studia Rosenthaliana 37 (2004), 147–162.

Heimann-Jelinek 2016 a
Heimann-Jelinek, Felicitas: Zu Geschichte und Geschichten jüdischer Kultobjekte, in: Riemer, Nathanael (Hrsg.): Einführung in die Materiellen Kulturen des Judentums, Wiesbaden 2016, 95–118.

Heimann-Jelinek 2016 b
Heimann-Jelinek, Felicitas: Die Synagoge und ihre Metamorphosen. Gotteshäuser – Leerstellen – Gedenkstätten, in: Schönhagen, Benigna (Hrsg.): Wiederhergestellte Synagogen. Raum – Geschichte – Wandel durch Erinnerung, Berlin 2016, 20–29.

Hermann 1855
Hermann, Friedrich Benedict Wilhelm von: Bericht der Beurtheilungs-Commission bei der Allgemeinen Deutschen Industrie-Ausstellung zu München im Jahr 1854, München1855.

Hintze 1927
Hintze, Erwin: Süddeutsche Zinngießer, Teil II, Künzelsau/Sulzbach/Leipzig 1927.

Hofmann 2013
Hofmann, Petra: Sanierungsbericht Sulzbacher Synagoge, in: Ehemalige Synagoge Sulzbach. Festschrift zur Eröffnung am 31. Januar 2013. (= Schriftenreihe des Stadtmuseums und des Stadtarchivs Sulzbach-Rosenberg 30), Sulzbach-Rosenberg 2013, 125–134.

Höpfinger 1993
Höpfinger, Renate: Die Judengemeinde von Floß 1684–1942. Die Geschichte einer jüdischen Landgemeinde in Bayern (= Regensburger Historische Forschungen 14), Kallmünz 1993.

Hoppe 2002
Hoppe, Jens: Jüdische Geschichte und Kultur in Museen. Zur nichtjüdischen Museologie des Jüdischen in Deutschland, Münster/New York/München/Berlin 2002.

Hüttenmeister 1997
Hüttenmeister, Frowald Gil: Die Genisot als Geschichtsquelle, in: Richarz, Monica/Rürup, Reinhard (Hrsg.): Jüdisches Leben auf dem Lande (= Schriftenreihe wissenschaftlicher Abhandlungen des Leo-Baeck-Instituts 56/1997), 207–218.

Hüttenmeister 2010
Hüttenmeister, Frowald Gil: Abkürzungsverzeichnis hebräischer Grabinschriften (AHebG), Tübingen [2]2010.

Ichenhausen 1992
Synagoge Ichenhausen. Festschrift zur Eröffnung der ehemaligen Synagoge von Ichenhausen als Haus der Begegnung am 4. Dezember 1987, Günzburg 1992.

Immenkötter 2002
Immenkötter, Herbert: Die israelitische Kultusgemeinde in Hainsfarth (Landkreis Donau-Ries) im 19. und 20. Jahrhundert (= Veröffentlichung der Schwäbischen Forschungsgemeinschaft Augsburg: Reihe I, Studien zur Geschichte des bayerischen Schwaben 30), Augsburg 2002.

Jüdisches Lexikon 1927–30
Jüdisches Lexikon. Ein enzyklopädisches Handbuch des jüdischen Wissens in vier Bänden, Berlin 1927–1930.

Kiepsch 2004
Kiepsch, Alfred: Westjiddisches Wörterbuch. Auf der Basis dialektologischer Erhebungen in Mittelfranken, 2. Bde., Tübingen 2004.

Kießling 2010
Kießling, Rolf: Das Museum in der Synagoge, in: Schönhagen, Benigna (Hrsg.): Die Augsburger Synagoge – Ein Bauwerk und seine Geschichte, Augsburg 2010, 127–133.

Klein 2012
Klein, Michele: The Havdalah Candle-holder, in: Ars Judaica 8 (2012), 31–53.

Kleiner 2011
Kleiner, Piritta: Glaubst du an den bösen Blick? Jüdische Schutzamulette, Ausstellungskatalog Jüdisches Museum München, München 2011.

Klemm 2016
Klemm, Susanne (Hrsg.): Der Duft von Schabbat. Besamime und jüdische Ritualgeräte, Ausstellungskatalog Fränkisches Museum Feuchtwangen, Feuchtwangen 2016.

Knufinke 2016
Knufinke, Ulrich: Die Dinge der Synagoge, in: Riemer, Nathanael (Hrsg.): Einführung in die Materiellen Kulturen des Judentums, Wiesbaden 2016, 151–172.

Korn 2004
Korn, Salomon: German Synagogues, in: Synagogues in Germany. A Virtual Reconstruction, Darmstadt 2004, 24–27.

Kraus 2007
Kraus, Wolfgang u. a. (Hrsg.): Mehr als Steine... Synagogen-Gedenkband Bayern Bd. I: Oberfranken, Oberpfalz, Niederbayern, Oberbayern, Schwaben, Teil 1, Lindenberg 2007.

Kraus 2010
Kraus, Wolfgang u. a. (Hrsg.): Mehr als Steine... Synagogen-Gedenkband Bayern Bd. II: Mittelfranken, Teil 1, Lindenberg 2010.

Kraus 2015
Kraus, Wolfgang u. a. (Hrsg.): Mehr als Steine... Synagogen-Gedenkband Bayern Bd. III: Unterfranken, Teil 1, Lindenberg 2015.

Krins 1995
Krins, Hubert: Die Synagoge in Rottenburg-Baisingen. Ihre Rettung und Erhaltung, in: Denkmalpflege in Baden-Württemberg 24,3 (1995), 91–98.

Kuhn 2009
Kuhn, Peter: Zeugnisse jüdischer Kultur in Ichenhausen, Ichenhausen 2009 (Sonderdruck aus: Ichenhausen. Von den Anfängen bis zur Gegenwart. Band I, hg. von Georg Kreuzer und Claudia Madel-Böhringer, Ichenhausen 2007, 178–210).

Kukatzki 1989
Kukatzki, Bernhard: »Wo die toten Menschen schweigen, da sprechen um so lauter die lebendigen Steine« – Eine Bestandsaufnahme von nach 1945 erhaltenen Synagogenbauten und -resten, in: Kuby, Alfred Hans (Hrsg.): Juden in der Provinz. Beiträge zur Geschichte der Juden in der Pfalz zwischen Emanzipation und Vernichtung, Neustadt an der Weinstraße 1989, 195–226.

Kuntoš 2012
Kuntoš, Jaraoslav: Silver Judaica from the Collection of the Jewish Museum in Prague, Prag 2012.

Landsberger 1945–46
Landsberger, Franz: Old-Time-Torah-Curtains: Apropos a New Acquisition of the Jewish Museum in New York, in: Hebrew Union College Annual 19 (1945–46), 353–387.

Landsberger 1946
Landsberger, Franz: A History of Jewish Art, Cincinnati 1946.

Landsberger 1952–53
Landsberger, Franz: The Origins of the European Torah Ornamentations, in: Hebrew Union College Annual 24 (1952–53), 133–150.

Landsberger 1956
Landsberger, Franz: The Origin of the Ritual Implements for the Sabbath, in: Hebrew Union College Annual, 27 (1956), 387–415.

Landsberger 1958
Landsberger, Franz: A German Torah Ornamentation, in: Hebrew Union College Annual 29 (1958), 315–330.

Lehnhardt 2016
Lehnhardt, Andreas: Genisa – Die materielle Kultur des deutschen Judentums im Spiegel neu entdeckter synagogaler Ablageräume, in: Riemer, Nathanael (Hrsg.): Einführung in die Materiellen Kulturen des Judentums (= Jüdische Kultur 31), Wiesbaden 2016, 173–202.

Leonhardt 1994
Leonhardt, Brigitte u. a. (Hrsg.): Friedrich Adler zwischen Jugendstil und Art Deco, Stuttgart 1994.

Lienert 1998
Lienert, Ralf: Die Geschichte der Juden in Kempten, Kempten 1998.

Lohr 2011
Lohr, Otto: Vom Umgang mit jüdischen Denkmälern nach 1945, in: Theune, Claudia/Walzer, Tina (Hrsg.): Jüdische Friedhöfe. Kultstätte. Erinnerungsort. Denkmal, Wien 2011, 83–106.

Lohr 2013
Lohr, Otto: Ehemalige Synagogen in Bayern als Erinnerungsorte, Museen und Begegnungsstätten – Entwicklungen im Umgang mit Denkmälern jüdischer Geschichte, in: Ehemalige Synagoge Sulzbach. Festschrift zur Eröffnung am 31. Januar 2013 (= Schriftenreihe des Stadtmuseums und des Stadtarchivs Sulzbach-Rosenberg 30), Sulzbach-Rosenberg 2013, 17–23.

Lohr 2014
Lohr, Otto: Umgang mit Synagogen in Schwaben nach 1945 und ihre Nutzung heute, in: Schönhagen, Benigna (Hrsg.): »Ma tovu...«. »Wie schön sind deine Zelte, Jakob...« Synagogen in Schwaben, München 2014, 191–198.

Lowenstein 1997
Lowenstein, Steven: The Shifting Boundary between Eastern and Western Jewry, in: Jewish Social Studies, New Series 4, Nr. 1 (1997), 60–78.

Mann/Gutmann 1980
Mann, Vivian B./Gutmann, Joseph: Danzig 1939: Treasures of a Destroyed Community, Ausstellungskatalog Jewish Museum New York, New York 1980.

Mann 1990
Mann, Vivian B.: Forging Judaica. The Case of the Italian Majolica Seder Plates, in: Mendelsohn, Ezra (Hrsg.): Art and its Uses. The Visual Image and Modern Jewish Society, New York/Oxford 1990, 201–228.

Mann 2011
Mann, Vivian B. (Hrsg.): Jewish Texts on the Visual Arts, Cambridge [2]2011.

Meyer 1982
Meyer, Hans Gerhard: Eine Sabbatampel im Erfurter Dom (= Studien zur Kunstgeschichte 16), Hildesheim 1982.

Moldovan 1993
Moldovan, Alfred: Foolinesh, Fakes and Forgeries in Jewish Art, in: Moore, Clare: The Visual Dimension. Aspects of Jewish Art, Boulder-Oxford 1993, 105–119.

Mory 1915
Musterbuch für Zinnwaren (Ludwig Mory, München), Regensburg 1915.

Nickel 2016
Nickel, Hansfried: Lernort Synagoge: Spuren erzählen Geschichte. Ein Beispiel für das Zusam-

menwirken von restauratorischem und didaktischem Konzept, in: Schönhagen, Benigna (Hrsg.), Wiederhergestellte Synagogen. Raum – Geschichte – Wandel durch Erinnerung, Berlin 2016, 42–51.

Niggl 1983
Niggl, Reto: Zinn nach altem Vorbild. Beitrag der Familie Weygang zum historischen Handwerk und Fortführung traditioneller Formen in die Gegenwart, München 1983.

Nürnberger Goldschmiedekunst
Tebbe, Karin (Bearb.): Nürnberger Goldschmiedekunst 1541–1868, Bd. 1, Teil 1, Nürnberg 2007.

Offe 2000
Offe, Sabine: Ausstellungen, Einstellungen, Entstellungen. Jüdische Museen in Deutschland und Österreich, Berlin / Wien 2000.

Offe 2010
Offe, Sabine: Synagogen als Gedächtnisorte, in: Schönhagen, Benigna (Hrsg.): Die Augsburger Synagoge – Ein Bauwerk und seine Geschichte, Augsburg 2010, 121–125.

Panter 2015
Panter, Armin: Die Haller Synagogen des Elieser Sussmann im Kontext der Sammlung des Hällisch-Fränkischen Museums, Künzelsau 2015.

Panzer 2005
Panzer, Rudolf: Jüdische Familien in der fränkischen Gemeinde Hirschaid. Jüdische Kultusgemeinde. Die jüdischen Familien in Hirschaid, Hirschaid 2005, 111–113.

Philippson 2016
Die Tora. Die Fünf Bücher Mose und die Prophetenlesungen (hebräisch-deutsch) in der revidierten Übersetzung von Rabbiner Ludwig Philippson, Freiburg i. Br. 2016.

Przybilski 2001
Przybilski, Martin: Zu einigen jiddischen Fragmenten aus der Veitshöchheimer Genisa in: von Horch, Hans Otto / Jütte, Robert / Wenninger, Markus J. (Hrsg.): Aschkenas. Zeitschrift für Geschichte und Kultur der Juden Jg. 11, Heft 1 (2001), 233–238.

Purin 1996
Purin, Bernhard (Hrsg.): Jüdisches Museum Franken in Schnaittach. Museumsführer, Fürth 1996.

Purin 1997 a
Purin, Bernhard: Steigt die Schabbeslamp' herab… Fürther Schabbattlampe in Tel Aviv, in: Antiquitäten Zeitung, 25. Jg., Nr. 8 (11. April 1997), 268.

Purin 1997 b
Purin, Bernhard: Der Synagogenleuchter von Lendershausen. Ein Objekt und seine Geschichte, Ausstellungskatalog Jüdisches Museum Franken in Schnaittach, Fürth 1997.

Purin 1998
Purin, Bernhard: … ein Schatzkästlein alter jüdischer Geschichte. Die Sammlung Gundelfinger im Jüdischen Museum Franken, Fürth 1998.

Purin 1999
Purin, Bernhard (Hrsg.): Jüdisches Museum Franken. Fürth und Schnaittach, München / London / New York 1999.

Purin 2003
Purin, Bernhard: Judaica aus der Medina Aschpah. Die Sammlung des Jüdischen Museums Franken in Schnaittach, Fürth 2003.

Purin 2007
Purin, Bernhard: Gerettet oder geraubt? Zur Aneignung von Judaica im Nationalsozialismus und heute, in: Koordinierungsstelle für Kulturgutverluste (Hrsg.): Die eigene Geschichte. Provenienzforschung an deutschen Kunstmuseen im internationalen Vergleich, Bd. 2, Magdeburg [2]2007, 413–429.

Purin 2009
Purin, Bernhard: Schilder- und Metallkunst Heinrich Schwed. Judaica aus einer Münchner kunstgewerblichen Werkstätte, Ausstellungskatalog Jüdisches Museum München, München 2009.

Purin 2013
Purin, Bernhard: Funkelnde Tora-Zeiger. Seit zehn Jahren boomen die Fälschungen, in: Kunst und Auktionen 3 (1. März 2013), 44.

Purin 2014
Purin, Bernhard: Samsons Leuchter. Ein Chanukka-Leuchter aus dem Besitz der Familie Wertheimer, Ausstellungskatalog Jüdisches Museum München, München 2014.

Rauch 1994
Rauch, Alexander: Münchens Jüdische Denkmäler, in: Denkmäler Jüdischer Kultur in Bayern (= Arbeitshefte des Bayerischen Landesamtes für Denkmalpflege 43), München 1994, 7–33.

Riemer 2016
Riemer, Nathanael: Das jüdische Haus in seiner Materialität, in: ders. (Hrsg.): Einführung in die Materiellen Kulturen des Judentums, Wiesbaden 2016, 31–72.

Rodov 2004
Rodov, Ikia: The Eagle, its Twin Heads and many Faces: Synagogue Chandeliers Surmounted by Double-Headed Eagles, in: Studia Rosenthaliana 37 (2004), 77–132.

Roggenbuck-Azad 2002
Roggenbuck-Azad, Ulrike: Wiederherstellung der ehemaligen Schlosskapelle Schmiedelfeld. Grenzen der Umsetzung einer denkmalpflegerischen Konzeption, in: Denkmalpflege in Baden-Württemberg 4 (2002), 238–242.

Rosenberg 1922–1928
Rosenberg, Marc: Der Goldschmiede Merkzeichen, Frankfurt a. M. 1922–1928.

Roth 1967
Roth, Cecil: Caveat Emptor Judaeus, in Commentary, 43. Jg., H. 3 (März 1967), 84–86 (online: www.commentarymagazine.com/articles/caveat-emptor-judaeus/).

Sahler 2013
Sahler, Hildegard: Das denkmalfachliche Konzept der Sanierung, in: Ehemalige Synagoge Sulzbach. Festschrift zur Eröffnung am 31. Januar 2013 (= Schriftenreihe des Stadtmuseums und des Stadtarchivs Sulzbach-Rosenberg 30), Sulzbach-Rosenberg 2013, 121–123.

Scheffler 1977
Scheffler, Wolfgang: Goldschmiede an Main und Neckar. Daten, Werke, Zeichen, Berlin 1977.

Schindler 2009
Schindler, Thomas: Funeralschilder als Handwerkszeichen. Zur Objekt- und Kulturgeschichte eines Zeremonialobjekts, in: Kulturgut. Aus der Forschung des Germanischen Nationalmuseums Nr. 22 (2009), 5–7.

Schneider 2005
Schneider, Richard Chaim: Vortrag zum Thema Gedenkkultur in München, München 23.2.2005.

Schoenberger 1951
Schoenberger, Guido: A Silver Sabbath Lamp from Frankfort-on-the-Main, in: Goetz, Oswald (Hrsg.): Beiträge für Georg Swarzenski zum 11. Januar 1951, Berlin-Chicago 1951, 189–197.

Schoenberger 1952
Schoenberger, Guido: Pewter Object in: Jewish Ritual Art, in The Pewter Collector's Club of America, Bd. 3, Nr. 1 (April 1952), 3–12.

Schoenberger 1974
Schoenberger, Guido: What About Breastplates! in: Journal of Jewish Art, 1. Jg. (1974), 93.

Schoenberger o. J.
Schoenberger, Guido: A Contribution to the Problem of Figural Representations in Jewish Synagogue Art, unveröff. Manuskript (Archives of The Jewish Museum, New York), New York o. J.

Schoeps 2010
Schoeps Julius H. (Hrsg.): Neues Lexikon des Judentums, erw. Neuauflage, Gütersloh 2010.

Schönhagen 2006
Schönhagen, Benigna: Augsburg, die Synagoge. Orte jüdischer Geschichte und Kultur, Haigerloch 2006.

Schönhagen 2009
Schönhagen, Benigna: Das Jüdische Kulturmuseum Augsburg-Schwaben, in: Museum aktuell 161 (2009), 37–41.

Schönhagen 2010
Schönhagen, Benigna (Hrsg.): Die Augsburger Synagoge – Ein Bauwerk und seine Geschichte, Augsburg 2010.

Schönhagen 2014
Schönhagen, Benigna (Hrsg.): »Ma Tovu…«. »Wie schön sind deine Zelte, Jakob…«. Synagogen in Schwaben, München 2014.

Schübel 2007
Schübel, Birgit: Judaica aus Nürnberg. Silbernes Ritualgerät für Synagoge und Haus, in: Tebbe, Karin (Bearb.): Nürnberger Goldschmiedekunst 1541–1868, Bd. 2, Nürnberg 2007, 245–257.

Schübel 2016
Schübel, Birgit: Exkurs: Kunstmarkt und Judaica, in: Klemm, Susanne (Hrsg.): Der Duft von Schabbat. Besamime und jüdische Ritualgeräte, Ausstellungskatalog Fränkisches Museum Feuchtwangen, Feuchtwangen 2016, 11–14.

Shalom Europa 2006
Israelitische Gemeinde Würzburg und Unterfranken (Hrsg.): Shalom Europa. Dokumentation der Einweihung am 23. Oktober 2006, o. J.

Schwierz 1992
Schwierz, Israel: Steinerne Zeugnisse jüdischen Lebens in Bayern. Hg. von der Bayerischen Landeszentrale für politische Bildungsarbeit A85, München [2]1992.

Seling
Seling, Helmut: Die Kunst der Augsburger Gold- und Silberschmiede 1529–1868, München 2007.

Shachar 1975
Shachar, Isaiah: The Jewish Year (= Iconography of Religions XXXIII/3), Leiden 1975.

Singer 2006/07
Singer, Elisabeth: Die Geschichte vom Fischer und seinem Sohn, in: Bayerische Blätter für Volkskunde 33/34 (2006/07), 18f.

Singer 2013 a
Singer, Elisabeth: Die Genisa von Obernbreit, in: Träger- und Förderverein ehemalige Synagoge Obernbreit e.V. (Hrsg.), Die ehemalige Synagoge Obernbreit – ein Ort des Erinnerns und der Begegnung, Obernbreit 2013, 19–21.

Singer 2013 b
Singer, Elisabeth: Sulzbacher Drucke in süddeutschen Genisafunden, in: Hartmann, Johannes (Hrsg.): Ehemalige Synagoge Sulzbach, Festschrift zur Eröffnung am 31. Januar 2013 (= Schriftenreihe des Stadtmuseums und Stadtarchivs Sulzbach-Rosenberg 30), Sulzbach-Rosenberg 2013, 193–201.

Singer-Brehm 2015
Singer-Brehm, Elisabeth: Historie von der Schönen Melusina, in: Denz, Rebekka / Rudolf, Gabi (Hrsg.): Genisa-Blätter, Potsdam 2015, 85–93.

Stankowski 1994
Stankowski, Martin: Zur Restaurierung der Synagoge in Ichenhausen, in: Denkmäler jüdischer Kultur in Bayern (= Arbeitshefte des Bayerischen Landesamtes für Denkmalpflege 43), München 1994, 86–90.

Steinschneider 1872
Steinschneider, Moritz: Ueber die Volkslitteratur der Juden, in: Gosche, Richard (Hrsg.): Archiv für Literaturgeschichte 2, Leipzig 1872, 1–21.

Süß 1987
Süß, Hermann: Zur literaturgeschichtlichen Bedeutung der Veitshöchheimer Genisa, in: Wagner, Ulrich (Hrsg.): Zeugnisse jüdischer Kultur in Unterfranken (= Schriften des Stadtarchivs Würzburg 2/1987), 78-83.

Tagsold 2007
Tagsold, Heike: Synagoge Memmelsdorf – Einladung zur Spurensuche, Haigerloch 2007.

Tebbe 2001
Tebbe, Karin: Meister Rimmonim. Der Fürther Goldschmied Johann Jakob Runnecke aus Berlin, in: Weltkunst, 71. Jg., H. 7 (Juli 2001), 1170–1173.

Timm 1988
Timm, Erika: Yiddish Literature in a Franconian Genizah, Jerusalem 1988.

van Voolen 1995
van Voolen, Edward, u. a.: Jewish Ceremonial Silver from Germany in the Jewish Historical Museum, Amsterdam, in: Leo Baeck Yearbook 40 (1995), 265–288.

Vollmar 1988
Vollmar, Bernd: Jüdisches Kulturerbe und Denkmalpflege, in: Grimm, Claus (Hrsg.): Geschichte und Kultur der Juden in Bayern. Aufsätze (= Veröffentlichungen zur Bayerischen Geschichte und Kultur 17/88), München 1988, 549–58.

Vollmar 1994
Vollmar, Bernd: Dorfsynagogen im neomaurischen Stil am Beispiel von Binswangen (Lkr. Dillingen) und Hainsfarth (Lkr. Donau-Ries), in: Denkmäler jüdischer Kultur Bayern (= Arbeitshefte des Bayerischen Landesamtes für Denkmalpflege 43), München 1994, 91–101.

Wagner 1987
Wagner, Ulrich (Hrsg.): Zeugnisse jüdischer Kultur in Unterfranken (= Schriften des Stadtarchivs Würzburg 2/1987), 79f.

Wamser 1994
Wamser, Ludwig: Die Synagoge in Veitshöchheim – Ein Denkmal jüdischen Lebens in einer Landgemeinde Unterfrankens, in: Denkmäler Jüdischer Kultur in Bayern (= Arbeitshefte des Bayerischen Landesamtes für Denkmalpflege 43), München 1994, 59–74.

Weber 1997
Weber, Annette: Synagogenausstattungen als Dokumente jüdischen Lebens auf dem Lande in Franken und Schwaben im 18. Jahrhundert, in: Richarz, Monika / Rürup, Reinhard: Jüdisches Leben auf dem Lande. Studien zur deutsch-jüdischen Geschichte, Tübingen 1997, 189–206.

Weber / Friedlander 1997
Weber, Anette / Friedlander, Evelyn: Mappot – gesegnet, der da kommt. Das Band jüdischer Tradition, Osnabrück 1997.

Weinhold 2017
Weinhold, Beate: ›Ma'oz tsur jeschu'ati‹-Prolegomenon zu »chanukka, die sechste« in fränkischen Genisoth, in: Denz, Rebekka / Rudolf, Gabi (Hrsg): Genisa-Blätter II, Potsdam 2017, S. 45–50.

Weinstein 1985
Weinstein, Jay: A Collector's Guide to Judaica, London 1985.

Wiedamann 1915
Musterbuch für Zinnwaren (Eugen Wiedamann, Regensburg), Regenburg 1915, 47–50.

Wiesemann 1992
Wiesemann, Falk (Hrsg.): Genisa – verborgenes Erbe der deutschen Landjuden, Wien 1992.

Wiesner / Weber 2016
Wiesner, Linda / Weber, Annette: Symbol für Bund und Lehre: Torawickelbänder und ihre Bedeutung für den Einzelnen und die Gemeinde, in: Riemer, Nathanael (Hrsg.): Einführung in die Materiellen Kulturen des Judentums, Wiesbaden 2016, 119–149.

Wischnitzer-Bernstein 1935
Wischnitzer-Bernstein, Rachel: Gestalten und Symbole der jüdischen Kunst, Berlin 1935.

Yaniv 1989
Yaniv, Bracha: The Orign of the Two-Column Motif in European Parokhot, in: Jewish Art 15 (1989), 26–41.

Zeckai 1992
Zeckai, Christoph: »Ein Stück Matzen, Nachbarin!« Erinnerungen an die jüdischen Familien in Kronach, Kronach 1992.

Zeitler 2013
Zeitler, Annika: Die Visualisierung der Synagoge Sulzbach-Rosenberg, in: Ehemalige Synagoge Sulzbach. Festschrift zur Eröffnung am 31. Januar 2013 (= Schriftenreihe des Stadtmuseums und des Stadtarchivs Sulzbach-Rosenberg 30), Sulzbach-Rosenberg 2013, 117–120.

Glossar

Aaron ha-Kodesch
Schrein zur Aufbewahrung der *Tora-Rollen*

Almemor
Pult für die Lesung aus der *Tora*

Aschekenasisches Judentum
Hebräische Bezeichnung für das mittel- und osteuropäische Judentum

Bar Mizwa
»Sohn der Pflicht«, religiöse Mündigkeit eines Knaben

Bat Mizwa
»Tochter der Pflicht«, religiöse Mündigkeit eines Mädchens

Begudi Kodesch
»Heilige Gewänder«, *Tora*-Textilien

Bima (Plur. Bimot)
Pult für die Lesung aus der *Tora*

Brit Mila
Hebräische Bezeichnung für den »Bund der Beschneidung«

Bsamim-Behältnis / Bsamim-Turm
Gefäß zur Aufbewahrung von Gewürzen (»Bsamim«), über die am *Schabbat*-Ausgang der Segen gesprochen wird

Chanukka
Achttägige Festzeit, die an die Rückeroberung des Tempels durch die Makkabäer erinnert

Chanukka-Leuchter
Achtarmiger Leuchter

Chewra Kadischa
Beerdigungsbruderschaft

Chuppa
Baldachin, unter dem die Trauung stattfindet

Etrog-Dose / Etrog-Teller
Gefäß oder Platte zur Aufbewahrung der *Etrog*-Frucht zur rituellen Verwendung beim Laubhüttenfest

Etrog-Frucht
Varietät der Zitronatzitrone, beim Laubhüttenfest gebraucht

Ez Chajim
»Baum des Lebens«, Stäbe der *Tora-Rolle*

Genisa (Plur. Genisot)
Ablage für unbrauchbar gewordene religiöse Schriften und Ritualgegenstände

Hadas (Plur. Hadasim)
Hebräisch für *Bsamim-Behältnis*

Haggada (Plur. Haggadot)
Erzählung des Auszugs aus Ägypten und Handlungsanweisungen für den *Seder-Abend* des *Pessach*-Festes

Halacha
Überlieferung der Gebote und Rechtsgrundsätze im Judentum

Hawdala
»Unterscheidung«, Ritual, das am Samstagabend bei Nachteinbruch das Ende des Schabbat und den Beginn der neuen Woche markiert

Hawdala-Kerze
Drei verflochtene Kerzen für den Lichtsegen

Hawdala-Kompendium
Ritualgerät, das Bsamim-Behälter und Halter für die *Hawdala-Kerze* kombiniert

Hawdala-Teller
Teller, über dem am *Schabbat*-Ausgang der Segen über Licht und Wein gesprochen wird

Hoffaktoren / Hofjuden
Von herrschenden Häusern privilegierte jüdische Kaufleute des 17. und 18. Jahrhunderts

Jad (Plur. Jadim)
Stabförmige Lesehilfe, um beim Lesen der *Tora* das Berühren der Schrift zu vermeiden

Jom Kippur
Versöhnungstag, höchster jüdischer Feiertag

Kabbala
Mystische Lehre im Judentum

Kapporet
Schabrackenartiger Vorhang für den *Tora-Schrein*

Keter-Tora (Plur. Keterim Tora)
Tora-Krone

Kiddusch (Plur. Kidduschim)
»Heiligung«, Segensspruch

Kiddusch-Becher
Becher, über dem der Segen über Wein gesprochen wird

Klaf (Plur. Klafim)
Pergamentstreifen in der Mesusa

Kle' Koddesch
»Heilige Geräte«, Schmuck der *Tora*

Lulav (Plur. Lulavim)
Palmwedel für die rituelle Verwendung beim Laubhüttenfest

Lulav-Ring
Geflochtener Ring aus Bachweidenzweigen, die den *Lulav* zusammenhalten

Machsor
Gebetbuch für Feiertage

Mappa (Plur. Mappot)
Aus einer Beschneidungswindel gefertigtes und mit einem Segensspruch beschriftetes Stoffband zum Zusammenbinden der *Tora-Rolle*

Me'il (Plur. Me' ilim)
Tora-Mantel

Menora (Plur. Menorot)
Siebenarmiger Tempelleuchter

Mesusa (Plur. Mesusot)
Hülse zur Befestigung am Türstock, die ein Pergament mit dem Gebet »Höre Israel« enthält

Minhagim (Sing. Minhag)
Regionale religiöse Bräuche

Misrach (Plur. Misrachim)
»Osten«, Bild, das im Haus die Gebetsrichtung gegen Jerusalem markiert

Misrach-Fenster
Nach Osten, gegen Jerusalem gerichtetes Fenster in der Synagoge

Mussar-Literatur
Moralisch-ethische Texte

Omer-Zählung
Rituelle Zählung der 49 Tage zwischen den Festtagen von *Pessach* und *Schawuot*

Paraschot (Sing. Parascha)
Wochenabschnitte bei der Lesung der *Tora*

Parochet (Plur. Parochot)
Vorhang für den *Tora-Schrein*

Pessach
An den Auszug der Israeliten aus Ägypten erinnerndes, achttägiges Fest

Pessach-Haggada
Erzählung vom Auszug aus Ägypten

Purim
An die Errettung der persischen Juden erinnernder Feiertag

Purim-Teller
Teller für die *Schlachmones* am *Purim*-Fest

Responsenliteratur
Stellungnahmen jüdischer Gelehrter zu rechtlichen und religiösen Fragen

Rimmonim (Sing. Rimmon)
»Granatäpfel«, Aufsätze für die Rollenstäbe zum Schmuck der *Tora-Rolle*

Rosch Haschana
Jüdisches Neujahrsfest

Schabbat
Siebter, mit einem Ruhegebot belegter Tag der Woche

Schabbat-Lampe / -Leuchter
Mehrteilige (Öl-)Lampe zum Gebrauch am Schabbat

Schamasch (Plur. Schamaschim)
»Diener«, neunter Leuchterarm am *Chanukka-Leuchter* zum Entzünden der anderen Lichter

Schawuot
Feiertag, der an den Empfang der Gebote auf dem Berg Sinai durch Moses erinnert und gleichzeitig Aspekte des Erntedanks in sich trägt

Schlachmones
Geschenke zum *Purim*-Fest

Schofar (Plur. Schofarot)
Widderhorn, das am Neujahrsfest und am Versöhnungstag in der Synagoge geblasen wird

Schulchan
Decke zum Bedecken der *Bima*

Seder-Abend
Abendliche Feier zum Auftakt des *Pessach*-Festes, bei dem symbolische Speisen gegessen und die Geschichte des Auszugs aus Ägypten vorgelesen werden

Seder-Teller
Am *Seder-Abend* benutztes Geschirr

Sefardisches Judentum
Hebräische Bezeichnung für das spanische Judentum

Sefer Tora (Plur. Sifrei Tora)
Tora-Rolle mit dem Text der Fünf Bücher Mose

Sofer
Schreiber von *Tora-Rollen* und anderer hebräischer Texte

Sukkot
Laubhüttenfest, das an die 40-jährige Wanderschaft in der Wüste erinnert

Tahara-Haus
Gebäude an einem jüdischen Friedhof zur Vorbereitung der Verstorbenen für die Beerdigung

Tallit (Plur. Tallitot)
Gebetsmantel

Talmud
Zentrales Schriftwerk mit Auslegungen der religiösen Gebote

Tass (Plur. Tassim)
Schild zum Schmuck und zur Bezeichnung von *Tora-Rollen*

Techinot / Techines
Frauengebete

Tefillin
Aus Leder gefertigte Gebetskapseln mit Riemen, die beim Gebet an Kopf und Arm getragen werden

Tora
Erster, aus den Fünf Büchern Mose bestehender Teil der hebräischen Bibel

Tora-Aufsätze
Paarweise angefertigter Schmuck der Rollenstäbe der *Tora*

Tora-Krone
Auf beide Stäbe der *Tora-Rolle* aufgesetzter Schmuck

Tora-Mantel
Textiler Schutz der *Tora-Rolle*

Tora-Rolle
Handbeschriebene Pergamentrolle mit dem Text der Fünf Bücher Mose

Tora-Schild
(Schmuck-)Element zur Markierung der *Tora-Rolle*

Tora-Schmuck
»Heilige Geräte« zur Erfüllung des Gebots der Verschönerung (Haddur Mizwa) der *Tora*

Tora-Schrein
Schrein zur Aufbewahrung der *Tora-Rollen*

Tora-Vorhang
Vorhang vor dem *Tora-Schrein*

Tora-Wimpel
Aus einer Beschneidungswindel gefertigtes und mit einem Segensspruch beschriftetes Stoffband zum Zusammenbinden der *Tora-Rolle*

Tora-Zeiger
Stabförmige Lesehilfe, um beim Lesen der *Tora* das Berühren der Schrift zu vermeiden

Zizit
Schaufäden an den vier Enden eines Gebetsmantels

Vernetzung und Beratung

1. Netzwerke

Association of European Jewish Museums (AEJM)

Dem 1989 gegründeten Museumsverband gehören Jüdische Museen in Europa und Israel sowie Kulturgeschichtliche Museen mit größeren Judaica-Beständen an, deren Mitarbeiterinnen und Mitarbeiter sich jährlich zu einer Fachtagung treffen. Zwei Fortbildungsprogramme, das »Advanced Curatorial Education Programme« und das »Museum Education Seminar« werden regelmäßig angeboten. Das »Advisory Visits Grant Programme« bietet den Mitgliedern der AEJM kostenlose Beratungsbesuche durch Experten in den Bereichen Sammlungspflege, Museumskonzeption und Kulturvermittlung an.

Kontakt:
Association of European Jewish Museums (AEJM)
P.O. Box 16737
1001 RE Amsterdam
Niederlande
E-Mail: aejm@aejm.org
Web: www.aejm.org

AG Jüdische Sammlungen

Die AG Jüdische Sammlungen ist ein seit 1976 bestehender loser Zusammenschluss von jüdischen Museen, ehemaligen Synagogen, Gedenkstätten, Bibliotheken, Archiven, Forschungsinstituten und Einzelpersonen aus Deutschland, Österreich und der Schweiz, dem seit jüngerer Zeit auch Institutionen und Fachleute aus anderen Ländern angehören. Die Jahrestagungen der AG Jüdische Sammlung dienen der Information und der Vernetzung der teilnehmenden Einrichtungen und Einzelpersonen.

Kontakt:
Germania Judaica
Kölner Bibliothek zur Geschichte des deutschen Judentums, e.V.
Josef-Haubrich-Hof 1
50676 Köln
E-Mail: gj@ub.uni-koeln.de
Web: http://juedische-sammlungen.de

Alemannia Judaica

Alemannia Judaica ist eine 1992 gegründete Arbeitsgemeinschaft für die Erforschung der jüdischen Geschichte im süddeutschen und angrenzenden Raum. Sie betreibt eine Website mit detaillierten Informationen zu zahlreichen ehemaligen jüdischen Gemeinden und Synagogen und unternimmt vielfältige Aktivitäten zur Vernetzung von Einrichtungen und Institutionen, die sich mit jüdischer Geschichte und Kultur beschäftigen.

Kontakt:
Alemannia Judaica
Schulstraße 18
73207 Plochingen
E-Mail: mailbox@alemannia-judaica.de
Web: www.alemannia-judaica.de

Netzwerk Historische Synagogenorte in Bayerisch-Schwaben

Das Netzwerk Historische Synagogenorte in Bayerisch-Schwaben ist ein Zusammenschluss von Trägern und betreuenden Einzelpersonen ehe-maliger Synagogen, Friedhöfe und Ritualbäderim Regierungsbezirk Schwaben und im östlichen Baden-Württemberg.

Kontakt:
c/o Jüdisches Kulturmuseum Augsburg-Schwaben
Halderstraße 6–8
86150 Augsburg
E-Mail: office@jkmas.de
Web: www.juedisches-schwaben-netzwerk.de

Verein jüdisches Leben in Unterfranken – Biographische Datenbank e. V.
Der Verein jüdisches Leben in Unterfranken – Biographische Datenbank e.V. pflegt und erweitert die Datenbank mit Biographien der jüdischen Bevölkerung von Unterfranken und führt auch andere Projekte wie Friedhofsdokumentationen durch.

Kontakt:
Verein jüdisches Leben in Unterfranken
c/o Oded Zingher
Mattstraße 5
63741 Aschaffenburg
E-Mail: info@juedisches-unterfranken.de
Web: www.juedisches-unterfranken.de

2. Jüdische Museen in Bayern mit Fachpersonal

Jüdisches Kulturmuseum Augsburg-Schwaben
Halderstraße 6–8
86150 Augsburg
E-Mail: office@jkmas.de
Web: www.jkmas.de

Sammlungsschwerpunkte:
Judaica, Zeugnisse zur jüdischen Geschichte Augsburgs und Schwabens.

Jüdisches Museum Franken
Königstraße 89
90762 Fürth
E-Mail: info@juedisches-museum.org
Web: www.juedisches-museum.org

Sammlungsschwerpunkte:
Judaica, Zeugnisse zur jüdischen Geschichte Fürths und Mittelfrankens.

Jüdisches Museum München
St.-Jakobs-Platz 16
80331 München
E-Mail: juedisches.museum@muenchen.de
Web: www.juedisches-museum-muenchen.de

Sammlungsschwerpunkte:
Judaica, Zeugnisse zur jüdischen Geschichte Münchens und zur Geschichte jüdischer Displaced Persons in München und Oberbayern.

Jüdisches Kulturmuseum Veitshöchheim
Thüngersheimer Straße 17
97209 Veitshöchheim
E-Mail: kultur@veitshoechheim.de
Web: www.jkm.veitshoechheim.de

Sammlungsschwerpunkte:
Genisa-Funde, Zeugnisse zur jüdischen Geschichte Veitshöchheims.

Johanna Stahl Zentrum für jüdische Geschichte und Kultur Unterfrankens
Valentin-Becker-Straße 11
97072 Würzburg
E-Mail: jsz@bezirk-unterfranken.de
Web: www.johanna-stahl-zentrum.de

Sammlungsschwerpunkte:
Zeugnisse zur jüdischen Geschichte Würzburgs und Unterfrankens

3. Kulturgeschichtliche Museen in Bayern mit umfangreichen Judaica-Beständen

Bayerisches Nationalmuseum
Prinzregentenstraße 3
80538 München
E-Mail: bay.nationalmuseum@bnm.mwn.de
Web: www.bayerisches-nationalmuseum.de

Germanisches Nationalmuseum
Kartäusergasse 1
90402 Nürnberg
E-Mail: info@gnm.de
Web: www.gnm.de

Historisches Museum Bamberg
Alte Hofhaltung
Domplatz 7
96049 Bamberg
E-Mail: museum@stadt.bamberg.de
Web: http://museum.bamberg.de

Museen der Stadt Aschaffenburg
Schloss Johannisburg
Schlossplatz 4
63739 Aschaffenburg
E-Mail: info@museen-aschaffenburg.de
Web: www.museen-aschaffenburg.de

Museum für Franken
Staatliches Museum für Kunst- und Kulturgeschichte in Würzburg
Festung Marienberg, Oberer Burgweg
97082 Würzburg
E-Mail: sekretariat@museum-franken.de
Web: http://museum-franken.de

Reichsstadtmuseum
Klosterhof 5
91541 Rothenburg ob der Tauber
E-Mail: reichsstadtmuseum@rothenburg.de
Web: www.reichsstadtmuseum.rothenburg.de

Weitere Museen mit Judaica-Beständen können über die Suchfunktion des Museumsportals Bayern erschlossen werden: www.museen-in-bayern.de

4. Jüdische Geschichte und Kultur an bayerischen Universitäten

Professur für Judaistik
Otto-Friedrich-Universität Bamberg
An der Universität 5
96045 Bamberg
E-Mail: judaistik@uni-bamberg.de
Web: www.uni-bamberg.de/judaistik

Abteilung Jüdische Geschichte und Kultur
Ludwig-Maximilians-Universität
Historicum
Schellingstraße 12
80799 München
E-Mail: juedische.geschichte@lrz.uni-muenchen.de
Web: www.jgk.geschichte.uni-muenchen.de

Institut für den nahen und mittleren Osten – Judaistik
Ludwig-Maximilians-Universität
Veterinärstraße 1
80539 München
Web: www.naher-osten.uni-muenchen.de/institut/judaistik

Slavisch-Jüdische Studien
Institut für Slavistik
Universität Regensburg
Universitätsstraße 31
93053 Regensburg
Web: www.uni-regensburg.de/sprache-literatur-kultur/slavistik/

Autoren

Christine Bach

Christine Bach M.A. hat Kunstgeschichte und Medien- und Kulturwissenschaften in Düsseldorf und München studiert. Seit Februar 2016 ist sie als wissenschaftliche Mitarbeiterin für Provenienzforschung an der Landesstelle für die nichtstaatlichen Museen in Bayern tätig, seit Februar 2017 insbesondere für das Projekt »Beschlagnahmt, verkauft, versteigert – Jüdisches Kulturgut in den nichtstaatlichen Museen in Franken«. Christine Bach promoviert an der Ludwig-Maximilians-Universität in München.

Martina Edelmann

Dr. Martina Edelmann studierte in Würzburg, Heidelberg und Freiburg Klassische Archäologie, Geschichte und Latein. Sie promovierte in Würzburg. Seit 1993 ist sie bei der Gemeinde Veitshöchheim als Kulturreferentin tätig. Zu ihren Aufgaben gehört neben allgemeiner Kulturarbeit auch die Betreuung des Jüdischen Kulturmuseums Veitshöchheim, das 1994 eröffnet wurde. Seit 1998 ist sie Projektleiterin des Genisaprojekts Veitshöchheim.

Carolin Lange

Dr. Carolin Lange hat Geschichte und Literaturwissenschaften in Erlangen und Fribourg (CH) studiert und wurde 2011 an der Ruhr-Universität Bochum mit einer Arbeit zur politischen Kultur Weimars promoviert. Im Anschluss war sie Post-doc-Stipendiatin am Max Planck-Institut für Gesellschaftsforschung in Köln sowie DAAD-Stipendiatin an der University of Washington, Seattle, von 2015 bis 2016 wissenschaftliche Mitarbeiterin am Historischen Institut der Universität Stuttgart. Seit Februar 2016 arbeitet sie als wissenschaftliche Mitarbeiterin für Provenienzforschung an der Landesstelle für die nichtstaatlichen Museen in Bayern.

Otto Lohr

Dr. Otto Lohr promovierte in Kunstgeschichte und war von 1983 bis 1988 wissenschaftlicher Angestellter am Germanischen Nationalmuseum Nürnberg. Seit 1989 betreut er als Gebietsreferent der Landesstelle für die nichtstaatlichen Museen in Bayern die kulturhistorischen Museen in der Oberpfalz und in Mittelfranken sowie die Jüdischen Museen in Bayern. Er ist Mitglied der Association of European Jewish Museums (AEJM) und nationaler Korrespondent für Deutschland für den »European Museum of the Year Award«.

Bernhard Purin

Bernhard Purin studierte Empirische Kulturwissenschaft und Neuere Geschichte in Tübingen. Er war an den Jüdischen Museen Hohenems und Wien tätig, leitete 1995 bis 2002 das Jüdische Museum Franken in Fürth und Schnaittach und ist seit 2003 Direktor des Jüdischen Museums München. Er gehört dem Vorstand der Association of European Jewish Museums (AEJM) und dem Board of Editors der Zeitschrift »Images. A Journal of Jewish Art« an.

Elisabeth Singer-Brehm

Elisabeth Singer-Brehm M.A., studierte in Würzburg, Hamburg und Trier Volkskunde, Ostslavische Philologie, Westslavische Philologie und Jiddistik. Seit 2001 erforscht, inventarisiert und digitalisiert sie als wissenschaftliche Mitarbeiterin des Genisaprojekts Veitshöchheim und seit 2010 auch im

Rahmen verschiedener anderer Projekte *Genisa-*Funde in Deutschland. Derzeit promoviert sie im Fach Judaistik (Universität Bamberg) über »Die Genisa von Reckendorf/Ofr.«.

Beate Weinhold

Beate Weinhold M. A. studierte Europäische Ethnologie/Volkskunde, Ältere Germanistik und Neuere deutsche Literaturwissenschaft in Würzburg. Ihr derzeitiges Promotionsprojekt untersucht Ablage, Bergung und Umgang mit nicht mehr benutzten/benutzbaren »heiligen« Gegenständen in den monotheistischen Religionen, vor allem im Judentum.

Abbildungsnachweis

Cover
Jüdisches Museum München

Synagogen in Bayern – Was geschah seit 1945?
Otto Lohr

Adolf Schwarzkopf:
Abb. 3
Bayerisches Nationalmuseum:
Abb. 21 (Foto: Matthias Weniger)
Gemeinde Veitshöchheim:
Abb. 4 (Foto: Dieter Gürz)
Jüdisches Kulturmuseum Augsburg-Schwaben / Förderkreis Synagoge Binswangen e.V.:
Abb. 17
Landesstelle für die nichtstaatlichen Museen in Bayern:
Abb. 5–10, 12–16, 19–20, 22–33, 35–41
Markt Floß:
Abb. 1 (Foto: Richard Heider), Abb. 2
Stadtarchiv Augsburg:
Abb. 11 (NL Dürrwanger, Kriegshaber, bl. Hefter, Bl. 19)
Stadtarchiv Sulzbach:
Abb. 34 (Foto: Otto Müller)
Wolfgang Obel:
Abb. 18

Süddeutsche Judaica. Eine Typologie
Bernhard Purin

Deutsches Historisches Museum, Berlin:
Abb. 49
Fränkische-Schweiz-Museum, Tüchersfeld:
Abb. 29
Germanisches Nationalmuseum, Nürnberg:
Abb. 33 (Foto: Monika Runge),
Abb. 45 (Foto: Sebastian Tolle)
Jüdisches Kulturmuseum Augsburg-Schwaben:
Abb. 9, 11, 14, 15, 17, 18, 20, 37 (Foto: Franz Kimmel)
Jüdisches Museum Franken:
Abb. 1, 2, 8, 13, 16, 19, 22, 25, 27, 28, 32, 36, 46 (Foto: Richard Krauss, Nürnberg), Abb. 24 (Foto: Reinhard Thielsch, Fürth)
Jüdisches Museum Frankfurt:
Abb. 31
Jüdisches Museum München:
Abb. 3, 5, 10, 35, 40, 42, 48, 50
Jüdisches Museum der Stadt Wien:
Abb. 30
Museen der Stadt Aschaffenburg:
Abb. 4, 26, 34, 38
Museen der Stadt Miltenberg:
Abb. 41, 44
Museum für Franken, Staatliches Museum für Kunst- und Kulturgeschichte in Würzburg:
Abb. 21 (Fotograf: Richard Krauss)
Privatbesitz, München:
Abb. 12, 23
Stadtmuseum Gunzenhausen:
Abb. 39
Stadtmuseum Memmingen:
Abb. 6 (Fotograf: Winfried Schwarz)
Stadtmuseum Nördlingen:
Abb. 7 (Fotograf: Sabine Gareiß)
University of Berkeley – Magnes Collection of Jewish Art and Life:
Abb. 47

Provenienzforschung und Restitution von jüdischen Ritualgeräten
Christine Bach / Carolin Lange

Bayerisches Nationalmuseum:
Abb. 2, 3 (Foto: Walter Haberland)

Fränkisches Museum Feuchtwangen:
Abb. 4 (Foto: Günter Schmidt)
Generaldirektion der Staatlichen Archive Bayerns:
Abb. 1
Landesstelle für die nichtstaatlichen Museen in Bayern:
Abb. 5
Jüdisches Kulturmuseum Augsburg-Schwaben:
Abb. 7 (Foto: Franz Kimmel)
Wolfgang Bouillon, Bayreuth:
Abb. 6

Genisot – Funde aus Synagogen
Martina Edelmann/Elisabeth Singer-Brehm/Beate Weinhold

Gemeinde Veitshöchheim:
Abb. 2 (Foto: Dieter Gürz), Abb. 3, 6–12 (Foto: Martina Edelmann)
Genisaprojekt Veitshöchheim:
Abb. 1, 4, 5 (Foto: Beate Weinhold)